clave

La enfermedad como camino

**THORWALD DETHLEFSEN
RÜDIGER DAHLKE**

Traducción de
Ana M.ª de la Fuente

DEBOLS!LLO

Dethlefsen, Thorwald
La enfermedad como camino / Thorwald Dethlefsen y Rüdiger Dahlke. - 27ª ed. - Ciudad Autónoma de Buenos Aires : Debolsillo, 2021.
320 p. ; 19 x 13 cm. (Clave)

Traducido por: Ana María de la Fuente
ISBN 987-1138-70-9

1. Superación Personal. I. Dahlke, Rüdiger. II. De la Fuente, Ana María, trad. III. Título.
CDD 158.1

Título original: *Krankheit als Weig*
Primera edición en la Argentina bajo este sello: mayo de 2004
Vigésimo séptima edición en la Argentina bajo este sello: agosto de 2021

© 1983, C. Bertelsmann Verlag Gmbh, München
© 1993, Random House Mondadori, S.A.
© 2016, Penguin Random House Grupo Editorial, S.A.U.
Travessera de Gràcia, 47-49. 08021 Barcelona
© de la traducción: Ana María de la Fuente
© 2004, Editorial Sudamericana S.A.
© 2012, Ramdom House Mondadori S.A.
Diseño de tapa: Penguin Random House Grupo Editorial / Yolanda Artola

© 2016, Penguin Random House Grupo Editorial, S.A.
Humberto I 555, Buenos Aires
penguinlibros.com

Penguin Random House Grupo Editorial apoya la protección del *copyright*.
El *copyright* estimula la creatividad, defiende la diversidad en el ámbito de las ideas y el conocimiento, promueve la libre expresión y favorece una cultura viva. Gracias por comprar una edición autorizada de este libro y por respetar las leyes del *copyright* al no reproducir, escanear ni distribuir ninguna parte de esta obra por ningún medio sin permiso. Al hacerlo está respaldando a los autores y permitiendo que PRHGE continúe publicando libros para todos los lectores.

Printed in Argentina – Impreso en la Argentina

ISBN 10: 987-1138-70-9
ISBN 13: 978-987-1138-70-8

Queda hecho el depósito que previene la ley 11.723.

Fotocomposición: Lorman

Esta edición se terminó de imprimir en Arcángel Maggio - División Libros,
Lafayette 1695, Buenos Aires, en el mes de agosto de 2021.

Tirada Argentina: 2500 ejemplares
Tirada Chile: 1500 ejemplares
Tirada Uruguay: 500 ejemplares

ÍNDICE

PRÓLOGO 9

PRIMERA PARTE
CONDICIONES TEÓRICAS PARA LA COMPRENSIÓN DE LA ENFERMEDAD Y LA CURACIÓN

I. Enfermedad y síntomas 13
II. Polaridad y unidad...................... 25
III. La sombra 51
IV. Bien y Mal 61
V. El ser humano es un enfermo 73
VI. La búsqueda de las causas 79
VII. El método de la interrogación profunda 91

SEGUNDA PARTE
LA ENFERMEDAD Y SU SIGNIFICADO

I. La infección........................... 117
II. El sistema de defensa 133
III. La respiración 139

- IV. La digestión 151
- V. Los órganos sensoriales 175
- VI. Dolor de cabeza 185
- VII. La piel 193
- VIII. Los riñones 203
- IX. La sexualidad y el embarazo 215
- X. Corazón y circulación 231
- XI. El aparato locomotor y los nervios 241
- XII. Los accidentes 257
- XIII. Síntomas psíquicos 267
- XIV. Cáncer (tumoración maligna) 283
- XV. El SIDA 295
- XVI. ¿Qué se puede hacer? 305

Relación alfabética de los órganos y partes del cuerpo con sus respectivos atributos psíquicos ... 319

PRÓLOGO

Este libro es incómodo porque arrebata al ser humano el recurso de utilizar la enfermedad a modo de coartada para rehuir problemas pendientes. Nos proponemos demostrar que el enfermo no es víctima inocente de errores de la naturaleza, sino su propio verdugo. Y con esto no nos referimos a la contaminación del medio ambiente, a los males de la civilización, a la vida insalubre ni a «villanos» similares, sino que pretendemos situar en primer plano el aspecto metafísico de la enfermedad. A esta luz, los síntomas se revelan como manifestaciones físicas de conflictos psíquicos y su mensaje puede descubrir el problema de cada paciente.

En la primera parte, se expone una filosofía de la enfermedad y se dan las claves para su comprensión. Recomendamos muy especialmente leer con toda atención esta primera parte, más de una vez si es necesario, antes de pasar a la segunda. Este libro puede considerarse como continuación o comentario de mi anterior *Schicksal als Chance*, si bien nos hemos esforzado por hacerlo completo en sí mismo. De todos modos, consideramos que la lectura de *Schicksal als Chance* es una buena preparación o complemento, especialmente para quienes tengan dificultades con la parte teórica.

En la segunda parte, se exponen los cuadros clínicos con su simbolismo y su carácter de manifestaciones de problemas psíquicos. Un índice de cada uno de los síntomas colocado al final de la obra permitirá al lector hallar rápidamente, si lo precisa, un síntoma determinado. De todos modos, nuestro primer objetivo es el de dar al lector una nueva perspectiva que le permita reconocer los síntomas y entender su significado por sí mismo.

Simultáneamente, hemos utilizado el tema de la enfermedad como base para muchos temas ideológicos y esotéricos cuyo alcance rebasa el marco de la enfermedad. Este libro no es difícil, pero tampoco es tan simple ni trivial como pueda parecer a quienes no comprendan nuestro concepto. No se trata de un libro «científico», escrito como una disertación. Está dedicado a las personas que se sienten dispuestas a caminar en lugar de sentarse a la vera del camino, a matar el tiempo con malabarismos y especulaciones gratuitas. El que busca la luz no tiene tiempo para cientifismos, sino que aspira al Conocimiento. Este libro suscitará muchos antagonismos, pero esperamos que llegue a manos de aquellos que (sean pocos o muchos) puedan utilizarlo de guía en su caminar. ¡Sólo para ellos lo hemos escrito!

Múnich, febrero de 1983

LOS AUTORES

PRIMERA PARTE

CONDICIONES TEÓRICAS PARA LA COMPRENSIÓN DE LA ENFERMEDAD Y LA CURACIÓN

I
ENFERMEDAD Y SÍNTOMAS

*El entendimiento humano
no puede aprehender la verdadera enseñanza.
Pero cuando dudéis
y no entendáis
gustosamente
dialogaré con vosotros.*

YOKA DAISI SHODOKA

Vivimos en una época en la que la medicina continuamente ofrece al asombrado profano nuevas soluciones, fruto de unas posibilidades que rayan en lo milagroso. Pero, al mismo tiempo, se hacen más audibles las voces de desconfianza hacia esta casi omnipotente medicina moderna. Es cada día mayor el número de los que confían más en los métodos, antiguos o modernos, de la medicina naturista o de la medicina homeopática, que en la archicientífica medicina académica. No faltan los motivos de crítica —efectos secundarios, mutación de los síntomas, falta de humanidad, costes exorbitantes y otros muchos— pero más interesante que los motivos de crítica es la existencia de la crítica en sí, ya que, antes de concretarse racionalmente, la crítica responde a un sentimiento difuso de que algo falla y que el camino emprendido, a pesar de que la acción se desarrolla de forma consecuente, o precisamente a causa de ello, no conduce al objetivo deseado. Esta inquietud es común a muchas personas, entre ellas no pocos médicos jóvenes. De todos modos, la unanimidad se rompe cuando de proponer alternativas se trata. Para unos la solución está en la socialización de la medicina, para otros, en la sustitución de la quimioterapia por remedios naturales y vegetales. Mientras unos ven la solución de todos los problemas en la investigación de las radiaciones telúricas, otros propugnan la homeopatía. Los acupuntores y los investigadores de los focos abogan por desplazar la atención del plano morfológico al plano energético de la fisiología. Si contemplamos en su conjunto todos los esfuerzos y métodos extraacadémicos, observamos, además de una gran receptividad para toda la diversidad de métodos, el afán de considerar al ser humano en su totalidad como ente físicopsíquico. Ya para nadie es un secreto que la medicina académica ha perdido de vista al ser humano. La superespecialización y el análisis son los conceptos fundamentales en los que se basa la investigación, pero estos métodos, al tiempo que proporcionan un conocimiento del detalle más minucioso y preciso, hacen que el todo se diluya.

Si prestamos atención al animado debate que se mantiene en el mundo de la medicina, observamos que, generalmente, se discute de los métodos y de su funcionamiento y que, hasta ahora, se ha hablado muy poco de la teoría o filosofía de la medicina. Si bien es cierto que la medicina se sirve en gran medida de operaciones concretas y prácticas, en cada una de ellas se expresa —deliberada o inconscientemente— la filosofía determinante. La medicina moderna no falla por falta de posibilidades de actuación sino por el concepto sobre el que —a menudo implícita e irreflexivamente— basa su actuación. La medicina falla por su filosofía o, más exactamente, por su falta de filosofía. Hasta ahora, la actuación de la medicina responde sólo a criterios de funcionalidad y eficacia; la falta de un fondo le ha valido el calificativo de «inhumana». Si bien esta *inhumanidad* se manifiesta en muchas situaciones concretas y externas, no es un defecto que pueda remediarse con simples modificaciones funcionales. Muchos síntomas indican que la medicina está enferma. Y tampoco esta «paciente» puede curarse a base de tratar los síntomas. Sin embargo, la mayoría de críticos de la medicina académica y propagandistas de formas de curación alternativas asumen automáticamente el criterio de la medicina académica y concentran todas sus energías en la modificación de las formas (métodos).

En este libro, nos proponemos ocuparnos del problema de la enfermedad y la curación. Pero nosotros no nos atenemos a los valores consabidos y que todos consideran indispensables. Desde luego, ello hace nuestro propósito difícil y peligroso, ya que comporta indagar sin escrúpulos en terreno considerado vedado por la colectividad. Somos conscientes de que el paso que damos no será el que vaya a dar la medicina en su desarrollo. Nosotros, con nuestro planteamiento, nos saltamos muchos de los pasos que ahora aguardan a la medicina, cuya perfecta comprensión ha de dar la perspectiva necesaria para asumir el concepto que se presenta en este libro. Por ello, con esta exposición no pretendemos contribuir al desarrollo de la medicina en general sino que nos dirigimos a esos individuos cuya visión personal se anticipa un poco al (un tanto premioso) ritmo general.

Los procesos funcionales nunca tienen significado en sí. El significado de un hecho se nos revela por la interpretación que le atribuimos. Por ejemplo, la subida de una columna de mercurio en un tubo de cristal carece de significado hasta que interpretamos este hecho como manifestación de un cambio de temperatura. Cuando las personas dejan de interpretar los hechos que ocurren en el mundo y el curso de su propio destino, su existencia se disipa en la incoherencia y el absurdo. Para interpretar una cosa hace falta un marco de referencia que se encuentre fuera del plano en el que se manifiesta lo que se ha de interpretar. Por lo tanto, los procesos de este mundo material de las formas no pueden ser interpretados sin recurrir a un marco de referencia metafísico. Hasta que el mundo visible de las formas «se convierte en alegoría» (Goethe) no adquiere sentido y significado para el ser humano. Del mismo modo que la letra y el número son exponentes de una idea subyacente, todo lo *visible,* todo lo concreto y funcional es únicamente expresión de una idea y, por lo tanto, intermediario hacia lo invisible. En síntesis, podemos llamar a estos dos campos forma y contenido. En la forma se manifiesta el contenido que es el que da significado a la forma. Los signos de escritura que no transmiten ideas ni significado resultan tontos y vacíos. Y esto no lo cambiará el análisis de los signos, por minucioso que sea. Otro tanto ocurre en el arte. El valor de una pintura no reside en la calidad de la tela y los colores; los componentes materiales del cuadro son portadores y transmisores de una idea, una imagen interior del artista. El lienzo y el color permiten la visualización de lo invisible y son, por lo tanto, expresión física de un contenido metafísico.

Con estos sencillos ejemplos hemos intentado explicar el método que se sigue en este libro para la interpretación de los temas de enfermedad y curación. Nosotros abandonamos explícita y deliberadamente el terreno de la «medicina científica». Nosotros no tenemos pretensiones de «científicos», ya que nuestro punto de partida es muy distinto. La argumentación o la crítica científica no serán, pues, objeto de nuestra consideración. Nos apartamos deliberadamente del marco científico porque éste se limita precisamente al plano funcional y, por ello, impide que se manifieste el significado. Esta exposición no se dirige a racionalistas y materialistas declarados, sino a aquellas personas que estén dispuestas a seguir los senderos tortuosos y no siempre lógicos de la mente humana. Serán buenos compañeros para este viaje por el alma humana un pensamiento ágil, imaginación, ironía y buen oído para los trasfondos del lenguaje. Nuestro empeño exige también tolerancia a las paradojas y la ambivalencia, y excluye la pretensión de alcanzar inmediatamente la unívoca iluminación, mediante la destrucción de una de las opciones.

Tanto en medicina como en el lenguaje popular se habla de las más diversas *enfermedades*. Esta inexactitud verbal indica claramente la universal incomprensión que sufre el concepto de *enfermedad*. La enfermedad es una palabra que sólo debería tener singular; decir enfermedades, en plural, es tan tonto como decir saludes. Enfermedad y salud son conceptos singulares, por cuanto que se refieren a un estado del ser humano y no a órganos o partes del cuerpo, como parece querer indicar el lenguaje habitual. El cuerpo nunca está enfermo ni sano, ya que en él sólo se manifiestan las informaciones de la mente. El cuerpo no hace nada por sí mismo. Para comprobarlo, basta ver un cadáver. El cuerpo de una persona viva debe su funcionamiento precisamente a estas dos instancias inmateriales que solemos llamar conciencia (alma) y vida (espíritu). La conciencia emite la información que se manifiesta y se hace visible en el cuerpo. La conciencia es al cuerpo lo que un programa de radio al receptor. Dado que la conciencia representa una cualidad inmaterial y propia, naturalmente, no es producto del cuerpo ni depende de la existencia de éste.

Lo que ocurre en el cuerpo de un ser viviente es expresión de una información o concreción de la imagen correspondiente (imagen en griego es *eidolon* y se refiere también al concepto de la «idea»). Cuando el pulso y el corazón siguen un ritmo determinado, la temperatura corporal mantiene un nivel constante, las glándulas segregan hormonas y en el organismo se forman anticuerpos. Estas funciones no pueden explicarse por la materia en sí, sino que dependen de una información concreta, cuyo punto de partida es la conciencia. Cuando las distintas funciones corporales se conjugan de un modo determinado se produce un modelo que nos parece armonioso y por ello lo llamamos *salud*. Si una de las funciones se perturba, la armonía del conjunto se rompe y entonces hablamos de *enfermedad*.

Enfermedades significa, pues, la pérdida de una armonía o, también, el trastorno de un orden hasta ahora equilibrado (después veremos que, en realidad, contemplada desde otro punto de vista, la enfermedad es la instauración de un equilibrio). Ahora bien, la pérdida de armonía se produce en la conciencia, en el plano de la información, y en el cuerpo sólo *se muestra*. Por consiguiente, el cuerpo es vehículo de la manifestación o realización de todos los procesos y cambios que se producen en la conciencia. Así, si todo el mundo material no es sino el escenario en el que se plasma el juego de los arquetipos, con lo que se convierte en alegoría, también el cuerpo material es el escenario en el que se manifiestan las imágenes de la conciencia. Por lo tanto, si una persona sufre un *desequilibrio* en su conciencia, ello se manifestará en su cuerpo en forma de síntoma. Por lo tanto, es un error afirmar que el cuerpo está enfermo —enfermo sólo puede estarlo el ser humano—, por más que el estado de enfermedad se manifieste en el cuerpo como síntoma. (¡En la representación de una tragedia, lo trágico no es el escenario sino la obra!)

Síntomas hay muchos, pero todos son expresión de un único e invariable proceso que llamamos *enfermedad* y que se produce siempre en la conciencia de una persona. Sin la conciencia, pues, el cuerpo no puede vivir ni puede «enfermar». Aquí conviene entender que nosotros no suscribimos la habitual división de las enfermedades en somáticas, psicosomáticas, psíquicas y espirituales. Esta clasificación sirve más para impedir la comprensión de la enfermedad que para facilitarla.

Nuestro planteamiento coincide en parte con el modelo psicosomático, aunque con la diferencia de que nosotros aplicamos esta visión a *todos* los síntomas sin excepción. La distinción entre «somático» y «psíquico» puede referirse, a lo sumo, al plano en el que el síntoma se manifiesta, pero no sirve para ubicar la *enfermedad*. El antiguo concepto de las *enfermedades del espíritu* es totalmente equívoco, dado que el *espíritu* nunca puede *enfermar*: se trata exclusivamente de síntomas que se manifiestan en el plano psíquico, es decir, en la conciencia del individuo.

Aquí trataremos de trazar un cuadro unitario de la enfermedad que, a lo sumo, sitúe la diferenciación «somático»/«psíquico» en el plano de la manifestación del síntoma que predomine en cada caso.

Con la diferenciación entre enfermedad (plano de la conciencia) y síntoma (plano corporal) nuestro examen se desplaza del análisis habitual de los procesos corporales hacia una contemplación hoy insólita del plano psíquico. Por lo tanto, actuamos como un crítico que no trata de mejorar una mala obra teatral analizando y cambiando los decorados, el atrezzo y los actores, sino que contempla la obra en sí.

Cuando en el cuerpo de una persona se manifiesta un síntoma, éste (más o menos) llama la atención interrumpiendo, con frecuencia bruscamente, la continuidad de la vida diaria. Un síntoma es una señal que atrae atención, interés y energía y, por lo tanto, impide la vida normal. Un síntoma nos reclama atención, lo queramos o no. Esta interrupción que nos parece llegar de *fuera* nos produce una molestia y desde ese momento no tenemos más que un objetivo: eliminar la molestia. El ser humano no quiere ser molestado, y ello hace que empiece la lucha contra el síntoma. La lucha exige atención y dedicación: el síntoma siempre consigue que estemos pendientes de él.

Desde los tiempos de Hipócrates, la medicina académica ha tratado de convencer a los enfermos de que un síntoma es un hecho más o menos fortuito cuya *causa* debe buscarse en los procesos funcionales en los que tan afanosamente se investiga. La medicina académica evita cuidadosamente la *interpretación* del síntoma, con lo que destierra tanto el síntoma como la enfermedad al ámbito de lo incongruente. Con ello, la *señal* pierde su auténtica función; los síntomas se convierten en señales incomprensibles.

Vamos a poner un ejemplo: un automóvil lleva varios indicadores luminosos que sólo se encienden cuando existe una grave anomalía en el funcionamiento del vehículo. Si, durante un viaje, se enciende uno de los indicadores, ello nos contrariaría. Nos sentimos obligados por la señal a interrumpir el viaje. Por más que nos moleste parar, comprendemos que sería una estupidez enfadarse con la lucecita; al fin y al cabo, nos está avisando de una perturbación que nosotros no podríamos descubrir con tanta rapidez, ya que se encuentra en una zona que nos es «inaccesible». Por lo tanto, nosotros interpretamos el aviso de la lucecita como recomendación de que llamemos a un mecánico que arregle lo que haya que arreglar para que la lucecita se apague y nosotros podamos seguir viaje. Pero nos indignaríamos, y con razón, si, para conseguir este objetivo, el mecánico se limitara a quitar la lámpara. Desde luego, el indicador ya no estaría encendido —y eso es lo que nosotros queríamos—, pero el procedimiento utilizado para conseguirlo sería muy simplista. Lo procedente es eliminar la causa de que se encienda la señal, no quitar la bombilla. Pero para ello habrá que apartar la mirada de la señal y dirigirla a zonas más profundas, a fin de averiguar qué es lo que no funciona. La señal sólo quería avisarnos y hacer que nos preguntáramos qué ocurría.

Lo que en el ejemplo era el indicador luminoso, en nuestro tema es el síntoma. Aquello que en nuestro cuerpo se manifiesta como síntoma es la expresión visible de un proceso invisible y con su señal pretende interrumpir nuestro proceder habitual, avisarnos de una anomalía y obligarnos a hacer una indagación. También en este caso, es una estupidez enfadarse con el síntoma y, absurdo, tratar de suprimirlo impidiendo su manifestación. Lo que debemos eliminar no es el síntoma, sino la causa. Por consiguiente, si queremos descubrir qué es lo que nos señala el síntoma, tenemos que apartar la mirada de él y buscar más allá.

Pero la medicina académica es incapaz de dar este paso, y en esto radica su problema: se deja fascinar por los síntomas. Por ello, equipara síntomas y enfermedad, es decir, no puede separar la forma del contenido. Por ello, no se regatean los recursos de la técnica para tratar órganos y partes del cuerpo, mientras se descuida al individuo que está enfermo. Se trata de impedir que aparezcan los síntomas, sin considerar la viabilidad ni la racionalidad de este propósito. Asombra ver lo poco que el realismo consigue frenar la frenética carrera en pos de este objetivo. A fin de cuentas, desde la llegada de la llamada moderna medicina científica, el número de enfermos no ha disminuido ni en una fracción del uno por ciento. Ahora hay tantos enfermos como hubo siempre —aunque los síntomas sean otros—. Esta cruda verdad es disfrazada con estadísticas que se refieren sólo a unos grupos de síntomas determinados. Por ejemplo, se pregona el triunfo sobre las enfermedades infecciosas, sin mencionar qué otros síntomas han aumentado en importancia y frecuencia durante el mismo período.

El estudio no será fiable hasta que, en vez de considerar los síntomas, se considere la «enfermedad en sí», y ésta ni ha disminuido ni parece que vaya a disminuir. La enfermedad arraiga en el ser tan hondo como la muerte y no se la puede eliminar con unas cuantas manipulaciones incongruentes y funcionales. Si el hombre comprendiera la grandeza y dignidad de la enfermedad y la muerte, vería lo ridículo del empeño de combatirla con sus fuerzas. Naturalmente, de semejante desengaño puede uno protegerse por el procedimiento de reducir la enfermedad y la muerte a simples funciones y así poder seguir creyendo en la propia grandeza y poder.

En suma, la enfermedad es un estado que indica que el individuo, en su conciencia, ha dejado de estar en *orden* o *armonía.* Esta pérdida del equilibrio interno se manifiesta en el cuerpo en forma de síntoma. El síntoma es, pues, señal y portador de información, ya que con su aparición interrumpe el ritmo de nuestra vida y nos obliga a estar pendientes de él. El síntoma nos señala que nosotros, como *individuo,* como ser dotado de alma, estamos enfermos, es decir, que hemos perdido el equilibrio de las fuerzas del alma. El síntoma nos informa de que algo falla. Denota un defecto, una falta. La conciencia ha reparado en que, para estar sanos, nos falta algo. Esta carencia se manifiesta en el cuerpo como síntoma. El síntoma es, pues, el aviso de que algo falta.

Cuando el individuo comprende la diferencia entre enfermedad y síntoma, su actitud básica y su relación con la enfermedad se modifican rápidamente. Ya no considera el síntoma como su gran enemigo cuya destrucción debe ser su mayor objetivo sino que descubre en él a un aliado que puede ayudarle a encontrar lo que le falta y así vencer la enfermedad. Porque entonces el síntoma será como el maestro que nos ayude a atender a nuestro desarrollo y conocimiento, un maestro severo que será duro con nosotros si nos negamos a aprender la lección más importante. La enfermedad no tiene más que un fin: ayudarnos a subsanar nuestras «faltas» y hacernos sanos.

El síntoma puede decirnos qué es lo que nos falta —pero para entenderlo tenemos que aprender su lenguaje—. Este libro tiene por objeto ayudar a reaprender el lenguaje de los síntomas. Decimos *reaprender,* ya que este lenguaje ha existido siempre, y por lo tanto, no se trata de inventarlo, sino, sencillamente, de recuperarlo. El lenguaje es psicosomático, es decir, sabe de la relación entre el cuerpo y la mente. Si conseguimos redescubrir esta *ambivalencia* del lenguaje, pronto podremos oír y entender lo que nos dicen los síntomas. Y nos dicen cosas más importantes que nuestros semejantes, ya que son compañeros más íntimos, nos pertenecen por entero y son los únicos que nos conocen de verdad.

Esto, desde luego, supone una sinceridad difícil de soportar. Nuestro mejor amigo nunca se atrevería a decirnos la verdad tan crudamente como nos la dicen siempre los síntomas. No es, pues, de extrañar que nosotros hayamos optado por olvidar el lenguaje de los síntomas. Y es que resulta más cómodo vivir engañado. Pero no por cerrar los ojos ni hacer oídos sordos conseguiremos que los síntomas desaparezcan. Siempre, de un modo o de otro, tenemos que andar a vueltas con ellos. Si nos atrevemos a prestarles atención y establecer comunicación, serán guías infalibles en el camino de la verdadera curación. Al decirnos lo que en realidad nos falta, al exponernos el tema que nosotros debemos asumir conscientemente, nos permiten conseguir que, por medio de procesos de aprendizaje y asimilación consciente, los síntomas en sí resulten superfluos.

Aquí está la diferencia entre *combatir la enfermedad* y *transmutar la enfermedad*. La curación se produce exclusivamente desde una enfermedad transmutada, nunca desde un síntoma derrotado, ya que la curación significa que el ser humano se hace más sano, más completo (con el aumentativo de *completo*, gramaticalmente incorrecto, se pretende indicar más próximo a la perfección; por cierto, tampoco *sano* admite aumentativo). Curación significa redención, aproximación a esa plenitud de la conciencia que también se llama iluminación. La curación se consigue incorporando lo que falta y, por lo tanto, no es posible sin una expansión de la conciencia. Enfermedad y curación son conceptos que pertenecen exclusivamente a la conciencia, por lo que no pueden aplicarse al cuerpo, pues un cuerpo no está enfermo ni sano. En él sólo se reflejan, en cada caso, estados de la conciencia.

Sólo en este contexto puede criticarse la medicina académica. La medicina académica habla de curación sin tomar en consideración este plano, el único en el que es posible la curación. No tenemos intención de criticar la actuación de la medicina en sí, siempre y cuando ésta no manifieste con ella la pretensión de curar. La medicina se limita a adoptar medidas puramente funcionales que, como tales, no son ni buenas ni malas sino intervenciones viables en el plano material. En este plano la medicina puede ser, incluso, asombrosamente buena; no se pueden condenar todos sus métodos en bloque; si acaso, para uno mismo, nunca para otros. Aquí se plantea, pues, la disyuntiva de si uno va a porfiar en el intento de cambiar el mundo por medidas funcionales o si ha comprendido que ello es vano empeño y, por lo que le atañe personalmente, desiste. El que ha visto la trampa del juego no tiene por qué seguir jugando (... aunque nada se lo impedirá, desde luego), pero no tiene derecho a estropear la partida a los demás, porque, a fin de cuentas, también perseguir una ilusión nos hace avanzar.

Por lo tanto, se trata menos de lo que se hace que de tener conocimiento de lo que se hace. El que haya seguido nuestro razonamiento, observará que nuestra crítica se dirige tanto a la medicina natural como a la académica, pues también aquélla trata de conseguir la «curación» con medidas funcionales y habla de impedir la enfermedad y de llevar *vida sana*. La filosofía es, pues, la misma; sólo los métodos son un poco *menos tóxicos* y *más naturales*. (No hacemos referencia a la homeopatía que no se alinea ni con la medicina académica ni con la natural.)

El camino del individuo va de lo insano a lo sano, de la enfermedad a la salud y a la salvación. La enfermedad no es un obstáculo que se cruza en el camino, sino que la enfermedad en sí es el camino por el que el individuo va hacia la curación. Cuanto más conscientemente contemplemos el camino, mejor podrá cumplir su cometido. Nuestro propósito no es combatir la enfermedad, sino servirnos de ella; para conseguir esto tenemos que ampliar nuestro horizonte.

II
POLARIDAD Y UNIDAD

Jesús les dijo:
Cuando de los dos hagáis uno y cuando hagáis lo de dentro como lo de fuera y lo de fuera como lo de dentro y lo de arriba como lo de abajo y de lo masculino y lo femenino hagáis uno, para que lo masculino no sea masculino ni lo femenino sea femenino, cuando hagáis ojos en vez de un ojo y una mano en vez de una mano y un pie en vez de un pie y una imagen en vez de una imagen, entonces entraréis en el Reino.

TOMÁS. Evangelios Apócrifos, cap. 22.

Nos parece oportuno retomar en este libro un tema que ya tratamos en *Schicksal als Chance*: la polaridad. Por un lado, nos gustaría evitar tediosas repeticiones, pero, por otro, creemos que la comprensión de la polaridad es requisito indispensable para seguir los razonamientos que exponemos más adelante. De todos modos, nunca se hace demasiado hincapié en la polaridad, por cuanto constituye el problema central de nuestra existencia.

Al decir *Yo*, el ser humano se separa de todo lo que percibe como *ajeno al Yo*: el *Tú*; y, desde este momento, el ser humano queda preso en la polaridad. Su Yo lo ata al mundo de los contrapuntos que no se cifran sólo en el Yo y el Tú, sino también en lo interno y lo externo, mujer y hombre, bien y mal, verdad y mentira, etc. El ego del individuo le hace imposible percibir, reconocer o imaginar siquiera la unidad o el todo en cualquier forma. La conciencia lo escinde todo en parejas de contrarios que nos plantean un conflicto porque nos obligan a diferenciar y a decidir. Nuestro entendimiento no hace otra cosa que desmenuzar la realidad en pedazos más y más pequeños (análisis) y diferenciar entre los pedazos (discernimiento). Por ello, se dice *sí* a una cosa y, al mismo tiempo, *no* a su contrario, pues es sabido que «los contrarios se excluyen mutuamente». Pero con cada *no*, con cada exclusión, incurrimos en una carencia, y para estar *sano* hay que estar *completo*. Tal vez se aprecie ya lo estrechamente ligado que está el tema enfermedad-salud con la polaridad. Pero aún podemos ser más categóricos: enfermedad es polaridad, curación es superación de la polaridad.

Más allá de la polaridad en la que nosotros, como individuos, nos encontramos inmersos, está la unidad, el Uno que todo lo abarca, en el que se aúnan los *contrarios*. Este ámbito del ser se llama también el *Todo* porque todo lo abarca, y nada puede existir fuera de esta unidad, de este Todo. En la unidad no hay cambio ni transformación ni evolución, porque la unidad no está sometida al tiempo ni al espacio. La Unidad-Todo está en reposo permanente, es el Ser puro, sin forma ni actividad. Llama la atención que todas las definiciones de la unidad hayan de ser formuladas en negativo: sin tiempo, sin espacio, sin cambio, sin límite.

Todas las manifestaciones positivas nacen de nuestro mundo dividido y, por consiguiente, no pueden aplicarse a la unidad. Desde el punto de vista de nuestra conciencia bipolar la unidad se aparece como la *Nada*. Esta formulación es correcta, pero con frecuencia nos sugiere asociaciones falsas. Los occidentales especialmente suelen reaccionar con desilusión cuando descubren, por ejemplo, que el estado de conciencia que persigue la filosofía budista, el *nirvana*, viene a significar *nada* (textualmente: extinción). El ego del ser humano desea tener siempre algo que se encuentre fuera de él y no le agrada la idea de tener que extinguirse para ser *uno con el todo*. En la unidad, Todo y Nada se funden en uno. La Nada renuncia a toda manifestación y límite, con lo que se sustrae a la polaridad. El origen de todo el Ser es la Nada (el ain Soph de los cabalistas, el Tao de los chinos, el Neti-Neti de los indios). Es lo único que existe realmente, sin principio ni fin, por toda la eternidad. A esa unidad podemos referirnos pero no podemos imaginarla. La unidad es la antítesis de la polaridad y, por consiguiente, sólo es concebible —incluso, en cierta medida, experimentable— por el ser humano que, por medio de determinados ejercicios o técnicas de meditación, desarrolla la capacidad de aunar, por lo menos transitoriamente, la polaridad de su conocimiento. Pero la unidad siempre se sustrae a una descripción oral o análisis filosófico, pues nuestro pensamiento precisa de la premisa de la polaridad. El reconocimiento sin polaridad, sin la división en sujeto y objeto, en reconocedor y reconocido, no es posible. En la unidad no hay reconocimiento, sólo Ser. En la unidad termina todo el afán, el querer y el empeño, todo el movimiento, porque ya no existe un *exterior* que anhelar. Es la vieja paradoja de que sólo en la Nada está la plétora.

Volvamos a considerar el campo que podemos aprehender de forma directa y segura. Todos poseemos una conciencia del mundo polarizadora. Es importante reconocer que lo polar no es el mundo sino el conocimiento que nuestra conciencia nos da de él.

Observemos las leyes de la polaridad en un ejemplo concreto como la respiración que da al ser humano la experiencia básica de polaridad. Inhalación y exhalación se alternan constante y rítmicamente. Ahora bien, el ritmo que forman no es más que la continua alternancia de dos polos. El ritmo es el esquema básico de toda vida. Lo mismo nos dice la física que afirma que todos los fenómenos pueden reducirse a oscilaciones. Si se destruye el ritmo se destruye la vida, pues la vida es ritmo. El que se niega a exhalar el aire no puede volver a inhalar. Ello nos indica que la inhalación depende de la exhalación y que, sin su polo opuesto, no es posible. Un polo, para su existencia, depende del otro polo. Si quitamos uno, desaparece también el otro. Por ejemplo, la electricidad se genera de la tensión establecida entre dos polos, si retiramos un polo, la electricidad desaparece.

Aquí tenemos un dibujo muy conocido, en el que cualquiera puede experimentar claramente el problema de la polaridad que aquí se plantea en primer término/segundo término, o, concretamente, caras/copa. Cuál de las dos formas vea dependerá de si pongo en primer término la superficie blanca o la negra. Si interpreto como fondo la superficie negra, la blanca se sitúa en primer término y veo una copa. Esta apreciación cambia cuando considero que la superficie blanca es el fondo, porque entonces veo como primer término la superficie negra y aparecen dos caras de perfil. En este juego óptico se trata de observar atentamente nuestra reacción fijando la atención en una u otra superficie. Los dos elementos copa/caras están presentes en la imagen simultáneamente, pero obligan al que mira a decidirse por uno o por el otro. O vemos la copa o vemos las caras. A lo sumo, podemos ver los dos aspectos de la imagen sucesivamente, pero es muy difícil verlos simultáneamente con la misma claridad.

Este juego óptico es una buena vía de acceso a la consideración de la polaridad. En este grabado el polo negro depende del polo blanco y viceversa. Si suprimimos del grabado uno de los dos polos (lo mismo da el negro que el blanco), desaparece toda la imagen con sus dos aspectos. También aquí el negro depende del blanco, el primer plano depende del fondo, como la inhalación de la exhalación o el polo positivo de la corriente, del polo negativo. Esta absoluta interdependencia de los contrarios nos indica que, en el fondo de cada polaridad, existe una unidad que nosotros, los humanos, no podemos aprehender con nuestra conciencia, incapaz de percepción simultánea. Es decir, tenemos que dividir toda unidad en dos polos, a fin de poder contemplarlos sucesivamente.

Y ello da origen al *tiempo,* simulador que debe su existencia únicamente al carácter bipolar de nuestra conciencia. Las polaridades son, pues, dos aspectos de una misma realidad que nosotros hemos de contemplar sucesivamente. Por lo tanto, cuál de las dos caras de la medalla veamos en cada momento dependerá del ángulo en el que nos situemos. Sólo al observador superficial se aparecen las polaridades como contrarios que se excluyen mutuamente —si miramos con más atención veremos que las polaridades, juntas, forman una unidad ya que, para poder existir, dependen una de otra—. La ciencia hizo este descubrimiento fundamental al estudiar la luz.

Había sobre la naturaleza de los rayos de la luz dos opiniones contrapuestas: una propugnaba la teoría de las ondas y la otra, la teoría de las partículas. Cada una de estas teorías excluía a la otra. Si la luz está formada por ondas no puede estar formada por partículas y a la inversa: o lo uno o lo otro. Después hemos averiguado que esta disyuntiva era un planteamiento erróneo. La luz es a la vez onda y corpúsculo. Pero también se puede dar la vuelta a la frase: la luz no es ni onda ni corpúsculo. La luz es, en su unidad, sólo luz y, como tal, no es concebible por la conciencia polar del ser humano. Esta luz se manifiesta únicamente al observador según el lado desde el que éste la contemple, bien onda, bien partícula.

La polaridad es como una puerta que en un lado tiene escrita la palabra *entrada* y, en el otro, *salida,* pero siempre es la misma puerta y, según el lado por el que nos acerquemos a ella, vemos uno u otro de sus aspectos. A causa de este imperativo de dividir lo unitario en aspectos que luego hemos de contemplar *sucesivamente* se crea el concepto de *tiempo,* porque de la contemplación con una conciencia bipolar la simultaneidad del Ser se convierte en sucesión. Si detrás de la polaridad está la unidad, detrás del tiempo se halla la eternidad. Una aclaración: entendemos *eternidad* en el sentido metafísico de intemporalidad, no en el que le da la teología cristiana, de un largo, infinito *continuum* de tiempo.

En el estudio de las lenguas primitivas, también observamos cómo nuestra conciencia y afán de aprehensión divide en contrarios lo que originariamente era unitario. Al parecer, los individuos de culturas pretéritas eran más capaces de ver la unidad detrás de las dualidades, ya que en las lenguas antiguas muchas palabras tienen acepciones

Polaridad y unidad

que se contradicen. No fue sino con la evolución del lenguaje cuando, principalmente mediante transposición o prolongación de las vocales, se empezó a atribuir a un único polo una voz originariamente ambivalente. (Ya Sigmund Freud comenta el fenómeno en su ¡«Contrasentido de las palabras originales»!)

Por ejemplo, no es difícil descubrir la raíz común de las siguientes palabras latinas: *clamare* (clamar) y *clam* (quieto), o *siccus* (seco) y *sucus* (jugo). *Altus* tanto puede significar alto como profundo. En griego *farmacon* significa tanto veneno como remedio. En alemán la palabra *stumm* (mudo) y *Stimme* (voz) pertenecen a la misma familia, y en inglés apreciamos la polaridad en la palabra *without*, literalmente «con sin», que en la práctica sólo se atribuye a uno de los polos, concretamente, *sin*. Aún nos aproxima más a nuestro tema el parentesco semántico de *bös* y *bass*. La palabra *bass* significa en alto alemán *gut* (bueno). Esta palabra sólo la encontramos ya en dos locuciones compuestas: *fürbas*, que significa *fürwahr* (verdaderamente), y *bass erstaunt*, que puede interpretarse como *sehr arstaunt* (muy asombrado). A la misma rama pertenece también la palabra *bad* (malo), al igual que las alemanas *Busse* y *büssen* (penitencia y purgar). Este fenómeno semántico según el cual originariamente se utilizaba *una* misma palabra para expresar significados contrarios, como *bueno* o *malo*, nos indica claramente la unidad que existe detrás de cada polaridad. Precisamente la equiparación de *bueno* y *malo* nos ocupará más adelante y revela la gran trascendencia que tiene la comprensión del tema de la polaridad.

La polaridad de nuestra conciencia la experimentamos subjetivamente en la alternancia de dos estados que se distinguen claramente uno de otro: la vigilia y el sueño, estados que nosotros experimentamos como correspondencia interna de la polaridad externa día-noche de la naturaleza. Por lo tanto, hablamos corrientemente de un estado de conciencia diurno y un estado de conciencia nocturno o del lado diurno y el lado nocturno del alma. Íntimamente unida a esta polaridad está la distinción entre una conciencia superior y un inconsciente. Por lo tanto, durante el día esa región de conciencia que habitamos por la noche y de la que surgen los sueños es para nosotros el *inconsciente*. Bien mirada, la palabra *inconsciente* no es un vocablo muy afortunado, por cuanto que el prefijo *in* denota carencia e in-consciente no es lo mismo que falto de conciencia. Durante el sueño nos encontramos en un estado de conciencia diferente, no en falta de conciencia sino sólo una denominación muy imprecisa del estado de conciencia nocturno, a falta de palabra más adecuada. Pero ¿por qué nos identificamos tan evidentemente con la conciencia diurna?

Desde la difusión de la psicología profunda, estamos acostumbrados a imaginar nuestra conciencia dividida en *estratos* y a distinguir entre un supraconsciente, un subconsciente y un inconsciente.

Esta clasificación en superior e inferior no es obligatoria, desde luego, pero corresponde a una percepción espacial simbólica, que atribuye al cielo y a la luz el estrato superior y a la Tierra y la oscuridad el estrato inferior del espacio. Si tratamos de representar gráficamente este esquema de la conciencia podemos trazar la siguiente figura:

El círculo simboliza la conciencia que todo lo abarca y que es ilimitada y eterna. Por lo tanto, la periferia del círculo tampoco es límite, sino únicamente símbolo de aquello que todo lo abarca. El ser humano está separado de esto por su Yo, lo que da lugar a la creación de su «supraconsciente» subjetivo y limitado. Por lo tanto, no tiene acceso al resto de la conciencia, es decir, a la conciencia cósmica —le es desconocida (C. G. Jung llama a este estrato el «inconsciente colectivo»)—. La línea divisoria entre su Yo y el restante «mar de la conciencia» no es, sin embargo, un absoluto; más bien podría denominarse una especie de membrana permeable por ambos lados. Esta membrana corresponde al *subconsciente.* Contiene tanto sustancias que han descendido del supraconsciente (olvidadas) como las que afloran del inconsciente, por ejemplo, premoniciones, sueños, intuiciones, visiones.

Si una persona se identifica exclusivamente con su supraconsciente, reducirá la permeabilidad del subconsciente, ya que las sustancias inconscientes le parecerán extrañas y, por consiguiente, generadoras de angustia. La mayor permeabilidad puede infundir facultades de médium. El estado de la iluminación o de la conciencia cósmica no se alcanzaría más que renunciando a la divisoria, de manera que supraconsciente e inconsciente fueran uno. Desde luego, este paso equivale a la destrucción del Yo cuya evidencia se encuentra en la delimitación.

En la terminología cristiana este paso está descrito con las palabras «Yo (supraconsciente) y mi Padre (inconsciente) somos uno».

La conciencia humana tiene su expresión física en el cerebro, atribuyéndose a la corteza cerebral la facultad específicamente humana del discernimiento y el juicio. No es de extrañar que la polaridad de la conciencia humana se refleje claramente en la anatomía misma del cerebro. Como es sabido, el cerebro se compone de dos hemisferios unidos por el llamado cuerpo calloso. En el pasado, la medicina trató de combatir diferentes síntomas, como por ejemplo la epilepsia o los grandes dolores, seccionando quirúrgicamente el cuerpo calloso, con lo que se cortaban todas las uniones nerviosas de los dos lóbulos (comisurotomía).

A pesar de lo aparatoso de la intervención, a primera vista apenas se observaban deficiencias en los pacientes. Así se descubrió que los dos hemisferios son como dos cerebros que pueden funcionar independientemente. Pero, al someter a los operados a determinadas pruebas, se vio que los dos hemisferios cerebrales se distinguen claramente tanto por su naturaleza como por sus funciones respectivas. Ya sabemos que los nervios de cada lado del cuerpo son gobernados por el hemisferio contrario, es decir, la parte derecha del cuerpo humano es gobernada por el hemisferio izquierdo y viceversa. Si se vendan los ojos a uno de estos pacientes y se le pone, por ejemplo, un sacacorchos en la mano izquierda, él es incapaz de nombrar el objeto, es decir, no puede encontrar el nombre que corresponde al sacacorchos que está palpando, pero no tiene dificultad alguna en utilizarlo adecuadamente. Cuando se le pone el objeto en la mano derecha ocurre todo lo contrario: ahora sabe cómo se llama pero no sabe utilizarlo.

Al igual que las manos, también los oídos y los dos ojos están unidos al hemisferio cerebral contrario. En otro experimento a una paciente operada de comisurotomía se le presentaron diferentes figuras geométricas al tiempo que se le tapaba, sucesivamente, el ojo derecho y el izquierdo. Cuando se proyectó un desnudo ante el campo visual del ojo izquierdo, por lo que la imagen sólo podía percibirse por el hemisferio derecho, la paciente se sonrojó y se rió, pero a la pregunta del investigador de qué había visto contestó:

—Nada, sólo un fogonazo. —Y siguió riendo.

Es decir, que la imagen percibida por el hemisferio derecho produjo una reacción, pero ésta no pudo ser captada por el pensamiento ni formulada con palabras. Si se llevan olores sólo a la fosa nasal izquierda, también se produce la reacción correspondiente, pero el paciente no puede identificar el olor. Si se muestra a un paciente una palabra compuesta como, por ejemplo, baloncesto, de manera que el ojo izquierdo sólo puede ver la primera parte, «balón», y el derecho, la segunda, «cesto», el paciente leerá únicamente «cesto», pues la palabra «balón» no puede ser analizada por el lóbulo derecho.

Con estos experimentos, desarrollados y elaborados en los últimos tiempos, se ha recopilado información que puede condensarse así: uno y otro hemisferio se diferencian claramente por sus funciones, su capacidad y sus respectivas responsabilidades. El hemisferio izquierdo podría denominarse el «hemisferio verbal» pues es el encargado de la lógica y la estructura del lenguaje, de la lectura y la escritura. Descifra analítica y racionalmente todos los estímulos de estas áreas. Es decir, que piensa en forma digital. El hemisferio izquierdo es también el encargado del cálculo y la numeración. La noción del tiempo se alberga asimismo en el hemisferio izquierdo.

En el hemisferio derecho encontramos todas las facultades opuestas: en lugar de capacidad analítica, permite la visión de conjunto de ideas, funciones y estructuras complejas. Esta mitad cerebral permite concebir un todo (figura) partiendo de una pequeña parte (*pars pro toto*). Al parecer, debemos también al hemisferio cerebral derecho la facultad de concepción y estructuración de elementos lógicos (conceptos superiores, abstracciones) que no existen en la realidad. En el lóbulo derecho encontramos únicamente formas orales arcaicas que no se rigen por la sintaxis sino por esquemas de sonidos y asociaciones. Tanto la lírica como el lenguaje de los esquizofrénicos son exponentes del lenguaje producido por el hemisferio derecho. Aquí reside también el pensamiento analógico y el arte para utilizar los símbolos. El hemisferio derecho genera también las fantasías y los sueños de la imaginación y desconoce la noción del tiempo que posee el hemisferio izquierdo.

Según la actividad del individuo, domina en él uno u otro hemisferio. El pensamiento lógico, la lectura, la escritura y el cálculo exigen el predominio del hemisferio izquierdo, mientras que para escuchar música, soñar, imaginar y meditar se utiliza preferentemente el hemisferio

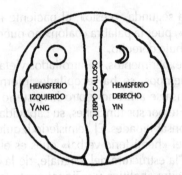

HEMISFERIO IZQUIERDO
Lógica
Lenguaje (sintaxis, gramática)

Hemisferio verbal:
Lectura
Escritura
Cálculo
Interpretación del entorno
Pensamiento digital
Pensamiento lineal
Noción del tiempo
Análisis

Inteligencia

HEMISFERIO DERECHO
Percepción de las formas
Visión de conjunto
Orientación espacial
Formas de expresión arcaicas

Música
Olfato
Expresión gráfica

Noción del mundo en conjunto
Pensamiento analógico
Simbolismo
Intemporalidad
Holística
Magnitudes lógicas
Intuición

YANG
+
sol
masculino
día
consciente
vida

YIN
−
luna
femenino
noche
inconsciente
muerte

HEMISFERIO IZQUIERDO
activo
eléctrico
ácido
lado derecho del cuerpo
mano derecha

HEMISFERIO DERECHO
pasivo
magnético
alcalino
lado izquierdo del cuerpo
mano izquierda

derecho. Independientemente del predominio de un hemisferio concreto, el individuo sano dispone también de informaciones del hemisferio subordinado, ya que a través del cuerpo calloso se produce un activo intercambio de datos. La especialización de los hemisferios refleja con exactitud las antiguas doctrinas esotéricas de la polaridad. En el taoísmo, a los dos principios originales en los que se divide la unidad del Tao se les llama Yang (principio masculino) y Yin (principio femenino). En la tradición hermética, la misma polaridad se expresa por medio de los símbolos del «sol» (masculino) y la «luna» (femenino). El Yang chino y el sol son símbolos del principio masculino, activo y positivo que, en el campo psicológico, corresponderían a la conciencia diurna. El Yin o principio de la luna se refiere al principio femenino, negativo, receptor, y corresponde al inconsciente del individuo.

Estas polaridades clásicas pueden relacionarse fácilmente con los resultados de la investigación del cerebro. Así, el hemisferio izquierdo Yang es masculino, activo, supraconsciente y corresponde al símbolo del sol y al lado diurno del individuo. La mitad izquierda del cerebro rige el lado derecho del cuerpo, es decir, el activo y masculino. El hemisferio derecho es Yin, negativo, femenino. Corresponde al principio lunar, es decir, al lado nocturno o inconsciente del individuo y, lógicamente, rige el lado izquierdo del cuerpo. Para mejor comprensión, debajo de la figura de la página anterior se detallan los respectivos conceptos en forma de tabla.

Ciertas corrientes modernas de la psicología imprimen un giro de 90° en la antigua topografía horizontal de la conciencia (Freud) y sustituyen los conceptos *supraconsciente* e *inconsciente* por hemisferio izquierdo y hemisferio derecho. Esta denominación es sólo cuestión de forma y modifica poco el fondo, como puede apreciarse comparando ambas exposiciones. Tanto la topografía horizontal como la vertical no son sino manifestación del antiguo símbolo chino «Tai Chi» (el todo, la unidad) de un círculo dividido en mitad blanca y mitad negra, cada una de las cuales contiene, a modo de germen, otro círculo dividido en dos mitades. Por así decirlo, en nuestra conciencia la unidad se divide en polaridades que se complementan entre sí.

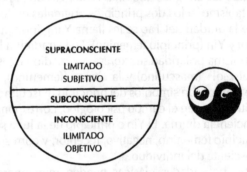

Topografía horizontal de la conciencia

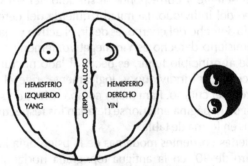

Topografía vertical de la conciencia

Es fácil imaginar lo *incompleto* que estaría el individuo que sólo tuviera una de las dos mitades del cerebro. Pues bien, no es más completa la noción del mundo que impera en nuestro tiempo, por cuanto que es la que corresponde a la mitad izquierda del cerebro. Desde esta única perspectiva, *sólo* se aprecia lo racional, concreto y analítico, fenómenos que se inscriben en la causalidad y el tiempo. Pero una noción del mundo tan racional sólo encierra media verdad, porque es la perspectiva de media conciencia, de medio cerebro. Todo el contenido de la conciencia, que la gente suele llamar con displicencia irracional, ilusorio y fantástico, no es más que la facultad del ser humano de mirar el mundo desde el polo opuesto.

La distinta valoración que se ha dado a estos dos puntos de vista complementarios se observa en la circunstancia de que, en el estudio de las diferentes facultades de uno y otro hemisferio cerebral, las aptitudes del lado izquierdo se reconocieron y describieron con rapidez y facilidad, pero costó mucho averiguar el significado del hemisferio derecho, el cual no parecía producir *actos coherentes*. Evidentemente, la naturaleza valora mucho más las facultades de la mitad derecha, irracional, ya que, en trance de peligro de muerte, automáticamente se pasa del predominio de la mitad izquierda al predominio de la mitad derecha. Y es que una situación peligrosa no puede resolverse por un proceso analítico, mientras que el hemisferio derecho, con su percepción de conjunto de la situación, nos da la posibilidad de actuar serena y consecuentemente. A esta conmutación automática responde por cierto el conocido fenómeno de la visualización instantánea de toda la vida en un segundo. En trance de muerte, el individuo revive toda su vida, experimenta una vez más todas las situaciones de su trayectoria vital, buena muestra de lo que antes llamamos la intemporalidad de la mitad derecha.

En nuestra opinión, la importancia de la teoría de los hemisferios estriba en la circunstancia de que la ciencia ha comprendido lo sesgado e incompleto que es su concepto del mundo y, con el estudio del hemisferio derecho, está reconociendo la justificación y la necesidad de mirar el mundo de esa *otra* manera. Al mismo tiempo, sobre esta base, se podría aprender a comprender la ley de la polaridad como ley fundamental del mundo, pero este empeño fracasa casi siempre por la absoluta incapacidad de la ciencia para el pensamiento analógico (mitad derecha).

Con este ejemplo, debería ofrecérsenos con claridad la ley de la polaridad: la conciencia humana divide la unidad en dos polos. Los dos polos se complementan (compensan) mutuamente y, por lo tanto, para existir, necesitan el uno del otro. La polaridad trae consigo la incapacidad de contemplar simultáneamente los dos aspectos de una unidad, y nos obliga a hacerlo sucesivamente, con lo cual surgen los fenómenos del «ritmo», el «tiempo» y el «espacio». Para describir la unidad, la conciencia, basada en la polaridad, tiene que servirse de una paradoja. La ventaja que nos brinda la polaridad es la facultad de discernimiento, la cual no es posible sin polaridad. La meta y el afán de una conciencia polar es superar su condición de incompleta, determinada por el tiempo, y volver a estar *completa*, es decir, *sana*.

Todo camino de salvación o camino de curación lleva de la polaridad a la unidad. El paso de la polaridad a la unidad es un cambio cualitativo tan radical que la conciencia polar difícilmente puede imaginarlo. Todos los sistemas metafísicos, religiones y escuelas esotéricas, enseñan única y exclusivamente este camino de la polaridad a la unidad. De ello se desprende que todas estas doctrinas no están interesadas en un «mejoramiento de este mundo», sino en el «abandono de este mundo».

Precisamente este punto es el que provoca los ataques contra estas doctrinas. Los críticos señalan las injusticias y calamidades de este mundo y reprochan a las doctrinas de orientación metafísica su actitud antisocial y fría ante estos retos, puesto que sólo están interesadas en su propia y egoísta redención. Los reproches más frecuentes son evasión e indiferencia. Es lamentable que los críticos no se detengan a tratar de comprender una doctrina antes de combatirla, sino que se precipiten a mezclar las opiniones propias con un par de conceptos mal comprendidos de otra doctrina y a este despropósito llamen «crítica».

Polaridad y unidad

Estas malas interpretaciones datan de muy antiguo. Jesús enseñaba únicamente este camino que lleva de la polaridad a la unidad —y ni sus propios discípulos le comprendieron del todo (con excepción de Juan)—. Jesús llamaba a la polaridad *este mundo* y a la unidad, *el reino de los cielos* o *la casa de mi Padre*, o simplemente, el *Padre*. Él decía que su *Reino* no era de este mundo, y mostraba el camino hacia el Padre. Pero sus palabras se interpretaban de un modo concreto, material y mundano. El Evangelio de san Juan muestra, capítulo tras capítulo, esta mala interpretación: Jesús habla del templo que reconstruirá en tres días —y los discípulos creen que habla del templo de Jerusalén—; pero Él se refiere a su cuerpo. Jesús habla con Nicodemo de renacer al espíritu, y Nicodemo cree que se refiere al nacimiento de un niño. Jesús habla a la samaritana del agua de la vida, y ella piensa en agua potable. Podríamos dar muchos más ejemplos de que Jesús y sus discípulos tienen puntos de referencia totalmente distintos. Jesús trata de dirigir la mirada del hombre hacia el significado y la importancia de la unidad, mientras que sus oyentes se aferran convulsa y angustiadamente al mundo polar. No tenemos de Jesús ninguna exhortación, ni una sola, de mejorar el mundo y convertirlo en paraíso, pero con cada frase trata de animar al ser humano a dar el paso que conduce a la salvación, la salud.

Pero, en un principio, este camino atemoriza, puesto que pasa por el sufrimiento y el horror. El mundo sólo puede vencerse asumiéndolo —el sufrimiento sólo puede destruirse asumiéndolo, porque el mundo siempre es sufrimiento—. El esoterismo no predica la huida del mundo, sino la «superación del mundo». La superación del mundo, empero, no es sino otra forma de decir «superación de la polaridad», lo cual es lo mismo que renunciar al yo, al ego, porque sólo alcanza la plenitud aquel al que su Yo no lo separa del Ser. No deja de tener cierta ironía el que un camino cuyo objetivo es la destrucción del ego y la fusión con el todo sea tachado de «camino de salvación egoísta». Y es que la motivación de buscar este camino de salvación no reside en la esperanza de «un mundo mejor» ni de una «recompensa por los sufrimientos de este mundo» («el opio del pueblo») sino en la convicción de que este mundo concreto en el que vivimos sólo adquiere sentido cuando tiene un punto de referencia situado fuera de sí mismo.

Por ejemplo, cuando asistimos a una escuela sin un propósito ni un fin determinados, una escuela en la que sólo se aprende por aprender, sin perspectiva, sin meta, sin objetivo, el estudio carece de sentido. La escuela y el estudio sólo tienen sentido cuando hay un punto de referencia que está fuera de la escuela. Aspirar a una profesión no es lo mismo que «evadirse de la escuela» sino todo lo contrario: este objetivo da coherencia a los estudios. Igualmente, esta vida y este mundo adquieren confluencia cuando nuestro objetivo se cifra en superarlos. La finalidad de una escalera no es la de servir de peana sino de medio para subir.

La pérdida de este punto de referencia metafísico hace que en nuestro tiempo la vida carezca de sentido para mucha gente, porque el único sentido que nos queda se llama *progreso*. Pero el progreso no tiene más objetivo que *más progreso*. Con lo cual lo que era un *camino* se ha convertido en una excursión.

Para la comprensión de la enfermedad y la curación es importante entender qué significa realmente curación. Si perdemos de vista que curación significa siempre acercamiento a la salud cifrada en la unidad, buscaremos el objetivo de la curación dentro de la polaridad, y el fracaso es seguro. Ahora bien, si trasladamos una vez más a los hemisferios cerebrales lo que hasta ahora entendíamos por unidad, la cual sólo puede alcanzarse con la conciliación de los opuestos, la *coniunctio oppositorum,* veremos claramente que nuestro objetivo de superación de la polaridad equivale en este plano al fin del predominio alternativo de los hemisferios cerebrales. También en el ámbito del cerebro, la disyuntiva tiene que convertirse en unificación.

Aquí se pone de manifiesto la verdadera importancia del cuerpo calloso, el cual tiene que ser tan *permeable* que haga, de los «dos cerebros», uno. Esta simultánea disponibilidad de las facultades de ambas mitades del cerebro sería el equivalente corporal de la iluminación. Es el mismo proceso que hemos descrito ya en nuestro modelo de conciencia horizontal: cuando el supraconsciente subjetivo se funde con el inconsciente objetivo se alcanza la plenitud.

La conciencia universal de este paso de la polaridad a la unidad lo encontramos en infinidad de formas de expresión. Ya hemos mencionado la filosofía china del taoísmo, en la que las dos fuerzas universales se llaman Yang y Yin. Los hermetistas hablaban de la unión del sol y la luna o de las bodas del fuego y el agua. Además, expresaban el secreto de la unión de los opuestos en frases paradójicas tales como: «Lo sólido tiene que fluidificarse y el fluido solidificarse.» El antiguo símbolo de la vara de Hermes (caduceo) expresa la misma ley: aquí las dos serpientes representan las fuerzas polares que deben unirse en la vara. Este símbolo lo encontramos en la filosofía india, en la forma de las dos corrientes de energía que recorren el cuerpo humano, llamadas Ida (femenina) y Pingala (masculina) y que se enroscan cual serpientes en torno al canal medio, Shushumna. Si el yogui consigue conducir la fuerza de las serpientes por el canal central hacia arriba, conoce el estado de la unidad. La cábala representa esta idea con las tres columnas del árbol de la vida, y la dialéctica lo llama «tesis», «antítesis» y «síntesis». Todos estos sistemas, de los que no mencionamos sino un par, no se encuentran en relación causal sino que todos son expresión de una ley metafísica central, que han tratado de expresar en diferentes planos, concretos o simbólicos. A nosotros no nos importa un sistema determinado, sino la perspectiva de la ley de la polaridad y su vigencia en todos los planos del mundo de las formas.

La polaridad de nuestra conciencia nos coloca constantemente ante dos posibilidades de acción y nos obliga

—si no queremos sumirnos en la apatía— a decidir. Siempre hay dos posibilidades, pero nosotros sólo podemos realizar una. Por lo tanto, en cada acción siempre queda irrealizada la posibilidad contraria. Tenemos que elegir y decidirnos entre quedarnos en casa o salir, trabajar o no hacer nada, tener hijos o no tenerlos, reclamar el dinero o perdonar la deuda, matar al enemigo o dejarlo vivir. El tormento de la elección nos persigue constantemente. No podemos eludir la decisión, porque «no hacer nada» es ya decidir contra la acción, «no decidir» es una decisión contra la decisión. Ya que tenemos que decidirnos, por lo menos procuramos que nuestra decisión sea *sensata* o *correcta*. Y para ello necesitamos cánones de valoración. Cuando disponemos de estos cánones, las decisiones son fáciles: tenemos hijos porque sirven para preservar la especie humana, matamos a nuestros enemigos porque amenazan a nuestros hijos, comemos verdura porque es saludable y damos de comer al hambriento porque es ético. Este sistema funciona bien y facilita las decisiones —uno no tiene más que hacer lo correcto—. Lástima que nuestro sistema de valoración que nos ayuda a decidir sea cuestionado constantemente por otras personas que optan en cada caso por la decisión contraria y lo justifican con otro sistema de valores: hay gente que decide no tener hijos porque ya hay demasiada gente en el mundo, hay quien no mata a los enemigos porque los enemigos también son seres humanos, hay quien come mucha carne porque la carne es saludable y deja que los hambrientos se mueran de hambre porque es su destino. Desde luego, está claro que los valores de los demás están equivocados, y es irritante que no tenga todo el mundo los mismos valores. Y entonces uno empieza no sólo a defender sus valores sino a tratar de convencer al mayor número posible de semejantes de las excelencias de estos valores. Al fin, naturalmente, uno debería convencer a todos los seres humanos de la justicia de los propios valores y entonces tendríamos un mundo bueno y feliz. Lástima que todos piensen igual. Y la guerra de las opiniones justas sigue sin tregua, y todos quieren hacer sólo lo correcto. Pero ¿qué es lo correcto? ¿Qué es lo que está equivocado? ¿Qué es lo bueno? ¿Qué es lo malo? Muchos pretenden saberlo —pero no están de acuerdo— y entonces tenemos que decidir a quién creemos. ¡Es para desesperarse!

Lo único que nos salva del dilema es la idea de que dentro de la polaridad no existe el bien ni el mal absoluto, es decir, objetivo, ni lo justo ni lo injusto. Cada valoración es siempre subjetiva y requiere un marco de referencia que, a su vez, también es subjetivo. Cada valoración depende del punto de vista del observador y, por lo tanto, referida a él, siempre es correcta. El mundo no puede dividirse en lo que puede ser y por lo tanto es bueno y justo, y lo que no debe ser y por lo tanto tiene que ser combatido y aniquilado. Este dualismo de opuestos irreconciliables, verdad-error, bien-mal, Dios y demonio, no nos saca de la polaridad sino que nos hunde más en ella.

La solución se encuentra exclusivamente en ese tercer punto desde el cual todas las alternativas, todas las posibilidades, todas las polaridades aparecen igual de buenas y verdaderas, o igual de malas y falsas, ya que son parte de la unidad y, por lo tanto, su existencia está justificada, porque sin ellas el todo no estaría completo. Por ello, al hablar de la ley de la polaridad hemos hecho hincapié en que un polo no puede existir sin el otro polo. Como la inhalación depende de la exhalación, así el bien depende del mal, la paz de la guerra, y la salud de la enfermedad. No obstante, los hombres se empeñan en aceptar un único polo y combatir el otro. Pero quien combate cualquiera de los polos de este universo combate el todo —porque cada parte contiene el todo (*pars pro toto*)—. Por algo dijo Jesús: «¡Lo que hiciereis al más pequeño de mis hermanos, a mí me lo hacéis!»

Teóricamente, la idea en sí es simple, pero su puesta en práctica es ardua, por lo que el ser humano se resiste a aceptarla. Si el objetivo es la unidad indiferenciada que abarca los opuestos, entonces el ser humano no puede estar completo, es decir, sano, mientras se inhiba, mientras se resista a admitir algo en su conciencia. Todo: «¡Eso yo nunca lo haría!» es la forma más segura de renunciar a la plenitud y la iluminación. En este universo no hay nada que no tenga su razón de ser, pero hay muchas cosas cuya justificación escapa al individuo. En realidad, todos los esfuerzos del ser humano sirven a este fin: descubrir la razón de ser de las cosas —a esto llamamos tomar conciencia—, pero no cambiar las cosas. No hay nada que cambiar ni que mejorar, como no sea la propia visión.

El ser humano vive durante mucho tiempo convencido de que, con su actividad, con sus obras, puede cambiar, reformar, mejorar el mundo. Esta creencia es una ilusión óptica y se debe a la proyección de la transformación del propio individuo. Por ejemplo, si una persona lee un mismo libro varias veces en distintas épocas de su vida, cada lectura le producirá un efecto distinto, según la fase de desarrollo de la propia personalidad. Si no estuviera garantizada la invariabilidad del libro, uno podría creer que su contenido ha evolucionado. No menos engañosos son los conceptos de «evolución» y «desarrollo» aplicados al mundo. El individuo cree que la evolución se produce como resultado de unos procesos e intervenciones y no ve que no es sino la ejecución de un modelo ya existente. La evolución no genera nada nuevo sino que hace que lo que es y ha sido siempre se manifieste gradualmente. La lectura de un libro es también un buen ejemplo de esto: el contenido y la acción de un libro existen a la vez, pero el lector sólo puede asimilarlos con la lectura poco a poco. La lectura del libro hace que el contenido sea conocido por el lector gradualmente, aunque el libro tenga varios siglos de existencia. El contenido del libro no se crea con la lectura sino que, con este proceso, el lector asimila paso a paso y con el tiempo un modelo ya existente.

El mundo no cambia, son los hombres los que, progresivamente, asumen distintos estratos y aspectos del mundo. Sabiduría, plenitud y toma de conciencia significan: poder reconocer y contemplar todo lo que es en su forma verdadera. Para asumir y reconocer el orden, el observador debe estar en orden. La ilusión del cambio se produce merced a la polaridad que convierte lo simultáneo en sucesivo y lo unitario en dual. Por ello, las filosofías orientales llaman al mundo de la polaridad «ilusión» o «maja» (engaño) y exigen al individuo que busca el conocimiento y la liberación que, en primer lugar, vea en este mundo de las formas una ilusión y comprenda que en realidad no existe. La polaridad impide la unidad en la simultaneidad; pero el tiempo restablece automáticamente la unidad, ya que cada polo es compensado al ser sucedido por el polo opuesto. Llamamos a esta ley principio complementario. Como la exhalación impone una inhalación y la vigilia sucede al sueño y viceversa, así cada realización de un polo exige la manifestación del polo opuesto. El principio complementario hace que el equilibrio de los polos se mantenga, independientemente de lo que hagan o dejen de hacer los humanos, y determina que todas las modificaciones se sumen a la inmutabilidad. Nosotros creemos firmemente que con el tiempo cambian muchas cosas, y esta creencia nos impide ver que el tiempo sólo produce repeticiones del mismo esquema. Con el tiempo, cambian las formas, sí, pero el fondo sigue siendo el mismo.

Cuando se aprende a no dejarse distraer por la mutación de las formas, se puede prescindir del tiempo, tanto en el ámbito histórico como en la biografía personal, y entonces se ve que todos los hechos que el tiempo diversifica se plasman en un solo modelo. El tiempo convierte lo que es en procesos y sucesos —si suprimimos el tiempo, vuelve a hacerse visible el fondo que estaba detrás de las formas y que se ha plasmado en ellas—. (Este tema, nada fácil de entender, es la base de la terapia de la reencarnación.)

Para nuestras próximas reflexiones es importante comprender la interdependencia de los dos polos y la imposibilidad de conservar un polo y suprimir el otro. Y a este imposible se orientan la mayoría de las actividades humanas: el individuo quiere la salud y combate la enfermedad, quiere mantener la paz y suprimir la guerra, quiere vivir y, para ello, vencer a la muerte. Es impresionante ver que, al cabo de un par de miles de años de infructuosos esfuerzos, los humanos siguen aferrados a sus conceptos. Cuando tratamos de alimentar uno de los polos, el polo opuesto crece en la misma proporción, sin que nosotros nos demos cuenta. Precisamente la medicina nos da un buen ejemplo de ello: cuanto más se trabaja por la salud más prolifera la enfermedad.

Si queremos plantearnos este problema de una manera nueva, es necesario adoptar la óptica polar. En todas nuestras consideraciones, debemos aprender a ver simultáneamente el polo opuesto. Nuestra mirada interior tiene que oscilar constantemente, para que podamos salir de la unilateralidad y adquirir la visión de conjunto. Aunque no es fácil describir con palabras esta visión oscilante y polar, existen en filosofía textos que expresan estos principios. Lao-tsé, que por su concisión no ha sido superado, dice en el segundo verso del *Tao-Te-King*:

> *El que dice: hermoso*
> *está creando: feo.*
> *El que dice: bien*
> *está creando: mal.*
> *Resistir determina: no resistir,*
> *confuso determina: simple,*
> *alto determina: bajo,*
> *ruidoso determina: silencioso,*
> *determinado determina: indeterminado,*
> *ahora determina: otrora.*
> *Así pues, el sabio*
> *actúa sin acción,*
> *dice sin hablar.*
> *Lleva en sí todas las cosas*
> *en busca de la unidad.*

*Él produce, pero no posee,
perfecciona la vida
pero no reclama reconocimiento
y porque nada reclama
nunca sufre pérdida.*

III

LA SOMBRA

Toda la Creación existe en ti y todo lo que hay en ti existe también en la Creación. No hay divisoria entre tú y un objeto que esté muy cerca de ti, como tampoco hay distancia entre tú y los objetos lejanos. Todas las cosas, las más pequeñas y las más grandes, las más bajas y las más altas, están en ti y son de tu misma condición. Un solo átomo contiene todos los elementos de la Tierra. Un solo movimiento del espíritu contiene todas las leyes de la vida. En una sola gota de agua se encuentra el secreto del inmenso océano. Una sola manifestación de ti contiene todas las manifestaciones de la vida.

KAHIL GIBRAN

El individuo dice «yo» y con esta palabra entiende una serie de características: «Varón, alemán, padre de familia y maestro. Soy activo, dinámico, tolerante, trabajador, amante de los animales, pacifista, bebedor de té, cocinero por afición, etc.» A cada una de estas características precedió, en su momento, una decisión, se optó entre dos posibilidades, se integró un polo en la identidad y se descartó el otro. Así la identidad «soy activo y trabajador» excluye automáticamente «soy pasivo y vago». De una identificación suele derivarse rápidamente también una valoración: «En la vida hay que ser activo y trabajador; no es bueno ser pasivo y vago.» Por más que esta opinión se sustente con argumentos y teorías, esta valoración no pasa de subjetiva.

Desde el punto de vista objetivo, esto es sólo *una* posibilidad de plantearse las cosas —y una posibilidad muy convencional—. ¿Qué pensaríamos de una rosa roja que proclamara muy convencida: «Lo correcto es florecer en rojo. Tener flores azules es un error y un peligro.»? El repudio de cualquier forma de manifestación es siempre señal de falta de identificación (... por cierto que la violeta, por su parte, no tiene nada en contra de la floración azulada).

Por lo tanto, cada identificación que se basa en una decisión descarta un polo. Ahora bien, todo lo que nosotros *no* queremos ser, lo que *no* queremos admitir en nuestra identidad, forma nuestro negativo, nuestra «sombra». Porque el repudio de la mitad de las posibilidades no las hace desaparecer sino que sólo las destierra de la identificación o de la conciencia.

El «no» ha quitado de nuestra vista un polo, pero no lo ha eliminado. El polo descartado vive desde ahora en la sombra de nuestra conciencia. Del mismo modo que los niños creen que cerrando los ojos se hacen invisibles, las personas imaginan que es posible librarse de la mitad de la realidad por el procedimiento de no reconocerse en ella. Y se deja que un polo (por ejemplo, la laboriosidad) salga a la luz de la conciencia mientras que el contrario (la pereza) tiene que permanecer en la oscuridad donde uno no lo vea. El *no ver* se considera tanto como no tener y se cree que lo uno puede existir sin lo otro.

Llamamos sombra (en la acepción que da a la palabra C. G. Jung) a la suma de todas las facetas de la realidad que el individuo no reconoce o no quiere reconocer en sí y que, por consiguiente, descarta. La sombra es el mayor enemigo del ser humano: la tiene y no sabe que la tiene, ni la conoce. La sombra hace que todos los propósitos y los afanes del ser humano le reporten, en última instancia, lo contrario de lo que él perseguía. El ser humano proyecta en un mal anónimo que existe en el mundo todas las manifestaciones que salen de su sombra porque tiene miedo de encontrar en sí mismo la verdadera fuente de toda desgracia. Todo lo que el ser humano rechaza pasa a su sombra, que es la suma de todo lo que él no quiere. Ahora bien, la negativa a afrontar y asumir una parte de la realidad no conduce al éxito deseado. Por el contrario, el ser humano tiene que ocuparse muy especialmente de los aspectos de la realidad que ha rechazado. Esto suele suceder a través de la proyección, ya que cuando uno rechaza en su interior un principio determinado, cada vez que lo encuentre en el mundo exterior desencadenará en él una reacción de angustia y repudio.

No estará de más recordar, para mejor comprender esta relación, que nosotros entendemos por «principios» regiones arquetípicas del ser que pueden manifestarse con una enorme variedad de formas concretas. Cada manifestación es entonces representación de aquel principio esencial. Por ejemplo: la multiplicación es un principio. Este principio abstracto puede presentársenos bajo las más diversas manifestaciones (3 por 4, 8 por 7, 49 por 248, etc.). Ahora bien, todas y cada una de estas formas de expresión, exteriormente diferentes, son representación del principio «multiplicación». Además, hemos de tener claro que el mundo exterior está formado por los mismos principios arquetípicos que el mundo interior. La ley de la resonancia dice que nosotros sólo podemos conectar con aquello con lo que estamos en resonancia. Este razonamiento, expuesto extensamente en *Schicksal als Chance*, conduce a la identidad entre mundo exterior y mundo interior. En la filosofía hermética esta ecuación entre mundo exterior y mundo interior o entre individuo y cosmos se expresa con los términos: microcosmos = macrocosmos. (En la segunda parte de este libro, en el capítulo dedicado a los órganos sensoriales, examinaremos esta problemática desde otro punto de vista.)

Proyección significa, pues, que con la mitad de todos los principios fabricamos un *exterior*, puesto que no los queremos en nuestro *interior*. Al principio decíamos que el Yo es responsable de la separación del individuo de la suma de todo el Ser. El Yo determina un Tú que es considerado como lo externo. Ahora bien, si la sombra está formada por todos los principios que el Yo no ha querido asumir, resulta que la *sombra* y el *exterior* son idénticos. Nosotros siempre sentimos nuestra sombra como un exterior, porque si la viéramos en nosotros ya no sería la sombra. Los principios rechazados que ahora aparentemente nos acometen desde el exterior los combatimos en el exterior con el mismo encono con que los habíamos combatido dentro de nosotros. Nosotros insistimos en nuestro empeño de borrar del mundo los aspectos que valoramos negativamente. Ahora bien, dado que esto es imposible —véase la ley de la polaridad—, este intento se convierte en una pugna constante que garantiza que nos ocupamos con especial intensidad de la parte de la realidad que rechazamos.

Esto entraña una irónica ley a la que nadie puede sustraerse: lo que más ocupa al ser humano es aquello que rechaza. Y de este modo se acerca al principio rechazado hasta llegar a vivirlo. Es conveniente no olvidar las dos últimas frases. El repudio de cualquier principio es la forma más segura de que el sujeto llegue a vivir este principio. Según esta ley, los niños siempre acaban por adquirir las formas de comportamiento que habían odiado en sus padres, los pacifistas se hacen militares; los moralistas, disolutos; los apóstoles de la salud, enfermos graves.

No se debe pasar por alto que rechazo y lucha significan entrega y obsesión. Igualmente, la estricta evitación de un aspecto de la realidad indica que el individuo tiene un problema con él. Los campos interesantes e importantes para un ser humano son aquellos que él combate y repudia, porque los echa de menos en su conciencia y le hacen incompleto. A un ser humano sólo pueden molestarle los principios del exterior que no ha asumido.

En este punto de nuestras consideraciones, debe haber quedado claro que no hay un entorno que nos marque, nos moldee, influya en nosotros o nos haga enfermar: el entorno hace las veces de espejo en el que sólo nos vemos a nosotros mismos y también, desde luego y muy especialmente, a nuestra sombra, a la que no podemos ver en nosotros. Del mismo modo que de nuestro propio cuerpo no podemos ver más que una parte, pues hay zonas que no podemos ver (los ojos, la cara, la espalda, etc.) y para contemplarlas necesitamos del reflejo de un espejo, también para nuestra mente padecemos una ceguera parcial y sólo podemos reconocer la parte que nos es invisible (la sombra) a través de su proyección y reflejo en el llamado entorno o mundo exterior. El reconocimiento precisa de la polaridad.

El reflejo, empero, sólo sirve de algo a aquel que se reconoce en el espejo: de lo contrario, se convierte en una ilusión. El que en el espejo contempla sus ojos azules, pero no sabe que lo que está viendo son sus propios ojos, en lugar de reconocimiento sólo obtiene engaño. El que vive en este mundo y no reconoce que todo lo que ve y lo que siente es él mismo, cae en el engaño y el espejismo. Hay que reconocer que el espejismo resulta increíblemente vívido y real (... muchos dicen, incluso, demostrable), pero no hay que olvidar esto: también el sueño nos parece auténtico y real, mientras dura. Hay que despertarse para descubrir que el sueño es sueño. Lo mismo cabe decir del gran sueño de nuestra existencia. Hay que despertarse para descubrir el espejismo.

Nuestra sombra nos angustia. No es de extrañar, por cuanto está formada exclusivamente por aquellos componentes de la realidad que nosotros hemos repudiado, los que menos queremos asumir. La sombra es la suma de todo lo que estamos firmemente convencidos que tendría que desterrarse del mundo, para que éste fuera santo y bueno. Pero lo que ocurre es todo lo contrario: la sombra contiene todo aquello que falta en el mundo —en nuestro mundo—

para que sea santo y bueno. La sombra nos hace enfermar, es decir, nos hace incompletos: para estar completos nos falta todo lo que hay en ella.

La narración del Grial trata precisamente de este problema. El rey Anfortas está enfermo, herido por la danza del mago Klingor o, en otras versiones, por un enemigo pagano o, incluso, por un enemigo invisible. Todas estas figuras son símbolos inequívocos de la sombra de Anfortas: su adversario, invisible para él. Su sombra le ha herido y él no puede sanar por sus propios medios, no puede recobrar la salud, porque no se atreve a preguntar la verdadera causa de su herida. Esta pregunta es necesaria, pero preguntar esto sería preguntar por la naturaleza del Mal. Y, puesto que él es incapaz de plantearse este conflicto, su herida no puede cicatrizar. Él espera un salvador que tenga el valor de formular la pregunta redentora. Parsifal es capaz de ello, porque, como su nombre indica, es el que «va por el medio», por el medio de la polaridad del Bien y el Mal, con lo que obtiene la legitimación para formular la pregunta salvadora: «¿Qué te falta, Oheim?» La pregunta es siempre la misma, tanto en el caso de Anfortas como en el de cualquier otro enfermo: «¡La sombra!» La sola pregunta acerca del mal, acerca del lado oscuro del hombre, tiene poder curativo. Parsifal, en su viaje, se ha enfrentado valerosamente con su sombra y ha descendido a las oscuras profundidades de su alma hasta maldecir a Dios. El que no tenga miedo a este viaje por la oscuridad será finalmente un auténtico salvador, un redentor. Por ello, todos los héroes míticos han tenido que luchar contra monstruos, dragones y demonios y hasta contra el mismo infierno, para ser salvos y salvadores.

La sombra produce la enfermedad, y el encararse con la sombra cura. Ésta es la clave para la comprensión de la enfermedad y la curación. Un síntoma siempre es una parte de sombra que se ha introducido en la materia. Por el síntoma se manifiesta aquello que falta al ser humano. Por el síntoma el ser humano experimenta aquello que no ha querido experimentar conscientemente. El síntoma, valiéndose del cuerpo, reintegra la plenitud al ser humano. Es el principio de complementariedad lo que, en última instancia, impide que el ser humano deje de estar sano. Si una persona se niega a asumir conscientemente un principio, este principio se introduce en el cuerpo y se manifiesta en forma de síntoma. Entonces el individuo no tiene más remedio que asumir el principio rechazado. Por lo tanto, el síntoma completa al hombre, es el sucedáneo físico de aquello que falta en el alma.

En realidad, el síntoma indica lo que le «falta» al paciente, porque el síntoma es en sí el principio ausente que se hace material y visible en el cuerpo. No es de extrañar que nos gusten tan poco nuestros síntomas, ya que nos obligan a asumir aquellos principios que nosotros repudiamos. Y entonces proseguimos nuestra lucha contra los síntomas, sin aprovechar la oportunidad que se nos brinda de utilizarlos para completarnos. Precisamente en el síntoma podemos aprender a reconocernos, podemos ver esas partes de nuestra alma que nunca descubriríamos en nosotros, puesto que están en la sombra. Nuestro cuerpo es espejo de nuestra alma; él nos muestra aquello que el alma no puede reconocer más que por su reflejo. Pero ¿de qué sirve el espejo, por bueno que sea, si nosotros no nos reconocemos en la imagen que vemos? Este libro pretende ayudar a desarrollar esa visión que necesitamos para descubrirnos a nosotros mismos en el síntoma.

La sombra hace simulador al ser humano. La persona siempre cree ser sólo aquello con lo que se identifica o ser sólo tal como ella se ve. A esta autovaloración llamamos nosotros simulación. Con este término designamos siempre la simulación frente a uno mismo (no las mentiras o falsedades que se cuentan a los demás). Todos los engaños de este mundo son insignificantes comparados con el que el ser humano comete consigo mismo durante toda su vida. La sinceridad para con uno mismo es una de las más duras exigencias que el hombre puede hacerse. Por ello, desde siempre el conocimiento de sí mismo es la tarea más importante y más difícil que pueda acometer el que busca la verdad. El conocimiento del propio ser no significa descubrir el Yo, pues el Ser lo abarca todo mientras que el Yo, con su inhibición, constantemente impide el conocimiento del todo, del Ser. Y, para el que busca la sinceridad al contemplarse a sí mismo, la enfermedad puede ser de gran ayuda. ¡Porque la enfermedad nos hace sinceros! En el síntoma de la enfermedad tenemos claro y palpable aquello que nuestra mente trataba de desterrar y esconder.

La mayoría de la gente tiene dificultades para hablar de sus problemas más íntimos (suponiendo que los conozca siquiera) de forma franca y espontánea; los síntomas, por el contrario, los explican con todo detalle a la menor ocasión. Desde luego, es imposible descubrir con más detalle la propia personalidad. La enfermedad hace sincera a la gente y descubre implacablemente el fondo del alma que se mantenía escondido. Esta sinceridad (forzosa) es sin duda lo que provoca la simpatía que sentimos hacia el enfermo. La sinceridad lo hace simpático, porque en la enfermedad se es auténtico. La enfermedad deshace todos los sesgos y restituye al ser humano al centro de equilibrio. Entonces, bruscamente, se deshincha el ego, se abandonan las pretensiones de poder, se destruyen muchas ilusiones y se cuestionan formas de vida. La sinceridad posee su propia hermosura, que se refleja en el enfermo.

En resumen: el ser humano, como microcosmos, es réplica del universo y contiene latente en su conciencia la suma de todos los principios del ser. La trayectoria del individuo a través de la polaridad exige realizar con actos concretos estos principios que existen en él en estado latente, a fin de asumirlos gradualmente. Porque el discernimiento necesita de la polaridad y ésta, a su vez, constantemente impone en el ser humano la obligación de decidir. Cada decisión divide la polaridad en parte aceptada y polo rechazado. La parte aceptada se traduce en la conducta y es asumida conscientemente. El polo rechazado pasa a la sombra y reclama nuestra atención presentándosenos aparentemente procedente del exterior. Una forma frecuente y específica de esta ley general es la enfermedad, por la cual una parte de la sombra se proyecta en el físico y se manifiesta como síntoma. El síntoma nos obliga a asumir conscientemente el principio rechazado y con ello devuelve el equilibrio al ser humano. El síntoma es concreción somática de lo que nos falta en la conciencia. El síntoma, al hacer aflorar elementos reprimidos, hace sinceros a los seres humanos.

IV

BIEN Y MAL

La esencia magnífica abarca todos los mundos y a todas las criaturas, buenas y malas. Y es la verdadera unidad. Entonces, ¿cómo puede conciliarse el antagonismo del bien y el mal? En realidad, no existe antagonismo, porque el mal es el trono del bien.

BAAL SEM TOB

Tenemos que abordar necesariamente un tema que no sólo pertenece al ámbito más conflictivo de la aventura humana sino que, además, se presta a malas interpretaciones. Es muy peligroso limitarse a entresacar de la filosofía que nosotros exponemos sólo alguna que otra frase o pasaje aquí y allá y mezclarlos con ideas de otras filosofías. Precisamente la contemplación del Bien y del Mal provoca en los seres humanos profundas angustias que fácilmente pueden empañar el entendimiento y la facultad de raciocinio. A pesar de los peligros, nosotros nos atrevemos a plantear la pregunta que rehuía Anfortas, acerca de la naturaleza del Mal. Y es que, si en la enfermedad hemos descubierto la acción de la sombra, ésta debe su existencia a la diferenciación del ser humano entre Bien y Mal, Verdad y Mentira.

La sombra contiene todo aquello que el ser humano consideró *malo*; luego la sombra tiene que ser *mala*. Así pues, parece no sólo justificado sino, incluso, ética y moralmente necesario combatir y desterrar la sombra dondequiera que se manifieste. También aquí la humanidad se deja fascinar de tal modo por la lógica aparente que no advierte que su plan fracasa, que la eliminación del mal no funciona. Por lo tanto, vale la pena examinar el tema «Bien y Mal» desde ángulos acaso insólitos.

Nuestras consideraciones sobre la ley de la polaridad nos hicieron sacar la conclusión de que Bien y Mal son dos aspectos de una misma unidad y, por lo tanto, interdependientes para la existencia. El Bien depende del Mal y el Mal, del Bien. Quien alimenta el Bien alimenta también inconscientemente el Mal. Tal vez a primera vista estas formulaciones resulten escandalosas, pero es difícil negar la exactitud de estas apreciaciones ni en teoría ni en la práctica.

En nuestra cultura, la actitud hacia el Bien y el Mal está fuertemente determinada por el cristianismo o por los dogmas de la teología cristiana, incluso en los medios que se creen libres de vínculos religiosos. Por ello, también nosotros tenemos que recurrir a figuras e ideas religiosas, a fin de verificar la comprensión del Bien y del Mal. No es nuestro propósito *deducir* de las imágenes bíblicas una teoría o valoración, pero lo cierto es que los relatos y las imágenes mitológicas se prestan a hacer más comprensibles difíciles problemas metafísicos. El que para ello recurramos a un relato de la Biblia no es obligado, pero sí natural dado nuestro entorno cultural. Por otra parte, de este modo podremos comentar, al mismo tiempo, ese punto mal comprendido del concepto del Bien y del Mal, idéntico en todas las religiones, que muestra un matiz peculiar de la teología cristiana.

El relato que el Antiguo Testamento hace del pecado original ilustra nuestro tema. Recordamos que, en el Segundo Libro de la Creación, se nos dice que Adán, la primera criatura humana —andrógina—, es depositado en el

Edén, jardín entre cuya vegetación hay dos árboles especiales: el Árbol de la Vida y el Árbol de la Ciencia del Bien y del Mal. Para la mejor comprensión de este relato metafísico, es importante recalcar que Adán no es hombre sino criatura andrógina. Es el ser humano total que todavía no está sometido a la polaridad, todavía no está dividido en una pareja de elementos contrapuestos. Adán todavía es uno con todo; este estado cósmico de la conciencia se nos describe con la imagen del Paraíso. No obstante, si bien la criatura Adán posee todavía la conciencia unitaria, el tema de la polaridad ya está planteado, en la forma de los dos árboles mencionados.

El tema de la división se halla presente desde el principio en la historia de la Creación, ya que la Creación se produce por división y separación. Ya el Libro Primero habla sólo de polarizaciones: luz-tinieblas, tierra-agua, sol-luna, etc. Únicamente del ser humano se nos dice que fue creado como «hombre y mujer». Y, a medida que avanza la narración, se acentúa el tema de la polaridad. Y sucede que Adán concibe el deseo de proyectar hacia el exterior y dar forma independiente a una parte de su ser. Semejante paso supone necesariamente una pérdida de conciencia y esto nos lo explica nuestro relato diciendo que Adán se sumió en un sueño. Dios toma de la criatura completa y sana, Adán, un costado y con él hace algo independiente.

La palabra que Lutero tradujo por «costilla» es en el original hebreo *tselah* (costado). Es de la familia de *tsel* (sombra). El individuo completo y sano es dividido en dos aspectos diferenciables llamados *hombre* y *mujer*. Pero esta división todavía no alcanza la conciencia de la criatura, porque ellos todavía no reconocen su diferencia, sino que permanecen en la integridad del Paraíso. La división de las formas, empero, hace posible la acción de la Serpiente que promete a la mujer, la parte receptiva de la criatura humana, que si come el fruto del Árbol de la Ciencia adquirirá la facultad de distinguir entre el Bien y el Mal, es decir, que tendrá discernimiento.

La Serpiente cumple su promesa. Los humanos abren los ojos a la polaridad y pueden distinguir bien y mal, hombre y mujer. Con ello pierden la unidad (la conciencia cósmica) y obtienen la polaridad (discernimiento). Por consiguiente, ahora tienen que abandonar forzosamente el Paraíso, el Jardín de la Unidad, y precipitarse en el mundo polar de las formas materiales.

Éste es el relato de la caída del hombre. El hombre, en su «caída», se precipita de la unidad a la polaridad. Los mitos de todos los pueblos y todas las épocas conocen este tema central de la condición humana y lo presentan en imágenes similares. El pecado del ser humano consiste en su *separación de la unidad*. En la lengua griega se aprecia con exactitud el verdadero significado de la palabra pecado: *Hamartäma* quiere decir «el pecado» y el verbo *hamartanein* significa «no acertar en el punto», «errar el tiro», «faltar». Pecado es, pues, en este caso, la incapacidad de acertar en el punto, y éste es precisamente el símbolo de la unidad, que para el ser humano resulta a un tiempo inalcanzable e inconcebible, ya que el punto no tiene lugar ni dimensión. Una conciencia polar no puede dar con el punto, la unidad, y esto es el fallo, el pecado. Ser pecador es sinónimo de ser *polar*. Ello hace más comprensible el concepto cristiano de la herencia del pecado original.

El ser humano se encuentra con una conciencia polar, es pecador. No tiene una causa. Esta polaridad obliga al ser humano a caminar entre elementos opuestos, hasta que lo integra y asume todo, para volver a ser «perfecto como perfecto es el Padre que está en los cielos». El camino a través de la polaridad, no obstante, siempre acarrea la culpabilidad. El pecado original indica con especial claridad que el pecado nada tiene que ver con el comportamiento concreto del ser humano. Esto es muy importante ya que, en el transcurso de los siglos, la Iglesia ha deformado el concepto del pecado e inculcado en el ser humano la idea de que pecar es *obrar el mal* y que *obrando el bien* se evita el pecado. Pero el pecado no es *un polo* de la polaridad sino la polaridad en sí. Por lo tanto, el pecado no es evitable: todo acto humano es pecaminoso.

Este mensaje lo encontramos claro y sin falsear en la tragedia griega, cuyo tema central es que el ser humano constantemente debe optar entre dos posibilidades, sí, pero, decida lo que decida, siempre falla. Esta aberración teológica del pecado fue fatídica para la historia del cristianismo. El constante afán de los fieles de no pecar y de huir del mal condujo a la represión de algunos sectores, calificados de *malos* y, por consiguiente, a la creación de una «sombra» muy fuerte.

Esta sombra hizo del cristianismo una de las religiones más intolerantes, con Inquisición, caza de brujas y genocidio. El polo que no es asumido siempre acaba por manifestarse, y suele pillar desprevenidas a las almas nobles.

La polarización del Bien y del Mal como opuestos condujo también a la contraposición, atípica en otras religiones, de Dios y el diablo como representantes del Bien y del Mal. Al hacer al diablo adversario de Dios, insensiblemente, se hizo entrar a Dios en la polaridad, con lo que Dios pierde su fuerza salvadora. Dios es la Unidad que reúne en sí todas las polaridades sin distinción —naturalmente, también el Bien y el Mal—, mientras que el diablo, por el contrario, es la polaridad, el señor de la división o, como dice Jesús, «el príncipe de este mundo». Por consiguiente, siempre se ha representado al diablo, en su calidad de auténtico señor de la polaridad, con símbolos de la división o de la dualidad: «cuernos, pezuñas, tridentes, pentagramas (con dos puntas hacia arriba), etc.». Esta terminología indica que el mundo polarizado es diabólico, o sea, pecador. No existe posibilidad de cambiarlo. Por ello, todos los guías espirituales exhortan a abandonar el mundo polar.

Aquí vemos la gran diferencia que existe entre religión y labor social. La verdadera religión nunca ha emprendido la tentativa de convertir este mundo en un paraíso, sino que enseña la forma de salir del mundo para entrar en la unidad. La verdadera filosofía sabe que en un mundo de polaridades no se puede asumir un único polo. En este mundo, hay que pagar cada alegría con el sufrimiento. Por ejemplo, en este sentido, la ciencia es «diabólica», ya que aboga por la expansión de la polaridad y alimenta la pluralidad. Toda aplicación del potencial humano a un fin funcional tiene siempre algo de diabólico, ya que conduce energía a la polaridad e impide la unidad. Éste es el sentido de la tentación de Jesús en el desierto: porque, en realidad, el demonio *sólo* insta a Jesús a aplicar sus posibilidades a la realización de unas modificaciones inofensivas y hasta útiles.

Por supuesto, cuando nosotros calificamos algo de «diabólico» no pretendemos condenarlo sino tratar de acostumbrar al lector a asociar conceptos como pecado, culpa y diablo a la polaridad. Porque así puede calificarse todo lo que a ellos se refiere. Haga lo que haga el ser humano, fallará, es decir, pecará. Es importante que el ser humano aprenda a vivir con su culpa, de lo contrario, se engaña a sí mismo. La redención de los pecados es el anhelo de unidad, pero anhelar la unidad es imposible para el que reniega de la mitad de la realidad. Esto es lo que hace tan difícil el camino de la salvación: el tener que pasar por la culpa.

En los Evangelios se pone de relieve una y otra vez este viejo error: los fariseos representan la opinión de la Iglesia de que el ser humano puede salvar su alma observando los preceptos y evitando el mal. Jesús los desmiente con las palabras: «El que de vosotros se halle limpio de pecado que tire la primera piedra.» En el Sermón de la Montaña hace hincapié en la ley mosaica, que había sido deformada por la transmisión oral, señalando que el pensamiento tiene la misma importancia que el acto externo. No hay que perder de vista que, con esta puntualización contenida en el Sermón de la Montaña, los mandamientos no se hicieron más severos sino que se disipó la ilusión de que pudiera evitarse el pecado viviendo en la polaridad. Pero la doctrina ya había resultado tan desagradable dos mil años antes que se trató de hacer caso omiso de ella. La verdad es amarga, venga de donde venga. Destruye todas las ilusiones con las que nuestro yo trata una y otra vez de salvarse. La verdad es dura y cortante y se presta mal a los ensueños sentimentales y al engaño moral de uno mismo.

En el *Sandokai*, uno de los textos básicos del zen, se lee:

> *Luz y oscuridad*
> *están frente a frente.*
> *Pero la una*
> *depende de la otra*
> *como el paso de la pierna izquierda*
> *depende del paso de la derecha.*

En *El verdadero libro de las fuentes originales* podemos leer la siguiente «Prevención contra las buenas obras». Yang Dshu dice: «El que hace el bien no lo hace por la gloria, pero la gloria es su consecuencia. La gloria no tiene nada que ver con la ganancia, pero reporta ganancia. La ganancia no tiene nada que ver con la lucha, pero la lucha va con ella. Por lo tanto, el justo se guarda de hacer el bien.»

Sabemos qué gran reto supone cuestionar el principio, considerado ortodoxo, de hacer el bien y evitar el mal. También sabemos que este tema forzosamente suscita temor, un temor que el individuo conjura aferrándose convulsivamente a las normas que han regido hasta ahora. A pesar de todo, hay que atreverse a detenerse en el tema y examinarlo desde todos los ángulos.

No es nuestro propósito hacer derivar nuestras tesis de tal o cual religión, pero la mala interpretación del pecado que hemos expuesto más arriba ha determinado el arraigo en la cultura cristiana de una escala de valores que nos condiciona más de lo que queremos reconocer. Otras religiones no han tenido ni tienen forzosamente las mismas dificultades con este problema. En la trilogía de las divinidades hindúes Brahma-Vishnú-Shiva, corresponde a Shiva el papel de destructor, por lo que representa la fuerza antagónica de Brahma, el constructor. Esta representación hace más difícil al individuo el reconocimiento de la necesaria alternancia de las fuerzas. De Buda se cuenta que cuando un joven acudió a él con la súplica de que lo aceptara como discípulo, Buda le preguntó: «¿Has robado alguna vez?» El joven le respondió: «Nunca.» Buda dijo entonces: «Pues ve a robar y, cuando hayas aprendido, vuelve.»

El versículo 22 del *Shinjinmei*, el más antiguo y sin duda más importante texto del budismo zen, dice así: «Si queda en nosotros la más mínima idea de la verdad y el error, nuestro espíritu sucumbirá en la confusión.» La duda que divide las polaridades en elementos opuestos es el *mal*, pero es necesario pasar por ella para llegar a la convicción. Para ejercitar nuestro discernimiento, necesitamos siempre dos polos pero no debemos quedarnos atascados en su antagonismo, sino utilizar su tensión como impulso y energía en nuestra búsqueda de la unidad. El ser humano es pecador, es culpable, pero precisamente esta culpa lo distingue, ya que es prenda de su libertad.

Nos parece muy importante que el individuo aprenda a aceptar su culpa sin dejarse abrumar por ella. La culpa del ser humano es de índole metafísica y no se *origina* en sus actos: la necesidad de tener que decidirse y actuar es la manifestación física de su culpa. La aceptación de la culpa libera del temor a la culpabilidad. El miedo es encogimiento y represión, actitud que impide la necesaria apertura y expansión. Se puede escapar del pecado esforzándose por hacer el bien, lo cual siempre tiene que pagarse con el repudio del polo opuesto. Esta tentativa de escapar del pecado por las buenas obras sólo conduce a la falta de sinceridad.

Para alcanzar la unidad hay que hacer algo más que huir y cerrar los ojos. Este objetivo nos exige que, cada vez más conscientemente, veamos la polaridad *en todo*, sin miedo, que reconozcamos la conflictividad del Ser, para poder unificar los opuestos que hay en nosotros. No se nos manda evitar sino redimir asumiendo. Para ello es necesario cuestionar una y otra vez la rigidez de nuestros sistemas de valoración, reconociendo que, a fin de cuentas, el secreto del mal reside en que en realidad no existe. Hemos dicho que, por encima de toda polaridad, está la Unidad que llamamos «Dios» o «la luz».

En un principio la luz era la Unidad universal. Aparte de la luz no había nada, o la luz no hubiera sido el todo. La oscuridad no aparece sino con el paso a la polaridad, cuyo fin es única y exclusivamente el de hacer reconocible la luz. Por consiguiente, las tinieblas son producto artificial de la polaridad, para hacer visible la luz en el plano de la conciencia polar. Es decir, la oscuridad sirve a la luz, es su soporte, es lo que lleva la luz, y no otra cosa significa el nombre de Lucifer. Si desaparece la polaridad, desaparece también la oscuridad, ya que no posee existencia propia. La luz existe; la oscuridad, no. Por consiguiente, la tantas veces citada lucha entre las fuerzas de la luz y las fuerzas de las tinieblas no es tal lucha, ya que el resultado siempre se sabe de antemano. La oscuridad nada puede contra la luz. La luz, por el contrario, inmediatamente convierte la oscuridad en luz —por lo cual la oscuridad tiene que rehuir la luz para que no se descubra su inexistencia.

Esta ley podemos demostrarla hasta en nuestro mundo físico, como expresa la frase de «así abajo como arriba». Vamos a suponer que tenemos una habitación llena de luz y que en el exterior de la habitación reina la oscuridad. Por más que se abran puertas y ventanas para que entre la oscuridad, ésta no oscurecerá la habitación sino que la luz de la habitación la convertirá en luz. Si abrimos las puertas y ventanas, también esta vez la luz transmutará la oscuridad e inundará la habitación.

El mal es un producto artificial de nuestra conciencia polar, al igual que el tiempo y el espacio, y es el medio de aprehensión del bien, es el seno materno de la luz. El mal, por lo tanto, es el pecado, porque el mundo de la dualidad no tiene finalidad y, por lo tanto, no posee existencia propia. Nos lleva a la desesperación, la cual, a su vez, conduce al arrepentimiento y a la conclusión de que el ser humano sólo puede hallar su salvación en la unidad. La misma ley rige para nuestra conciencia. Llamamos conciencia a todas las propiedades y facetas de las que una persona tiene conocimiento, es decir, que puede ver. La sombra es la zona que no está iluminada por la luz del conocimiento y, por lo tanto, permanece oscura, es decir, *desconocida*. Sin embargo, los aspectos oscuros sólo parecen malos y amenazadores mientras están en la oscuridad. La simple *contemplación* del contenido de la sombra lleva luz a las tinieblas y basta para darnos a conocer lo desconocido.

La *contemplación* es la fórmula mágica para adquirir conocimiento de uno mismo. La contemplación transforma la calidad de lo contemplado, ya que hace la luz, es decir, conocimiento, en la oscuridad. Los seres humanos siempre están deseando cambiar las cosas y, por ello, les resulta difícil comprender que lo único que se pide al hombre es ejercitar la facultad de contemplación. El supremo objetivo del ser humano —podemos llamarlo sabiduría o iluminación— consiste en contemplarlo todo y reconocer que bien está como está. Ello presupone el verdadero conocimiento de uno mismo. Mientras el individuo se sienta molesto por algo, mientras considere que algo necesita ser cambiado, no habrá alcanzado el conocimiento de sí mismo.

Tenemos que aprender a contemplar las cosas y los hechos de este mundo sin que nuestro ego nos sugiera de inmediato un sentimiento de aprobación o repulsa, tenemos que aprender a contemplar, con el espíritu sereno, los múltiples juegos de Maja. Por ello, en el texto zen que hemos citado se dice que toda noción acerca del Bien y el Mal puede traer la confusión a nuestro espíritu. Cada valoración nos ata al mundo de las formas y preferencias. Mientras tengamos preferencias no podremos ser redimidos del dolor y seguiremos siendo pecadores, desventurados, enfermos. Y subsistirá también nuestro deseo de un mundo mejor y el afán de cambiar el mundo. El ser humano sigue, pues, engañado por un espejismo: cree en la imperfección del mundo y no se da cuenta de que sólo su mirada es imperfecta y le impide ver la totalidad.

Por lo tanto, tenemos que aprender a reconocernos a nosotros mismos en todo y a ejercitar la ecuanimidad. Buscar el punto intermedio entre los polos y desde él verlos vibrar. Esta impasibilidad es la única actitud que permite contemplar los fenómenos sin valorarlos, sin un Sí o un No apasionados, sin identificación. Esta ecuanimidad no debe confundirse con la actitud que comúnmente se llama indiferencia, que es una mezcla de inhibición y desinterés. A ella se refiere Jesús al hablar de los «tibios». Ellos nunca entran en el conflicto y creen que con la inhibición y la huida se puede llegar a ese mundo total que quien lo busca realmente no alcanza sino a costa de penalidades, puesto que reconoce lo conflictivo de su existencia, recorriendo sin temor conscientemente, es decir, aprehendiendo, esta polaridad, a fin de dominarla. Porque sabe que, más tarde o más temprano, tendrá que aunar los opuestos que su yo ha creado. No se arredra ante las necesarias decisiones, a pesar de que sabe que siempre elegirá mal, pero se esfuerza en no quedarse inmovilizado en ellas.

Los opuestos no se unifican por sí solos; para poder dominarlos, tenemos que asumirlos activamente. Una vez nos hayamos imbuido de ambos polos, podremos encontrar el punto intermedio y desde aquí empezar la labor de unificación de los opuestos. El renunciamiento al mundo y el ascetismo son las reacciones menos adecuadas para alcanzar este objetivo. Al contrario, se necesita valor para afrontar conscientemente y con audacia los desafíos de la vida. En esta frase la palabra decisiva es «conscientemente», porque sólo la conciencia que nos permite observarnos a nosotros mismos en todos nuestros actos puede impedir que nos extraviemos en la acción. Importa menos *qué* hace la persona que *cómo* lo hace. La valoración «Bueno» y «Malo» contempla siempre qué hace una persona. Nosotros sustituimos esta contemplación por la pregunta de «cómo una persona hace algo». ¿Actúa conscientemente?

¿Está involucrado su ego? ¿Lo hace sin la implicación de su yo? Las respuestas a estas preguntas indican si una persona se ata o se libera con sus actos.

Los mandamientos, las leyes y la moral no conducen al ser humano al objetivo de la perfección. La obediencia es buena, pero no basta, porque «también el diablo obedece». Los mandamientos y prohibiciones externos están justificados hasta que el ser humano despierta al conocimiento y puede asumir su responsabilidad. La prohibición de jugar con cerillas está justificada respecto a los niños y resulta superflua cuando los niños crecen. Cuando el ser humano encuentra su propia ley en sí mismo ésta lo desvincula de todas las demás. La ley más íntima de cada individuo es la obligación de encontrar y realizar su verdadero centro, es decir, unificarse con todo lo que es.

El instrumento de unificación de opuestos se llama *amor*. El principio del amor es abrirse y recibir algo que hasta entonces estaba *fuera*. El amor busca la unidad: el amor quiere unir, no separar. El amor es la clave de la unificación de los opuestos, porque el amor convierte el Tú y el Yo en Tú. El amor es una afirmación sin limitaciones ni condiciones. El amor quiere ser uno con todo el universo: mientras no hayamos conseguido esto, no habremos realizado el amor. Si el amor selecciona no es verdadero amor, porque el amor no separa y la selección separa. El amor no conoce los celos, porque el amor no quiere poseer sino inundar.

El símbolo de este amor que todo lo abarca es el amor con el que Dios ama a los hombres. Aquí no encaja la idea de que Dios reparte su amor proporcionalmente. Y, menos aún, los celos porque Dios quiera a otros. Dios —la Unidad— no hace distinciones entre bueno y malo, y por eso *es* el amor. El sol envía su calor a *todos* los humanos y no reparte sus rayos según merecimientos. Únicamente el ser humano se siente impulsado a lanzar piedras: que no le sorprenda, por lo menos, que siempre se apedree a sí mismo. El amor no tiene fronteras, el amor no conoce obstáculo, el amor transforma. Amad el mal, y será redimido.

V
EL SER HUMANO ES UN ENFERMO

> *Un ermitaño estaba sentado en su cueva, meditando,*
> *cuando un ratón se le acercó y se puso a roerle la sandalia.*
> *El ermitaño abrió los ojos, irritado:*
> *—¿Por qué me molestas en mi meditación?*
> *—Tengo hambre —dijo el ratón.*
> *—Vete de aquí, necio —dijo el ermitaño—. Estoy buscando*
> *la unidad con Dios, ¿cómo te atreves a molestar?*
> *—¿Cómo quieres encontrar la unidad con Dios*
> *si ni conmigo puedes sentirte unido?*

Todas las consideraciones hechas hasta aquí tienen por objeto inducirnos a reconocer que el ser humano *es* un enfermo, no *se pone* enfermo. Ésta es la gran diferencia existente entre nuestro concepto de la enfermedad y el que tiene la medicina. La medicina ve en la enfermedad una molesta perturbación del «estado normal de salud» y, por lo tanto, trata no sólo de subsanarla lo antes posible sino, ante todo, de impedir la enfermedad y, finalmente, desterrarla. Nosotros deseamos indicar que la enfermedad es algo más que un defecto funcional de la naturaleza. Es parte de un sistema de regulación muy amplio que está al servicio de la evolución. No se debe liberar al ser humano de la enfermedad, ya que la salud la necesita como contrapartida o polo opuesto.

La enfermedad es la señal de que el ser humano tiene pecado, culpa o defecto; la enfermedad es la réplica del pecado original, a escala microcósmica. Estas definiciones no tienen absolutamente nada que ver con una idea de castigo sino que sólo pretenden indicar que el ser humano, al participar de la polaridad, participa también de la culpa, la enfermedad y la muerte. En el momento en que la persona reconoce estos hechos básicos, dejan de tener connotaciones negativas. Sólo el no querer asumirlos, emitir juicios de valor y luchar contra ellos les dan rango de terribles enemigos.

El ser humano es un enfermo porque le falta la unidad. Las personas totalmente sanas, sin ningún defecto, sólo están en los libros de anatomía. En la vida normal, semejante ejemplar es desconocido. Puede haber personas que durante décadas no desarrollen síntomas evidentes o graves: ello no obstante, también están enfermas y morirán. La enfermedad es un estado de imperfección, de achaque, de vulnerabilidad, de mortalidad. Si bien se mira, es asombroso observar la serie de dolencias que tienen los «sanos». Bräutigam, en su *Lehrbuch für psychosomatische Medizin* (*Tratado de medicina psicosomática*) cuenta, con motivo de «entrevistas mantenidas con obreros y empleados de una fábrica que no estaban enfermos», que, «en un examen detenido, mostraron afecciones físicas y psíquicas casi en la misma proporción que los internos de un hospital». En el mismo libro, Bräutigam incluye la siguiente tabla estadística correspondiente a una investigación realizada por E. Winter (1959):

Afecciones de 200 empleados sanos entrevistados

Trastornos generales	43,5%
Dolor de estómago	37,5%
Estados de ansiedad	26,5%
Faringitis frecuentes	22,0%

Mareos, vértigo	17,5%
Insomnio	17,5%
Diarrea	15,0%
Estreñimiento	14,5%
Sofocos	14,0%
Pericarditis, taquicardia	13,0%
Dolor de cabeza	13,0%
Eccema	9,5%
Dispepsia	5,5%
Reumatismo	5,5%

Edgar Heim, en su libro *Krankheit als Krise und Chance* dice: «Un adulto, en veinticinco años de vida, padece por término medio una enfermedad muy grave, veinte graves y unas doscientas menos graves.»

Deberíamos desterrar la ilusión de que es posible evitar o eliminar del mundo la enfermedad. El ser humano es una criatura conflictiva y, por lo tanto, enferma. La naturaleza cuida de que, en el curso de su vida, el ser humano se adentre más y más en el estado de la enfermedad al que la muerte pone broche final. El objetivo de la parte física es el destino mineral. La naturaleza, de forma soberana, cuida de que, con cada paso que da en su vida, el ser humano se acerque a este objetivo. La enfermedad y la muerte destruyen las múltiples ilusiones de grandeza del ser humano y corrigen cada una de sus aberraciones.

El ser humano vive desde su ego y el ego siempre ansía poder. Cada «yo quiero» es expresión de este afán de poder. El Yo se hincha más y más y, con disfraces nuevos y cada vez más exquisitos, sabe obligar al ser humano a servirle. El Yo vive de la disociación y, por lo tanto, tiene miedo de la entrega, del amor y de la unión. El Yo elige y realiza un polo y expulsa la sombra que con esta elección se forma hacia el exterior, hacia el Tú, hacia el entorno. La enfermedad compensa todos estos prejuicios por el procedimiento de empujar al ser humano, en la misma medida en que él se desplaza del centro hacia un lado, hacia el lado contrario, por medio de los síntomas. La enfermedad contrarresta cada paso que el ser humano da desde el ego, con un paso hacia la humillación y la indefensión. Por lo tanto, cada facultad y cada habilidad del ser humano le hace proporcionalmente vulnerable a la enfermedad.

Toda tentativa de *hacer vida sana* fomenta la enfermedad. Sabemos que estas ideas no encajan en nuestra época. Al fin y al cabo, la medicina no hace más que ampliar sus medidas preventivas; por otra parte, asistimos a un auge de la «vida sana y natural». Ello, como reacción a la inconsciencia con que se manejan los venenos, está justificado sin duda y es muy encomiable, pero, por lo que se refiere al tema «enfermedad», es tan inoperante como las medidas adoptadas con el mismo fin por la medicina académica. En ambos casos, se parte del supuesto de que la enfermedad es evitable y de que el ser humano es intrínsecamente sano y puede ser protegido de la enfermedad por determinados métodos. Es comprensible que se preste más oído a los mensajes de esperanza que a nuestra decepcionante aseveración: el ser humano está enfermo.

La enfermedad está ligada a la salud como la muerte a la vida. Estas frases son desagradables, pero tienen la virtud de que cualquier observador imparcial puede comprobar por sí mismo su validez. No es nuestro propósito desarrollar nuevas tesis doctrinarias sino ayudar a quienes están dispuestos a agudizar su mirada y completar su horizonte habitual situándose en una perspectiva insólita. La destrucción de ilusiones nunca es fácil ni agradable, pero siempre proporciona nuevos espacios en los que moverse con libertad.

La vida es el camino de los desengaños: al ser humano se le van quitando una a una todas las ilusiones hasta que es capaz de soportar la verdad. Así, el que aprende a ver en la enfermedad, la decadencia física y la muerte los inevitables y verdaderos acompañantes de su existencia, descubrirá muy pronto que este reconocimiento no le conduce a la desesperanza sino que le proporciona a unos amigos sabios y serviciales que constantemente le ayudarán a encontrar el camino de la verdadera salud. Porque, desgraciadamente, entre los seres humanos rara vez hallamos amigos tan leales que constantemente descubran los engaños del ego y nos hagan volver la mirada hacia nuestra sombra. Si un amigo se permite tanta franqueza, enseguida lo catalogamos de «enemigo». Lo mismo ocurre con la enfermedad. Es demasiado sincera como para hacerse simpática.

Nuestra vanidad nos hace tan ciegos y vulnerables como aquel rey cuyos nuevos ropajes estaban tejidos con sus propias ilusiones. Pero nuestros síntomas son insobornables y nos imponen la sinceridad. Con su existencia nos indican qué es lo que todavía nos falta en realidad, qué es lo que no permitimos que se realice, lo que se encuentra en la sombra y está deseando aflorar, y nos hacen ver cuándo hemos sido parciales. Los síntomas, con su insistencia o su reaparición, nos indican que no hemos resuelto el problema con tanta rapidez y eficacia como nos gusta creer. La enfermedad siempre ataca al ser humano por su parte más vulnerable, especialmente cuando él cree tener el poder de cambiar el curso del mundo. Basta un dolor de muelas, una ciática, una gripe o una diarrea para convertir a un arrogante vencedor en un infeliz gusano. Esto es precisamente lo que nos hace tan odiosa la enfermedad.

Por ello, todo el mundo está dispuesto a realizar los mayores esfuerzos para desterrar la enfermedad. Nuestro ego nos susurra al oído que esto es una pequeñez y nos hace cerrar los ojos a la realidad de que, con cada triunfo que conseguimos, más nos sumimos en el estado de enfermedad. Ya hemos dicho que ni la medicina preventiva ni la «vida sana» tienen posibilidades de éxito como métodos para prevenir la enfermedad. El viejo refrán que dice en alemán *Vorbeugen ist besser als heilen* (equivalente a «Más vale prevenir que curar») puede interpretarse como una fórmula de éxito si se entiende literalmente, ya que *vor-beugen* significa doblegarse voluntariamente, antes de que la enfermedad te obligue.

La enfermedad hace curable al ser humano. La enfermedad es el punto de inflexión en el que lo incompleto puede completarse. Para que esto pueda hacerse, el ser humano tiene que abandonar la lucha y aprender a oír y ver lo que la enfermedad viene a decirle. El paciente tiene que auscultarse a sí mismo y establecer comunicación con sus síntomas, si quiere enterarse de su mensaje. Tiene que estar dispuesto a cuestionarse rigurosamente sus propias opiniones y fantasías sobre sí mismo y asumir conscientemente lo que el síntoma trata de comunicarle por medio del cuerpo. Es decir, tiene que conseguir hacer superfluo el síntoma reconociendo qué es lo que le falta. La curación siempre está asociada a una ampliación del conocimiento y una maduración. Si el síntoma se produjo porque una parte de la sombra se proyectó en el cuerpo y se manifestó en él, la curación se conseguirá invirtiendo el proceso y asumiendo conscientemente el principio del síntoma, con lo cual se le redime de su existencia material.

VI
LA BÚSQUEDA DE LAS CAUSAS

Nuestras inclinaciones tienen una asombrosa habilidad para disfrazarse de ideología.

HERMANN HESSE

Quizá muchos se sientan perplejos ante nuestras consideraciones, ya que nuestras opiniones parecen difíciles de conciliar con los dictámenes científicos acerca de las causas de los más diversos síntomas. Desde luego, en la mayoría de casos, se atribuye total o parcialmente a determinados cuadros clínicos una causa derivada de un proceso psíquico. Pero ¿y el resto de enfermedades cuyas causas físicas han sido inequívocamente demostradas?

Aquí nos tropezamos con un problema fundamental, ocasionado por nuestros hábitos de pensamiento. Para el ser humano se ha convertido en algo completamente natural interpretar de forma causal todos los procesos perceptibles y construir largas cadenas causales en las que causa y efecto tienen una inequívoca relación. Por ejemplo, usted puede leer estas líneas *porque* yo las escribí y *porque* el editor publicó el libro y *porque* el librero lo vendió, etc. El concepto filosófico causal parece tan diáfano y concluyente que la mayoría de las personas lo consideran requisito indispensable del entendimiento humano. Y por todas partes se buscan las más diversas causas para las más diversas manifestaciones, esperando conseguir no sólo más claridad sobre las interrelaciones sino también la posibilidad de modificar el proceso causal. ¿Cuál es la causa de la subida de precios, del paro, de la delincuencia juvenil? ¿Qué causa tiene un terremoto o una enfermedad determinada? Preguntas y más preguntas, con la pretensión de averiguar la verdadera causa.

Ahora bien, la causalidad no es ni mucho menos tan clara y concluyente como parece a simple vista. Incluso puede decirse (y quienes esto afirman son cada vez más numerosos) que el afán del ser humano por explicar el mundo por la causalidad ha provocado mucha confusión y controversia en la historia del pensamiento humano y ha acarreado consecuencias que hasta hoy no han empezado a apreciarse. Desde Aristóteles, el concepto de la causa se ha dividido en cuatro categorías.

Así, distinguimos entre la *causa efficiens* o causa del impulso; la *causa materialis*, es decir, la que reside en la materia; la *causa formalis*, la de la forma y, por último, la *causa finalis*, la causa de la finalidad, la que se deriva de la fijación del objetivo.

Las cuatro categorías pueden ilustrarse fácilmente con el clásico ejemplo de la construcción de una casa. Para construir una casa se necesita, ante todo, el propósito (*causa finalis*), luego el impulso o la energía que se traduce, por ejemplo, en la inversión y la mano de obra (*causa efficiens*), también se necesitan planos (*causa formalis*) y, finalmente, material como cemento, vigas, madera, etc. (*causa materialis*). Si falta una de estas cuatro causas, difícilmente podrá realizarse la casa.

Sin embargo, la necesidad de hallar una causa auténtica, primigenia, lleva una y otra vez a reducir el concepto de los cuatro elementos. Se han formado dos tendencias con conceptos contrapuestos. Unos verían en la *causa finalis* la causa propiamente dicha de todas las causas. En nuestro ejemplo, el propósito de construir una casa sería premisa primordial de todas las otras causas. En otras palabras: el propósito u objetivo representa siempre la causa de todos los acontecimientos. Así la causa de que yo esté escribiendo estas líneas es mi propósito de publicar un libro.

Este concepto de la causa final fue la base de las ciencias filosóficas, de las que las ciencias naturales se han mantenido rigurosamente apartadas, en virtud del modelo causal energético (*causa efficiens*) adoptado por éstas.

Para la observación y descripción de las leyes naturales, resultaba excesivamente hipotética la supeditación a un propósito o finalidad. Aquí lo procedente era regirse por una fuerza o impulso. Y las ciencias naturales se adscribieron a una ley causal gobernada por un impulso energético.

Estos dos conceptos diferentes de la causalidad han separado hasta hoy las ciencias filosóficas de las ciencias naturales y hacen la mutua comprensión difícil y hasta imposible. El pensamiento causal de las ciencias naturales busca la causa en el pasado, mientras que el modelo de la finalidad la sitúa en el futuro. Así formulada, esta última afirmación puede resultar desconcertante. Porque ¿cómo es posible que la causa se sitúe en el tiempo después del efecto? Por otro lado, en la vida diaria es corriente formular esta relación: «Me marcho ahora *porque* mi tren sale dentro de una hora» o «He comprado un regalo *porque* la próxima semana es su cumpleaños». En todos estos casos un suceso del futuro tiene proyección retroactiva.

Observando los hechos cotidianos, comprobamos que unos se prestan más a una causalidad energética del pasado y otros, a una causalidad final del futuro. Así decimos: «Hoy hago la compra *porque* mañana es domingo.» Y: «El florero se ha caído *porque* le he dado un golpe.» Pero también es posible una visión ambivalente: por ejemplo, se puede ver la causa de la rotura de vajilla producida durante una bronca matrimonial tanto en la circunstancia de haberla arrojado al suelo como en el deseo de descalabrar al cónyuge. Todos estos ejemplos indican que uno y otro concepto contemplan un plano diferente y que ambos tienen su justificación. La variante energética permite establecer una relación de efecto mecánico, por lo que se refiere siempre al plano material, mientras que la causalidad final maneja motivaciones o propósitos que no pueden asociarse a la materia sino sólo a la mente. Por lo tanto, el conflicto presentado es una formación especial de las siguientes polaridades:

causa efficiens — *causa finalis*
pasado — futuro
materia — espíritu
cuerpo — mente

Aquí conviene aplicar lo dicho sobre la polaridad. Entonces podremos prescindir de la elección al comprender que ambas posibilidades no se excluyen sino que se complementan. (Es asombroso comprobar lo poco que ha aprendido el ser humano del descubrimiento de que la estructura de la luz se compone *tanto* de partículas *como* de ondas [!].) También aquí todo está en función de la óptica que se adopte y no es cuestión de error o de acierto. Cuando de una máquina expendedora de cigarrillos sale un paquete de cigarrillos la causa puede verse en la moneda que se ha echado en la máquina o en el propósito de fumar. (Esto no es un simple juego de palabras, pues si no existiera el deseo ni el propósito de fumar, no habría máquinas expendedoras de cigarrillos.)

Ambos puntos de vista son legítimos y no se excluyen mutuamente. Un solo punto de vista siempre será incompleto, pues las causas materiales y energéticas por sí mismas no producen una máquina expendedora de cigarrillos mientras no exista la intención. Ni la invención ni la finalidad bastan tampoco por sí mismas para producir una cosa. También aquí un polo depende de su contrario.

Lo que hablando de máquinas de venta automática de cigarrillos puede parecer trivial es, en el estudio de la evolución humana, un tema de debate que llena ya bibliotecas enteras. ¿Se agota la causa de la existencia humana en la cadena causal material del pasado y, por lo tanto, es nuestra existencia el efecto fortuito de los saltos de la evolución y procesos selectivos desde el átomo de oxígeno hasta el cerebro humano? ¿O acaso esta mitad de la causalidad precisa también de la intencionalidad que opera desde el futuro y que, por consiguiente, hace discurrir la evolución hacia un objetivo predeterminado?

Para los científicos este segundo supuesto es «excesivo, demasiado hipotético»; para los filósofos el primero es «insuficiente y muy pobre». Desde luego, cuando observamos procesos y «evoluciones» más pequeños y, por lo tanto, más asequibles a la mente, siempre encontramos ambas tendencias causales. La tecnología por sí sola no produce aeropuertos mientras la mente no concibe la idea del vuelo. La evolución tampoco es resultado de decisiones y evoluciones caprichosas sino ejecución material y biológica de un esquema eterno. Los procesos materiales deben empujar por un lado y la figura final atraer desde el otro lado, para que en el centro pueda producirse una manifestación.

Con esto llegamos al siguiente problema de este tema. La causalidad requiere como condición previa una linealidad en la que pueda marcarse un antes o un después con respecto al efecto. La linealidad, a su vez, requiere del tiempo y esto precisamente no existe en la realidad. Recordemos que el tiempo surge en nuestra conciencia por efecto de la polaridad que nos obliga a dividir en correlación consecutiva la simultaneidad de la unidad. El tiempo es un fenómeno de nuestra conciencia que nosotros proyectamos al exterior. Luego creemos que el tiempo puede existir con independencia de nosotros. A ello se añade que nosotros imaginamos el discurrir del tiempo siempre lineal y en un solo sentido. Creemos que el tiempo corre del pasado al futuro y pasamos por alto que en el punto que llamamos presente se encuentran tanto el pasado como el futuro.

Esta cuestión que en un principio es difícil de imaginar puede resultar más comprensible con la siguiente analogía. Nosotros nos imaginamos el curso del tiempo como una recta que por un lado discurre en dirección al pasado y cuyo otro extremo se llama futuro.

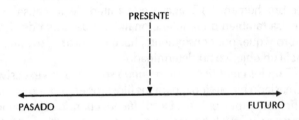

Ahora bien, por la geometría sabemos que en realidad no hay líneas paralelas, que, por la curvatura esférica del espacio, toda línea recta, si la prolongamos hasta el infinito, acabará por cerrarse en un círculo (Geometría de Riemann). Por lo tanto, en realidad, cada línea recta es un arco de una circunferencia. Si trasladamos esta teoría al eje del tiempo trazado arriba veremos que ambos extremos de la línea, pasado y futuro, se encuentran al cerrarse el círculo.

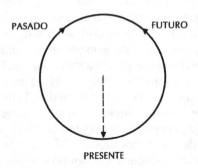

Es decir: siempre vivimos hacia nuestro pasado o, también, nuestro pasado fue determinado por nuestro futuro. Si aplicamos a este modelo nuestra idea de la causalidad, el problema que discutíamos al principio se resuelve en el acto: la causalidad fluye también en ambos sentidos, hacia cada punto, lo mismo que el tiempo. Estos planteamientos pueden parecer insólitos, aunque en realidad son análogos al consabido ejemplo de que, en un vuelo alrededor del mundo, volvemos a nuestro punto de partida a fuerza de alejarnos de él.

En los años veinte de este siglo, el esoterista ruso P. D. Ouspenski aludía ya a esta cuestión del tiempo en su descripción de la carta 14 del Tarot (la Templanza), hecha en clave de revelación, con estas palabras: «El nombre del ángel es el Tiempo, dijo la voz. En la frente tiene el círculo, signo de la eternidad y de la vida. En las manos del ángel hay dos jarras, una de oro y la otra de plata. Una jarra es el pasado, la otra, el futuro. El arco iris que va de la una a la otra es el presente. Como puedes ver, discurre en ambos sentidos. Es el tiempo en su aspecto incomprensible para el hombre. Los hombres piensan que todo fluye constantemente en *una* dirección. No ven cómo todo se une eternamente, lo que viene del pasado y lo que viene del futuro, ni que el tiempo es una diversidad de círculos que giran en distintos sentidos. Comprende este secreto y aprende a distinguir las corrientes contrapuestas en el río del arco iris del presente» (Ouspenski, *Nuevo modelo del universo*).

También Hermann Hesse se ocupa reiteradamente del tema del tiempo en sus obras. Y hace decir a Klein en trance de muerte: «Qué dicha que también ahora haya tenido la inspiración de que el tiempo no existe. Sólo el tiempo separa al hombre de todo lo que anhela.» En su obra *Siddhartha*, Hesse trata en muchos pasajes el tema de la no existencia del tiempo. «Una vez le preguntó: "¿No te ha revelado también el río el secreto de que el tiempo no existe?" Una sonrisa iluminó la cara de Casudeva: "Sí, Siddhartha —dijo—. Lo que tú quieres decir es que el río es el mismo en todas partes: en las fuentes y en la desembocadura, en la cascada, en el vado, en los rápidos, en el mar, en las montañas, en todas partes igual. Y que para él sólo hay presente, ni la sombra 'pasado', ni la sombra 'futuro'." "Eso es —dijo Siddhartha—. Y cuando lo descubrí contemplé mi vida y vi que también era un río, y el Siddhartha niño sólo estaba separado del Siddhartha hombre y del Siddhartha anciano por sombras, no por cosas reales. Los anteriores nacimientos de Siddhartha tampoco eran pasado y su muerte y su regreso a Brahma no eran futuro. Nada fue ni nada será, todo es, todo tiene ser y presente."»

Cuando nosotros llegamos a comprender que ni el tiempo ni la linealidad existen fuera de nuestra mente, el esquema filosófico de la causalidad absoluta queda un tanto quebrantado. Se observa que tampoco la causalidad es más que una consideración subjetiva del ser humano o, como dijo David Hume, una «necesidad del alma». Desde luego, no existe razón para no contemplar el mundo desde una perspectiva causal, pero tampoco la hay para interpretar el mundo desde la causalidad. En este caso, la pregunta indicada tampoco puede formularse en términos de: ¿verdad o mentira?, sino, a lo sumo, en cada caso: ¿apropiado o no apropiado?

Desde este punto de vista se observa que la óptica causal es *apropiada* muchas menos veces de las que rutinariamente se aplica. Allí donde tengamos que habérnoslas con pequeños fragmentos del mundo, y siempre que los hechos no se sustraigan a nuestra visión, nuestros conceptos de tiempo, linealidad y causalidad nos bastan en la vida diaria. Ahora bien, si la dimensión es mayor o el tema más exigente, la óptica causal nos conduce antes a conclusiones disparatadas que al conocimiento. La causalidad precisa siempre de un punto fijo para el planteamiento de la pregunta. En la imagen del mundo causal cada manifestación tiene una causa, por lo cual no sólo es permitido sino, incluso, necesario buscar la causa de cada causa. Este proceso conduce ciertamente a la investigación de la causa de la causa, pero por desgracia no a un punto final. La causa primitiva, origen de todas las causas, no puede ser hallada. O bien uno deja de indagar en un momento dado o termina con una pregunta insoluble no más sensata que la de «qué fue primero, el huevo o la gallina».

Con ello deseamos señalar que el concepto de la causalidad puede ser viable, en el mejor de los casos, en la vida diaria como mecanismo auxiliar del pensamiento pero es insuficiente e inservible como instrumento para la comprensión de cuestiones científicas, filosóficas y metafísicas. La creencia de que existen relaciones operativas de causa y efecto es errónea, ya que se basa en la suposición de la linealidad y del tiempo. Concedemos, sin embargo, que, en tanto que óptica subjetiva (y por consiguiente, imperfecta) del ser humano, la causalidad es posible y que en la vida es legítimo aplicarla allí donde nos parezca que puede servir de ayuda.

Pero en nuestra filosofía actual predomina la opinión de que la causalidad es *a se* existente e, incluso, demostrable experimentalmente, y contra este error debemos rebelarnos. El ser humano no puede contemplar un tema más que dentro del contexto de «siempre-cuando-entonces». Esta contemplación, empero, no revela sino que se han manifestado dos fenómenos sincrónicos en el tiempo y que entre ellos existe una correlación. Cuando estas observaciones son interpretadas causalmente de modo inmediato, tal interpretación es expresión de una determinada filosofía pero no tiene nada que ver con la observación propiamente dicha. La obstinación en una interpretación causal ha limitado en gran medida nuestra visión del mundo y nuestro entendimiento.

En la ciencia, la física cuántica cuestionó y superó la filosofía causal. Werner Heisenberg dice que «en campos de espacio-tiempo muy pequeños, es decir, en campos del orden de magnitud de las partículas elementales, el espacio y el tiempo se diluyen en un modo peculiar de manera que en tiempos tan pequeños ni los conceptos de *antes* y *des-*

pués pueden definirse debidamente. Naturalmente, en conjunto, en la estructura espacio-tiempo no puede modificarse nada, pero habrá que contar con la posibilidad de que experimentos sobre los procesos en campos de espacio-tiempo muy pequeños indiquen que, en apariencia, determinados procesos discurren inversamente a como corresponde a su orden causal».

Heisenberg habla claro, pero con prudencia, pues como físico limita sus manifestaciones a lo observable. Pero estas observaciones encajan perfectamente en el concepto del mundo que los sabios han enseñado desde siempre. La observación de las partículas elementales se produce en el linde de nuestro mundo determinado por el tiempo y el espacio: nos encontramos, por así decirlo, en la «cuna de la materia». Aquí se diluyen, como dice Heisenberg, tiempo y espacio. El antes y el después, empero, se hacen tanto más claros cuanto más penetramos en la estructura más tosca y grosera de la materia. Pero, si vamos en la dirección opuesta, se pierde la clara diferenciación entre tiempo y espacio, antes y después, hasta que esta separación acaba por desaparecer y llegamos allí donde reinan la unidad y la indiferenciación. Aquí no hay ni tiempo ni espacio, aquí reina un aquí y ahora eterno. Es el punto que todo lo abarca y que, no obstante, se llama «nada». Tiempo y espacio son las dos coordenadas que dividen el mundo de la polaridad, el mundo del engaño, Maja: apreciar su no existencia es requisito para alcanzar la unidad.

En este mundo polarizado, la causalidad, o sea, *una* perspectiva de nuestro conocimiento para interpretar procesos, es la forma de pensar del hemisferio cerebral izquierdo. Ya hemos dicho que el concepto del mundo científico es el concepto del hemisferio izquierdo: no es de extrañar que aquí se haga tanto hincapié en la causalidad. El hemisferio derecho, sin embargo, prescinde de la causalidad, ya que piensa analógicamente. En la analogía tenemos una óptica opuesta a la causalidad que no es ni más cierta ni más falsa, ni mejor ni peor, pero que sin embargo representa el necesario complemento de la unilateralidad de la causalidad. Sólo las dos juntas —causalidad y analogía— pueden establecer un sistema de coordenadas con el que podamos interpretar coherentemente nuestro mundo polar.

Mientras la causalidad revela relaciones horizontales, la analogía persigue los principios originales en sentido vertical, a través de todos los planos de sus manifestaciones. La analogía no busca una relación de efecto sino que se orienta a la búsqueda de la identidad del contenido de las distintas formas. Si en la causalidad el tiempo se expresa por medio de un «antes»/«después», la analogía se nutre del sincronismo del «siempre-cuando-entonces». Mientras que la causalidad conduce a acentuar la diferenciación, la analogía abarca la diversidad para formar modelos unitarios.

La incapacidad de la ciencia para el pensamiento analógico la obliga a volver a estudiar todas las leyes en cada uno de los planos. Y la ciencia estudia, por ejemplo, la polaridad en la electricidad, en la investigación atómica, en el estudio de los ácidos y los álcalis, en los hemisferios cerebrales y en mil campos más, cada vez desde el principio y con independencia de los otros campos. La analogía desplaza el punto de vista noventa grados y pone las formas más diversas en una relación analógica al descubrir en todas ellas el mismo principio original. Y por ello, el polo positivo de la electricidad, el lóbulo izquierdo del cerebro, los ácidos, el sol, el fuego, el Yang chino, etc., resultan tener algo en común a pesar de que entre ellos no se ha establecido relación causal alguna. La afinidad analógica se deriva del principio original común a todas las formas especificadas, que en nuestro ejemplo podríamos llamar también el principio masculino o de la actividad.

Esta óptica divide el mundo en componentes arquetípicos y contempla los diferentes modelos que pueden construirse a partir de los arquetipos. Estos modelos pueden encontrarse analógicamente en todos los planos de los fenómenos aparentes, así arriba como abajo. Este modo de observar se aprende lo mismo que la observación causal. Revela una parte del mundo diferente y hace visible relaciones y modelos que se sustraen a la visión causal. Por lo tanto, si las ventajas de la causalidad se encuentran en el terreno de lo funcional, la analogía sirve para la manifestación de las relaciones esenciales. El hemisferio izquierdo, por medio de la causalidad, puede descomponer y analizar muchas cosas, pero no puede concebir el mundo como un todo. El hemisferio derecho, a su vez, debe renunciar a la facultad de administrar los procesos de este mundo, pero, por otra parte, tiene la visión del conjunto, de la figura total y, por lo tanto, la capacidad de captar el sentido. El sentido está fuera del fin y de la lógica o, como dice Lao-tsé:

> *El sentido que puede expresarse*
> *no es el sentido eterno.*
> *El nombre que puede nombrarse*
> *no es el nombre eterno.*
> *«No ser» llamo yo al origen del cielo*
> *y la tierra.*
> *«Ser» llamo yo a la madre del individuo.*
> *Por ello, el camino del No Ser*
> *conduce a la visión del ser maravilloso,*
> *el camino del Ser*
> *a la visión de las limitaciones espaciales.*
> *Ambos son uno por su origen*
> *y sólo diferentes por el nombre.*
> *En su unidad esto se llama el secreto.*
> *El secreto más profundo del secreto*
> *es la puerta por la que salen todas las maravillas.*

VII
EL MÉTODO DE LA INTERROGACIÓN PROFUNDA

> *La vida toda no es más que interrogaciones hechas de forma que llevan en sí el germen de la respuesta, y respuestas cargadas de interrogaciones. El que vea en ella algo más es un loco.*
>
> GUSTAV MEYRINCK, *El Golem*

Antes de abordar la segunda parte de este libro, en la que tratamos de descifrar el significado de los síntomas más frecuentes, deseamos decir algo sobre el método de la interrogación profunda. No es nuestro propósito producir un manual de consulta en el que uno pueda buscar su síntoma, para ver lo que significa, para, a continuación, mover la cabeza en señal de asentimiento o de negación. Quien utilizara el libro de este modo demostraría no haberlo entendido. Nuestro objetivo es transmitir una determinada manera de ver y de pensar que permita al lector ver la enfermedad propia y la de sus semejantes de modo distinto a como la ha visto hasta ahora.

Para ello, antes hay que asimilar determinadas condiciones y técnicas, ya que la mayoría de las personas no han aprendido a manejar analogías y símbolos. Se ha dado, pues, especial relieve a los ejemplos concretos de la segunda parte, los cuales deben desarrollar en el lector la facultad de pensar y ver de este modo nuevo. Sólo el desarrollo de la propia facultad de interpretación reporta beneficio, ya que la interpretación convencional, en el mejor de los casos, sólo proporciona el marco de referencia pero nunca puede adaptarse totalmente al caso individual. Aquí ocurre lo que con la interpretación de los sueños: hay que utilizar el libro de claves para aprender a interpretarlos, no para buscar el significado de los sueños propios.

Por esta razón, tampoco la segunda parte pretende ser completa, a pesar de que nos hemos esforzado por tomar en consideración y abarcar con nuestras explicaciones todos los ámbitos corporales, a fin de que el lector pueda examinar su síntoma concreto. Después de tratar de sentar una base filosófica, en este último capítulo de la parte teórica se ofrecen unas normas básicas para la interpretación de los síntomas. Es la herramienta que, con un poco de práctica, permitirá al interesado interrogar en profundidad los síntomas de modo coherente.

La causalidad en la medicina

El problema de la causalidad tiene tanta importancia para nuestro tema porque tanto la medicina académica como la naturista, la psicología como la sociología, tratan de averiguar las causas reales y auténticas de los síntomas de la enfermedad y traer la salud al mundo mediante la eliminación de tales causas. Así, unos indagan en los agentes patógenos y la contaminación ambiental y los otros en los traumas de la primera infancia, los métodos educativos o las condiciones del lugar de trabajo. Desde el contenido de plomo del aire hasta la propia sociedad, nada ni nadie está a salvo de ser utilizado como causa de enfermedad.

Nosotros, empero, consideramos la búsqueda de las causas de la enfermedad el callejón sin salida de la medicina y la psicología. Desde luego, mientras se busquen causas no dejarán de encontrarse, pero la fe en el concepto causal impide ver que las causas halladas sólo son resultado de las propias expectativas. En realidad, todas las causas (*Ur-sachen*) no son sino cosas (*Sachen*) como tantas otras cosas. El concepto de la causa sólo se mantiene medianamente porque, en un punto determinado, uno deja de preguntar por la causa. Por ejemplo, se puede hallar la causa de una infección en unos determinados gérmenes, lo cual acarrea la pregunta de por qué estos gérmenes han provocado la infección en un caso específico. La causa puede hallarse en una disminución de las defensas del organismo, lo cual, a su vez, plantea el interrogante de cuál pudo ser la causa de esta disminución de las defensas. El juego puede prolongarse indefinidamente, ya que incluso cuando, en la búsqueda de causas, se llega al Big Bang siempre quedará la pregunta de cuál pudo ser la causa de aquella primera explosión...

Por lo tanto, en la práctica se opta por parar en un punto determinado y hacer como si el mundo empezara en este punto. Uno se escuda en frases convencionales como «*locus minoris resistentiae*», «factor hereditario», «debilidad orgánica» y conceptos similares cargados de significado. Pero ¿de dónde sacamos la justificación para elevar a «causa» un eslabón cualquiera de una cadena? Es una falta de sinceridad hablar de una causa o de una terapéutica causal, ya que, como hemos visto, el concepto causal no permite el descubrimiento de una causa.

Más acertado sería trabajar con el concepto causal bipolar del que hablábamos al principio de nuestras consideraciones sobre la causalidad. Desde este punto de vista, una enfermedad estaría determinada desde dos direcciones, es decir, desde el pasado y *también* desde el futuro. Con este modelo, la finalidad tendría un determinado cuadro sintomático y la causalidad *actuante* (*efficiens*) aportaría los medios materiales y corporales necesarios para realizar el cuadro final. Con esta óptica, se vería ese segundo aspecto de la enfermedad que, en la habitual consideración unilateral, se pierde por completo: el propósito de la enfermedad y, por consiguiente, la significación del hecho. Una frase no está determinada por el papel, la tinta, las máquinas de imprenta, los signos de escritura, etc., sino también y ante todo por el propósito de transmitir una información.

No tiene por qué ser tan difícil comprender cómo, por la reducción a procesos materiales o a las condiciones del pasado, puede perderse lo esencial y fundamental. Cada manifestación posee forma y *también* contenido, consiste en unas partes y *también* en una figura que es más que la suma de las partes. Cada manifestación es determinada por el pasado y *también* por el futuro. La enfermedad no es excepción. Detrás de un síntoma hay un propósito, un fondo que, para adquirir formas, tiene que utilizar las posibilidades existentes. Por ello, una enfermedad puede utilizar como causa todas las causas imaginables.

Hasta ahora, el método de trabajo de la medicina ha fracasado. La medicina cree que eliminando las causas podrá hacer imposible la enfermedad, sin contar con que la enfermedad es tan flexible que puede buscar y hallar nuevas causas para seguir manifestándose. La cosa es muy simple: por ejemplo, si alguien tiene el propósito de construir una casa, no podremos impedírselo quitándole los ladrillos: la hará de madera. Desde luego, la solución podría ser quitarle todos los materiales de construcción imaginables, pero en el campo de la enfermedad esto tiene sus dificultades. Habríamos de quitar al paciente todo el cuerpo, para asegurarnos de que la enfermedad no encuentra más *causas.*

Este libro trata de las causas finales de la enfermedad y pretende completar la óptica unilateral y funcional aportando el segundo polo que le falta. Queremos dejar claro que nosotros no negamos la existencia de los procesos materiales estudiados y descritos por la medicina, pero rebatimos con toda energía la afirmación de que únicamente estos procesos son las *causas* de la enfermedad.

Como queda expuesto, la enfermedad tiene un propósito y una finalidad que nosotros hemos descrito hasta ahora, en su forma más general y absoluta, con el término de curación en el sentido de adquirir la unidad. Si dividimos la enfermedad en sus múltiples formas de expresión sintomática que representan todos los pasos hasta el objetivo, se puede interrogar en profundidad cada síntoma, para averiguar cuál es su propósito y qué información posee, y saber qué paso es el que procede dar en cada momento. Esta pregunta puede y debe hacerse para *cada* síntoma y no puede descartarse invocando el origen funcional. *Siempre* se encuentran condiciones funcionales, pero precisamente por ello también se encuentra *siempre* un significado esencial.

Por lo tanto, la primera diferencia entre nuestro enfoque y la psicosomática clásica consiste en la renuncia a una selección de los síntomas. Para nosotros *cada* síntoma tiene su significado y no admitimos excepciones. La segunda diferencia es la renuncia al modelo causal utilizado por la psicosomática clásica, orientado al pasado. Que la causa de un trastorno se atribuya a un bacilo o a una madre perversa es secundario. El modelo psicosomático no está resuelto, por el error fundamental que supone utilizar un concepto causal unipolar. A nosotros no nos interesan las causas del pasado, porque, como hemos visto, hay todas las que uno quiera, y todas son importantes o intrascendentes por igual. Nuestro punto de vista puede describirse bien con la «causalidad final», bien, o mejor, con el concepto intemporal de la analogía.

El hombre posee un *ser* independiente del tiempo que, desde luego, tiene que ser realizado y asumido conscientemente en el transcurso del tiempo. A este modelo interior se llama el ser. La trayectoria vital del individuo es el camino que debe recorrer hasta encontrar este ser que es símbolo del todo. El hombre necesita «tiempo» para encontrar esta totalidad, y, no obstante, está ahí desde el principio. Precisamente aquí reside la ilusión del tiempo: el individuo necesita tiempo para encontrar lo que siempre ha sido. (Cuando algo resulte difícil de entender, hay que volver a los ejemplos tangibles: en un libro está toda la novela a la vez, pero el lector necesita tiempo para enterarse de toda la acción que ha estado ahí desde el principio.) Llamamos a este proceso «evolución». La evolución es la realización consciente de un modelo que ha existido siempre (es decir, intemporal). En este camino hacia el conocimiento de uno mismo, continuamente surgen obstáculos y espejismos o, dicho de otro modo, uno no puede o no quiere ver una parte determinada del modelo. A estos aspectos no asumidos los llamamos la «sombra». La sombra denota su presencia y se realiza por medio del síntoma de la enfermedad. Para poder comprender el significado de un síntoma no se necesita en modo alguno el concepto del tiempo o del pasado. La búsqueda de las causas en el pasado viene determinada por la información propia, ya que, por medio de la proyección de la culpa, uno traslada la propia responsabilidad a la causa.

Si interrogamos a un síntoma acerca de su significado, la respuesta hace visible una parte de nuestro propio esquema. Si indagamos en nuestro pasado, naturalmente también en él hallamos las diversas formas de expresión de este esquema. Con esto no debe montarse uno una causalidad: son más bien formas de expresión paralelas, adecuadas al momento, de una misma problemática. Para experimentar sus problemas, el niño necesita padres, hermanos y maestros, y el adulto, pareja, hijos y compañeros de trabajo. Las condiciones externas no ponen enfermo a nadie, pero el ser humano utiliza todas las posibilidades y las pone al servicio de su enfermedad. Es el enfermo el que convierte las cosas (*Sachen*) en causas (*Ur-sachen*).

El enfermo es verdugo y víctima a la vez y sólo sufre por su propia inconsciencia. Esta afirmación no es un juicio de valor, pues sólo el «iluminado» carece de sombra, sino que tiene por objeto proteger al ser humano de la aberración de sentirse víctima de unas circunstancias cualesquiera, ya que con ello el enfermo se roba a sí mismo la posibilidad de transformación. Ni los bacilos ni las radiaciones provocan la enfermedad, sino que el ser humano los utiliza como medios para realizar su enfermedad. (La misma frase, aplicada a otro plano, suena mucho más natural: ni los colores ni el lienzo hacen el cuadro sino que el artista los utiliza como medios para realizar su pintura.)

Después de todo lo dicho, debería ser posible poner en práctica la primera regla básica para la interpretación de los cuadros patológicos de la segunda parte.

1.ª regla: en la interpretación de los síntomas, renunciar a las aparentes relaciones causales en el plano funcional. Éstas siempre se encuentran y su existencia no se discute. Sin embargo, no son aptas para la interpretación de un síntoma. Nosotros interpretamos el síntoma únicamente en su manifestación cualitativa y subjetiva. Las cadenas causales fisiológicas, morfológicas, químicas, nerviosas, etc., que puedan utilizarse para la realización del síntoma son indiferentes para la explicación de su significado. Para reconocer una sustancia sólo importa que algo es y cómo es, no por qué es.

La causalidad temporal de la sintomatología

A pesar de que, para nuestras preguntas, el pasado carece de importancia, sí es importante y revelador el momento en el que se manifiesta un síntoma. El momento exacto en el que aparece un síntoma puede aportar información trascendental sobre la índole de los problemas que se manifiestan en el síntoma. Todos los sucesos que discurren sincrónicamente a la aparición de un síntoma forman el marco de la sintomatología y deben ser considerados en su conjunto.

Para ello, no sólo hay que contemplar hechos *externos* sino también y ante todo examinar procesos *internos*. ¿Qué pensamientos, temas y fantasías ocupaban al individuo cuando se presentó el síntoma? ¿Cuál era su ánimo? ¿Se habían producido noticias o cambios trascendentales en su vida? Con frecuencia, precisamente los hechos calificados de *triviales* e *insignificantes* resultan importantes. Puesto que con el síntoma se manifiesta una zona reprimida, todos los hechos relacionados con él también habrán sido desechados y minusvalorados.

En general, no se trata de las *grandes cosas* de la vida de las que se ocupa el individuo conscientemente. Las cosas cotidianas, pequeñas e insignificantes suelen revelar las zonas conflictivas reprimidas. Síntomas agudos como resfriado, mareo, diarrea, ardor de estómago, dolor de cabeza, heridas y similares, son muy sensibles al factor tiempo. Merece la pena tratar de recordar lo que uno hacía, pensaba o imaginaba en aquel momento. Cuando uno se hace la pregunta, bueno será que considere la primera idea que le venga a la cabeza y no se precipite a desecharla por incongruente.

Ello requiere práctica y mucha sinceridad consigo mismo o, mejor dicho, desconfianza consigo mismo. El que se precie de conocerse bien y de saber inmediatamente lo que es válido y lo que no lo es, nunca podrá anotarse grandes éxitos en el campo del autoconocimiento. El que, por el contrario, parte de la idea de que cualquier animal de la calle lo conoce mejor de lo que él se conoce, va por buen camino.

2.ª regla: analizar el momento de la aparición de un síntoma. Indagar en la situación personal, pensamientos, fantasías, sueños, acontecimientos y noticias que sitúan el síntoma en el tiempo.

Analogía y simbolismo del síntoma

Ahora llegamos a la técnica de la interpretación propiamente dicha, la cual no es fácil exponer y enseñar con palabras. Primariamente, es necesario dominar el lenguaje y aprender a escuchar. La palabra es un medio portentoso para descubrir temas profundos e invisibles. La palabra posee su propia sabiduría que sólo comunica a quien sabe escuchar. Nuestra época tiende a utilizar la palabra descuidada y arbitrariamente con lo que ha perdido el acceso al verdadero significado de los conceptos. Dado que también la palabra se inscribe en la polaridad, es polivalente, ambigua. Casi todos los conceptos se mueven en varios planos a la vez. Por lo tanto, tenemos que recuperar la facultad de percibir la palabra en todos sus planos al mismo tiempo.

Casi todas las frases que aparecen en la segunda parte de este libro se refieren, por lo menos, a dos planos; si alguna parece trivial será porque se ha pasado por alto el segundo plano, su doble significado. Para llamar la atención sobre los pasajes importantes, hemos utilizado la cursiva y el guión. No obstante, en definitiva, todo depende de la sensibilidad de cada cual para la palabra. El buen oído para la palabra es como el buen oído para la música: no se adquiere, aunque, en cierta medida, puede ejercitarse.

Nuestro lenguaje es psicosomático. Casi todas las frases y palabras con las que expresamos estados físicos están extraídas de experiencias corporales. El individuo sólo puede *com-prender* lo que le resulta *aprehensible*. Esto nos daría tema para una extensa disertación que puede sintetizarse así: el ser humano, para cada experiencia y cada paso de su conciencia, ha de utilizar el camino del cuerpo. Al ser humano le es imposible asumir conscientemente los principios que no hayan descendido a lo corporal. Lo corporal nos impone una tremenda vinculación que habitualmente nos causa miedo, pero sin esta vinculación no podemos establecer contacto con el principio. Este razonamiento conduce también al reconocimiento de que no se puede proteger al hombre de la enfermedad.

Pero volvamos al significado del lenguaje para nuestro tema. El que ha aprendido a percibir la ambivalencia psicosomática del lenguaje comprueba que el enfermo, al hablar de sus síntomas corporales, suele describir un problema psíquico: éste tiene tan mal la vista que no puede ver las cosas claras, el otro sufre un resfriado y está hasta las narices, el de más allá no puede agacharse porque está agarrotado, otro ya no traga más, hay quien no oye nada, y quien, del picor, se arrancaría la piel. Uno no puede sino escuchar, mover la cabeza y comprobar: «¡La enfermedad nos hace sinceros!» (Con el empleo del latín para designar las enfermedades, la medicina académica ha procurado hábilmente impedir que las palabras nos revelen esta relación esencial.)

En todos estos casos, el cuerpo tiene que experimentar lo que el individuo no ha asumido con la mente. Por ejemplo, una persona no se atreve a reconocer que en realidad está deseando arrancarse la piel, o sea, romper la envoltura de lo cotidiano, y el deseo inconsciente, a fin de darse a conocer, se plasma en el cuerpo, utilizando como síntoma una erupción. Con la erupción como pretexto, el individuo se atreve al fin a expresar en voz alta su deseo: «¡Me arrancaría la piel!» Y es que ahora ya tiene una causa física y esto es algo que hoy en día todo el mundo se toma en serio. O el caso de la empleada que no se atreve a reconocer ni ante sí misma ni ante el jefe que está hasta las narices y que le gustaría quedarse en casa un par de días; trasladada al terreno físico, no obstante, la congestión nasal se acepta sin dificultad y conduce al resultado apetecido.

Además de captar el doble significado del lenguaje también es importante poseer la facultad del pensamiento analógico. La ambivalencia del lenguaje se basa en la analogía. Por ejemplo, si se dice de un hombre que *no tiene corazón,* a nadie se le ocurrirá suponer que le falta ese órgano, como tampoco tomará al pie de la letra la recomendación de *andarse con ojo*. Son expresiones que utilizamos en sentido analógico, utilizando algo concreto en representación de un principio abstracto. Al decir que *no tiene corazón* aludimos a la falta de una cualidad que, en virtud de un simbolismo arquetípico, siempre se ha relacionado analógicamente con el corazón. El mismo principio se representa también con el sol o con el oro.

El pensamiento analógico exige la facultad de la abstracción, porque hay que reconocer en lo concreto el principio que en él se expresa y trasladarlo a otro plano. Por ejemplo, la piel desempeña en el cuerpo humano, entre otras, las funciones de envoltura y barrera respecto al exterior. Si alguien quiere arrancarse la piel es que quiere saltar una barrera. Por lo tanto, existe una analogía entre la piel y, pongamos por caso, unas normas que tienen en el plano psíquico la misma función que la piel en el somático. Cuando damos a la piel la equivalencia de unas normas no estamos atribuyéndole una identidad ni estableciendo una relación causal sino que nos referimos a la analogía del principio. Así, como veremos más adelante, las toxinas acumuladas en el cuerpo son indicio de conflictos en la mente. Esta analogía no significa que los conflictos produzcan toxinas ni que las toxinas creen conflictos. Unas y otros son manifestaciones análogas en planos diversos.

Ni la mente *genera* síntomas corporales ni los procesos corporales determinan alteraciones psíquicas. Sin embargo, en cada plano encontramos siempre el modelo análogo. *Todos* los elementos contenidos en la mente tienen su contrapartida en el cuerpo y viceversa. En este sentido, *todo* es síntoma. La afición al paseo o la posesión de labios finos tienen tanta calidad de síntoma como unas amígdalas purulentas. (Véase el procedimiento de la anamnesis utilizado por la homeopatía.) Los síntomas se diferencian únicamente en la valoración subjetiva que su poseedor les atribuye. A fin de cuentas, son el repudio y la resistencia los que convierten un síntoma cualquiera en síntomas de enfermedad. La resistencia nos revela también que un determinado síntoma es expresión de una zona de la sombra, porque todos aquellos síntomas que expresan nuestra alma consciente nos son queridos y los defendemos como expresión de nuestra personalidad.

La vieja pregunta acerca del límite entre sano y enfermo, normal y anormal, sólo puede contestarse desde la valoración subjetiva, o no puede contestarse en absoluto. Cuando examinamos síntomas corporales y los explicamos psicológicamente, en primer lugar instamos al individuo a dirigir su mirada hacia un terreno hasta ahora inexplorado, para comprobar que así es. Lo que se manifiesta en el cuerpo está también en el alma: así abajo como arriba. No se trata de modificar o eliminar algo inmediatamente sino todo lo contrario: hay que aceptar lo que hemos visto, ya que una negación volvería a relegar esta zona a la sombra.

Sólo la reflexión nos hace conscientes: si la ampliación de la conciencia produce automáticamente una modificación subjetiva, ¡fantástico! Pero todo propósito de modificar algo produce el efecto contrario. El propósito de dormirse enseguida es el medio más seguro para permanecer despierto; olvidamos el propósito y el sueño viene solo. La falta de propósito representa aquí el exacto punto intermedio entre el deseo de evitar y el de incitar. Es la calma del punto intermedio lo que permite que suceda algo nuevo. El que combate o persigue nunca alcanza su objetivo. Si, en nuestra interpretación de los cuadros clínicos, alguien percibe un tono peyorativo o negativo, ello es indicio de que la propia valoración le cohíbe. Ni las palabras ni las cosas, ni los hechos pueden ser buenos o malos, positivos o negativos por sí mismos; la valoración se produce sólo en el observador.

Por consiguiente, en nuestro tema es grande el peligro de incurrir en semejantes equívocos, ya que en los síntomas de las enfermedades se manifiestan todos los principios que son valorados muy negativamente, tanto por el individuo como por la colectividad, lo que impide que sean vividos y vistos conscientemente. Por consiguiente, con frecuencia tropezamos con los temas de la agresividad y la sexualidad, los cuales, en el proceso de adaptación a las normas y escalas de valores de una comunidad, suelen ser víctimas fáciles de la represión y tienen que buscar su realización por caminos secretos. La indicación de que detrás de un síntoma hay pura agresividad no es en modo alguno una acusación sino la clave que permitirá descubrir y reconocer en uno mismo esta actitud. Al que pregunte con espanto qué horrores no ocurrirían si la gente no se reprimiera debe bastarle saber que la agresividad también está ahí aunque no la miremos y que no por mirarla se hará mayor ni peor. Mientras la agresividad (o cualquier otro impulso) permanece en la sombra se sustrae a la conciencia y esto es lo que la hace peligrosa.

Para poder seguir nuestras explicaciones debidamente, hay que distanciarse de las valoraciones habituales. Al mismo tiempo, es conveniente sustituir un pensamiento excesivamente analítico y racional por un pensamiento plástico, simbólico y analógico. Los conceptos y asociaciones idiomáticas nos permiten captar la imagen con más rapidez que un razonamiento árido. Son las facultades del hemisferio derecho las más aptas para descubrir el significado de los cuadros de la enfermedad.

3.ª regla: hacer abstracción del síntoma convirtiéndolo en principio y trasladarlo al plano psíquico. Escuchar con atención las expresiones idiomáticas, las cuales pueden servirnos de clave, ya que nuestro lenguaje es psicosomático.

Las consecuencias obligadas

Casi todos los síntomas nos obligan a cambios de conducta que se clasifican en dos grupos: por un lado, los síntomas nos impiden hacer las cosas que nos gustaría hacer y, por otro lado, nos obligan a hacer lo que no queremos hacer. Una gripe, por ejemplo, nos impide aceptar una invitación y nos obliga a quedarnos en la cama. Una fractura de una pierna nos impide hacer deporte y nos obliga a descansar. Si atribuimos a la enfermedad propósito y sentido, precisamente los cambios impuestos en la conducta nos permiten sacar buenas conclusiones acerca del propósito del síntoma. Un cambio de conducta obligado es una rectificación obligada y debe ser tomado en serio. El enfermo suele oponer tanta resistencia a los cambios obligados de su forma de vida que en la mayor parte de los casos trata por todos los medios de neutralizar la rectificación lo antes posible, y seguir su camino, impertérrito.

Nosotros, por el contrario, consideramos importante dejarse trastornar por el trastorno. Un síntoma no hace sino corregir desequilibrios: el hiperactivo es obligado a descansar, el superdinámico es inmovilizado, el comunicativo es silenciado. El síntoma activa el polo rechazado. Tenemos que prestar atención a esta intimación, renunciar voluntariamente a lo que se nos arrebata y aceptar de buen grado lo que se nos impone. La enfermedad siempre es una crisis y toda crisis exige una evolución. Todo intento de recuperar el estado de *antes* de una enfermedad es prueba de ingenuidad o de tontería. La enfermedad quiere conducirnos a zonas nuevas, desconocidas y no vividas; cuando, consciente y voluntariamente, atendemos este llamamiento damos sentido a la crisis.

4.ª regla: las dos preguntas: «¿Qué me impide este síntoma?» y «¿Qué me impone este síntoma?», suelen revelar rápidamente el tema central de la enfermedad.

Equivalencia de síntomas contradictorios

Al tratar de la polaridad vimos que detrás de cada llamado par de contrarios hay una unidad. También en torno a un tema común puede girar una sintomatología contradictoria. Por consiguiente, no es un contrasentido que tanto en el estreñimiento como en la diarrea encontramos como tema central el mandato de «desconectarse». Detrás de la presión sanguínea muy alta o muy baja encontraremos la huida de los conflictos. Al igual que la alegría puede manifestarse tanto con la risa como con el llanto, y el miedo unas veces paraliza y otras hace salir corriendo, cada tema tiene la posibilidad de manifestarse en síntomas aparentemente contrarios.

Hay que señalar que, aunque se viva con especial intensidad un tema determinado, ello no quiere decir que el individuo no haya de tener problema con ese tema ni que lo haya asumido conscientemente. Una gran agresividad no significa que el individuo no tenga miedo, ni una sexualidad exuberante, que no padezca problemas sexuales. También aquí se impone la óptica bipolar. Cada extremo apunta con bastante precisión a un problema. Tanto a los tímidos como a los bravucones les falta seguridad en sí mismos. El apocado y el fanfarrón tienen miedo. El término medio es el ideal. Si de algún modo se alude a un tema, ello significa que en él hay algo por resolver.

Un tema o un problema pueden manifestarse a través de diversos órganos y sistemas. No hay ley que obligue a un tema a elegir un síntoma determinado para realizarse. Esta flexibilidad en la elección de las formas determina el éxito o el fracaso en la lucha contra el síntoma. Desde luego, se puede combatir y prevenir un síntoma por medios funcionales, pero en tal caso el problema elegirá otra forma de manifestación: es el llamado desplazamiento del síntoma. Por ejemplo, el problema del hombre *sometido a tensión* puede manifestarse tanto por hipertensión, hipertonía muscular, glaucoma, abscesos, etc., como por la tendencia a someter a tensión a los que le rodean. Si bien cada variante tiene una coloración especial, todos los síntomas expresan el mismo tema básico. Quien observe detenidamente el historial clínico de una persona desde este punto de vista, rápidamente hallará el hilo conductor que, generalmente, habrá pasado por alto al enfermo.

Etapas de escalada

Si bien un síntoma hace completo al ser humano al realizar en el cuerpo lo que falta en la conciencia, es posible que este proceso no resuelva el problema definitivamente. Porque el ser humano sigue estando mentalmente incompleto hasta que ha asimilado la sombra. Para ello el síntoma corporal es un proceso necesario pero nunca la solución. El hombre sólo puede aprender, madurar, sentir y experimentar con la conciencia. Aunque el cuerpo es una condición necesaria para esta experiencia, hay que reconocer que el proceso de aprehensión y tratamiento se produce en la mente.

Por ejemplo, el dolor lo sentimos exclusivamente en la mente, no en el cuerpo. También en este caso, el cuerpo sólo sirve de medio para transmitir una experiencia en este plano (... el dolor fantasma[1] demuestra que tampoco es imprescindible el cuerpo). Nos parece importante, a pesar de la íntima relación existente entre la mente y el cuerpo, mantener perfectamente separados uno de otro, para comprender debidamente el proceso de aprendizaje por la enfermedad. Hablando gráficamente, el cuerpo es un lugar en el que un proceso que viene de arriba llega al punto más bajo y da la vuelta para volver a subir. Una pelota que cae necesita tropezar con la resistencia de un suelo material en el que rebotar hacia arriba. Si mantenemos esta «analogía arriba-abajo» los procesos mentales descienden a lo corporal para realizar aquí su giro y poder volver a subir a la esfera de la mente.

Todo principio arquetípico tiene que condensarse hasta la encarnación y plasmación material para poder ser vivido y aprehendido por el ser humano. Pero, al vivirlo, abandonamos nuevamente el plano material y corporal y nos elevamos a lo mental. El aprendizaje consciente, por un lado,

---

1. Se llama dolor fantasma al que siente un amputado en el miembro que ya no tiene.

justifica una manifestación y, por el otro, la hace innecesaria. Esto, aplicado a la enfermedad, significa que un síntoma no puede resolver el problema en el plano corporal sino sólo proporcionar el medio para realizar un aprendizaje.

Todo lo que pasa en el cuerpo da experiencia. Hasta qué punto de la conciencia llegará la experiencia en cada caso no puede predecirse. Aquí rigen las mismas leyes que en todo proceso de aprendizaje. Por ejemplo, un niño, con cada cuenta que hace, aprende algo, pero no se sabe cuándo llegará a captar el principio matemático del cálculo. Hasta que lo capte, cada cuenta le hará sufrir un poco. Sólo la captación del principio (fondo) despoja la cuenta (forma) de su carácter doloroso. Análogamente, cada síntoma es un llamamiento a ver y comprender el problema de fondo. Si esto no se consigue porque uno, por ejemplo, no ve lo que hay más allá de la proyección y considera el síntoma como un trastorno fortuito de carácter funcional, las llamadas a la comprensión no sólo continuarán sino que se harán más perentorias. A esta progresión que va desde la suave sugerencia hasta la más severa presión la llamamos fases de escalada. A cada fase, aumenta la intensidad con la que el destino incita al ser humano a cuestionarse su habitual visión y asumir conscientemente algo que hasta ahora mantenía reprimido. Cuanto mayor es la propia resistencia, mayor será la presión del síntoma.

A continuación desglosamos la escalada en siete etapas. Con esta división no pretendemos fijar un sistema absoluto y rígido sino exponer sinópticamente la idea de la escalada:

1) presión psíquica (pensamientos, deseos, fantasías);
2) trastornos funcionales;
3) trastornos físicos agudos (inflamaciones, heridas, pequeños accidentes);
4) afecciones crónicas;
5) procesos incurables, alteraciones orgánicas, cáncer;
6) muerte (por enfermedad o accidente);
7) defectos o trastornos congénitos (karma).

Antes de que un problema se manifieste en el cuerpo como síntoma, se anuncia en la mente como tema, idea, deseo o fantasía. Cuanto más abierto y receptivo sea un individuo a los impulsos del inconsciente y cuanto más dispuesto esté a dar expansión a estos impulsos tanto más dinámica (y heterodoxa) será la trayectoria vital del individuo. Ahora bien, el que se atiene a unas ideas y normas bien definidas no puede permitirse ceder a impulsos del inconsciente que ponen en entredicho el pasado y sugieren nuevas prioridades. Por lo tanto, este individuo enterrará la fuente de la que suelen brotar los impulsos y vivirá convencido de que «eso no va con él».

Este empeño de insensibilizarse en lo psíquico provoca la primera fase de la escalada: uno empieza a tener un síntoma pequeño, inofensivo, pero persistente. Con ello se ha realizado un impulso, a pesar de que se pretendía evitar su realización. Porque también el impulso psíquico tiene que ser realizado, es decir, vivido, para descender a lo material. Si esta realización no es admitida voluntariamente, se producirá de todos modos, a través de los síntomas. En este punto se puede advertir la validez de la regla que dice que todo impulso al que se niegue la integración volverá a nosotros aparentemente *desde fuera*.

Después de los trastornos funcionales a los que, tras la resistencia inicial, el individuo se resigna, aparecen los síntomas de inflamación aguda que pueden instalarse casi en cualquier parte del cuerpo, según el problema. El profano reconoce fácilmente estas afecciones por el sufijo *-itis*. Toda enfermedad inflamatoria es una clara incitación a comprender algo y pretende —como explicamos extensamente en la segunda parte— hacer visible un conflicto ignorado. Si no lo consigue —al fin y al cabo, nuestro mundo es enemigo no sólo de los conflictos sino también de las infecciones— las inflamaciones agudas adquieren carácter crónico (*-osis*). El que desoye la incitación a cambiar, se carga con un acompañante inoportuno decidido a no abandonarle en mucho tiempo. Los procesos crónicos suelen acarrear alteraciones irreversibles calificadas de enfermedades incurables.

Este proceso, más tarde o más temprano, conduce a la muerte. A esto podrá aducirse que la vida acaba siempre en la muerte y, por lo tanto, la muerte no puede considerarse una fase de la escalada. Pero no hay que pasar por alto que la muerte siempre es una mensajera, dado que recuerda inequívocamente a los humanos la simple verdad de que toda la existencia material tiene principio y final y que, por lo tanto, es insensato aferrarse a ella. El mensaje de la muerte siempre es el mismo: ¡Libérate! ¡Libérate de la ilusión del tiempo y libérate de la ilusión del yo! La muerte es síntoma en tanto que expresión de la polaridad y, como todo síntoma, se cura con la consecución de la unidad.

Con el último paso de la escalada, el de los defectos o trastornos congénitos, se cierra el círculo. Porque todo lo que el individuo no haya comprendido antes de su muerte, será un problema que gravará su conciencia en la siguiente encarnación. Con esto tocamos un tema que todavía no ha adquirido carta de naturaleza en nuestra cultura. Desde luego, éste no es lugar adecuado para discutir acerca de la doctrina de la reencarnación, pero hemos de reconocer que nosotros creemos en ella, ya que, de lo contrario, en algunos casos, nuestra explicación de la enfermedad y la curación no sería coherente. Porque a muchos les parece que el concepto de los síntomas de la enfermedad no es aplicable a las enfermedades infantiles ni, por descontado, a las afecciones congénitas.

La doctrina de la reencarnación puede ser la explicación. Desde luego, existe el peligro de que se nos ocurra buscar en vidas anteriores las «causas» de la enfermedad actual, empeño no menos descabellado que el de buscarlas en esta vida. Ya hemos visto, no obstante, que nuestra conciencia precisa la noción de linealidad y tiempo para observar los procesos en el plano de la existencia polar. Por consiguiente, también la idea de una «vida anterior» es un método necesario y consecuente para contemplar el camino que ha de recorrer la conciencia en su aprendizaje.

Por ejemplo: un individuo se despierta una mañana cualquiera y decide programar a su antojo el nuevo día. Ajeno a este propósito, el recaudador de impuestos se presenta a primera hora de la mañana a cobrar, a pesar de que ese día nuestro hombre no ha hecho ninguna transacción comercial. La medida en que esta visita sorprenda a nuestro hombre dependerá de su disposición a responder por los días, meses y años que han precedido a este día o quiera circunscribirse únicamente al día de hoy. En el primer caso, la visita del recaudador no le causará extrañeza, como tampoco se asombrará de su configuración corporal ni otras circunstancias que acompañan al nuevo día. Él comprenderá que no puede construir el nuevo día a su antojo, puesto que existe una continuidad que, a pesar de la interrupción de la noche y el sueño, se mantiene en este nuevo día. Si nuestro hombre considerara la interrupción producida por la noche como justificación para identificarse sólo con el nuevo día y desentenderse del pasado, las mencionadas manifestaciones tendrían que parecerle grandes injusticias y obstáculos fortuitos y arbitrarios para sus propósitos.

Sustitúyase en este ejemplo el día por una vida y la noche por la muerte y se apreciará la diferencia entre la filosofía de la vida que reconoce la reencarnación y la que la niega. La reencarnación aumenta la dimensión del ámbito contemplado, ensancha el panorama y, por lo tanto, hace más perceptible el esquema. Ahora bien, si, como suele ocurrir, la reencarnación se utiliza sólo para proyectar hacia atrás las causas aparentes, se hace de ella un mal uso. Pero cuando el ser humano comprende que esta vida no es sino un fragmento minúsculo de su camino de aprendizaje, le resulta más fácil reconocer como justas y naturales las distintas posiciones en las que cada cual viene al mundo que si cree que cada vida se produce como una existencia única por la combinación casual de unos procesos genéticos.

Para nuestro tema bastará comprender que el ser humano viene al mundo con un cuerpo nuevo pero con una conciencia *vieja*. El conocimiento que trae es fruto del aprendizaje realizado. El ser humano trae también sus problemas específicos y utiliza el entorno para plantearlos y dirimirlos. El problema no se produce bruscamente en esta vida sino que sólo se manifiesta.

Desde luego, los problemas tampoco se produjeron en anteriores encarnaciones, ya que los problemas y conflictos son, como la culpa y el pecado, formas de expresión irrenunciables de la polaridad y, por lo tanto, vienen dados. En una exhortación esotérica encontramos la frase: «La culpa es la imperfección de la fruta no madurada.» Un niño está tan sumido en problemas y conflictos como un adulto. Desde luego, los niños suelen tener un mejor contacto con el inconsciente y, por lo tanto, poseen el valor de realizar espontáneamente los impulsos, siempre que «las personas mayores que saben lo que les conviene» se lo permitan. Con la edad suele aumentar la separación respecto al inconsciente y también la petrificación en las propias normas y mentiras, con lo cual aumenta también la vulnerabilidad a los síntomas de enfermedad. Y es que, fundamentalmente, todo ser vivo que participa en la polaridad está incompleto, es decir, enfermo.

Lo mismo puede decirse de los animales. También aquí se muestra claramente la correlación entre la enfermedad y la formación de la sombra. Cuanto menor la diferenciación y, por lo tanto, la vinculación a la polaridad, menor es la predisposición a la enfermedad. Cuanto más se sume una criatura en la polaridad y, por lo tanto, en el discernimiento, más expuesta está a la enfermedad. El ser humano posee el discernimiento más desarrollado que conocemos y, por lo tanto, experimenta con más intensidad la tensión de la polaridad; por consiguiente, la enfermedad tiene en la especie humana mayor incidencia.

Las escalas de la enfermedad deben entenderse como un mandato que se hace progresivamente más perentorio.

No hay grandes enfermedades ni accidentes que se produzcan brusca e inopinadamente, como un chaparrón con cielo azul; sólo hay personas que se empeñan en aferrarse al cielo azul. Quien no se engaña no sufre desengaños.

La ceguera para consigo mismo

Durante la lectura de los siguientes cuadros de la enfermedad, sería conveniente que asociaran cada uno de los síntomas descritos a una persona conocida, familiar o amigo, que padezca o haya padecido el síntoma, con lo que podrían comprobar la validez de las asociaciones que se establecen y la exactitud de las interpretaciones. Ello proporciona, además, un buen conocimiento de las personas.

Pero todo esto deben hacerlo ustedes mentalmente y en ningún caso agobiar al prójimo con sus interpretaciones. Porque, a fin de cuentas, a ustedes no les afecta ni el síntoma ni el problema del otro, y toda observación que le hagan sin que se la pida será una impertinencia. Cada persona tiene que preocuparse de sus propios problemas; nada puede contribuir al perfeccionamiento de este universo en mayor medida. Si nosotros les recomendamos que relacionen cada cuadro con una persona determinada, es únicamente para convencerles de la validez del método y de lo acertado de las asociaciones. Porque, si se limitan a observar su propio síntoma, es probable que saquen la conclusión de que, «en este caso especial», la interpretación no encaja sino todo lo contrario.

Aquí reside el mayor problema de nuestra empresa: «La ceguera para con uno mismo.» Esta ceguera es endémica. Un síntoma incorpora un principio que falta en el conocimiento: nuestra interpretación da nombre a este principio y señala que, si bien está presente en el ser humano, se encuentra en la sombra y, por lo tanto, no puede ser visto. El paciente compara siempre esta afirmación con el contenido de su conocimiento y comprueba que no está. Con ello cree tener la *prueba* de que, en su caso, la interpretación no es válida. Y pasa por alto lo esencial: precisamente, que él no puede ver ese principio y que tiene que aprender a reconocerlo a través del síntoma. Esto, desde luego, exige una labor consciente y una lucha consigo mismo y no se resuelve de una simple ojeada.

Por lo tanto, cuando un síntoma encierra agresividad, la persona tiene precisamente este síntoma porque no ve la agresividad en sí misma, o la vive. Si esta persona, por la interpretación, es informada de la presencia de la agresividad, rechazará la idea con vehemencia, como la ha rechazado siempre, o no la tendría en la sombra. Por lo tanto, no es de extrañar que no advierta en sí agresividad, porque, si la viera, no tendría ese síntoma. Sobre la violencia de la reacción, puede deducirse lo acertado de una interpretación. Las interpretaciones correctas empiezan por desencadenar una especie de malestar, una sensación de miedo y, por consiguiente, de rechazo. En estos casos, puede ser de gran ayuda un compañero o amigo al que se pueda interrogar y que tenga el valor de decirnos las debilidades que observa en nosotros. Pero aún es más seguro escuchar las manifestaciones y críticas de los enemigos, porque siempre tienen razón.

Regla

Cuando una observación es acertada, duele.

RESUMEN DE LA TEORÍA

1. La conciencia humana es polar. Esto, por un lado, nos da discernimiento y, por otro, nos hace incompletos e imperfectos.
2. El ser humano está enfermo. La enfermedad es expresión de su imperfección y, en la polaridad, es inevitable.

3. La enfermedad del ser humano se manifiesta por síntomas. Los síntomas son partes de la sombra de la conciencia que se precipitan en la materia.
4. El ser humano es un microcosmos que lleva latentes en su conciencia todos los principios del macrocosmos. Dado que el hombre, a causa de su facultad de decisión, sólo se identifica con la mitad de principios, la otra mitad pasa a la sombra y se sustrae a la conciencia del hombre.
5. Un principio no vivido conscientemente se procura su justificación de existencia y de vida a través del síntoma corporal. En el síntoma el ser humano tiene que vivir y realizar aquello que en realidad no quería vivir. Así pues, los síntomas compensan todas las unilateralidades.
6. ¡El síntoma hace sincero al ser humano!
7. En el síntoma el ser humano *tiene* aquello que *le falta* en la conciencia.
8. La curación sólo es posible cuando el ser humano asume la parte de la sombra que el síntoma encierra. Cuando el ser humano ha encontrado lo que le faltaba, huelgan los síntomas.
9. La curación apunta a la consecución de la plenitud y la unidad. El hombre está curado cuando encuentra su verdadero ser y se unifica con todo lo que es.
10. La enfermedad obliga al ser humano a no abandonar el camino de la unidad, por ello LA ENFERMEDAD ES EL CAMINO DE LA PERFECCIÓN.

SEGUNDA PARTE

LA ENFERMEDAD Y SU SIGNIFICADO

Tú dijiste:
—¿Cuál es la señal del camino, oh derviche?
—Escucha lo que te digo
y, cuando lo oigas, ¡medita!
Ésta es para ti la señal:
la de que, aunque avances,
verás aumentar tu sufrimiento.

FARIDUDDIN ATTAR

I
LA INFECCIÓN

La infección representa una de las causas más frecuentes de los procesos de enfermedad en el cuerpo humano. La mayoría de los síntomas agudos son inflamaciones, desde el resfriado hasta el cólera y la viruela, pasando por la tuberculosis. En la terminología latina, la terminación *-itis* revela proceso inflamatorio (colitis, hepatitis, etc.). Por lo que se refiere a infecciones, la moderna medicina académica ha cosechado grandes éxitos con el descubrimiento de los antibióticos (por ejemplo, la penicilina) y la vacunación. Si antiguamente la mayoría de personas morían de infección, hoy, en los países dotados de buena sanidad, las muertes por infección sólo se dan en casos excepcionales. Esto no quiere decir que actualmente haya menos infecciones sino únicamente que disponemos de buenas armas para combatirlas.

Si esta terminología (por cierto, habitual) resulta al lector un tanto «bélica», recuérdese que el proceso inflamatorio se trata realmente de una «guerra en el cuerpo»: una fuerza de agentes enemigos (bacterias, virus, toxinas) que adquiere proporciones peligrosas es atacada y combatida por el sistema de defensas del cuerpo. Esta batalla la experimentamos nosotros en síntomas tales como hinchazón, enrojecimiento, dolor y fiebre. Si el cuerpo consigue derrotar a los agentes infiltrados, se ha vencido la infección. Si ganan los invasores, el paciente muere. En este ejemplo, es fácil hallar la analogía entre inflamación y guerra. Sin que exista relación causal entre una y otra, ambas muestran, empero, la misma estructura interna y en las dos se manifiesta el mismo principio, aunque en distinto plano.

El idioma refleja claramente esta íntima relación. La palabra *inflamación* contiene la «llama» que puede hacer explotar el barril de pólvora. Se trata de imágenes que utilizamos también al referirnos a conflictos armados: *La situación se inflama, se prende fuego a la mecha, se arroja la antorcha, Europa quedó envuelta en llamas,* etc. Con tanto combustible, más tarde o más temprano se produce la explosión por la que se descarga lo acumulado, como observamos no sólo en la guerra, sino también en nuestro cuerpo cuando se nos revienta un grano, sea pequeño o grande.

Para nuestro razonamiento, trasladaremos la analogía a otro plano: el psíquico. También una persona puede *explotar*. Pero con esta expresión no nos referimos a un absceso sino a una reacción emotiva por la que trata de liberarse un conflicto interior. Nos proponemos contemplar sincrónicamente los tres planos «mente-cuerpo-naciones» para apreciar su exacta analogía con «conflicto-inflamación-guerra», la cual encierra ni más ni menos que la clave de la enfermedad.

La polaridad de nuestra mente nos coloca en un conflicto permanente, en el campo de tensión entre dos posibilidades. Constantemente, tenemos que decidirnos (en alemán, *ent-scheiden,* expresión que originariamente significa «desenvainar»), renunciar a una posibilidad, para realizar la otra. Por lo tanto, siempre nos falta algo, siempre estamos incompletos. Dichoso el que pueda sentir y reconocer esta constante tensión, esta conflictividad, ya que la mayoría se inclina a creer que, si un conflicto no se ve, no existe. Es la ingenuidad que hace pensar al niño que puede hacerse invisible sólo con cerrar los ojos. Pero a los conflictos les es indiferente ser percibidos o no: ellos están ahí. Pero cuando el individuo no está dispuesto a tomar conciencia de sus conflictos, asumirlos y buscar solución, ellos pasan al plano físico y se manifiestan como una inflamación. *Toda infección es un conflicto materializado.* El enfrentamiento soslayado en la mente (con todos sus dolores y peligros) se plantea en el cuerpo en forma de inflamación.

Examinemos este proceso en los tres planos de inflamación-conflicto-guerra:

1. *Estímulo:* penetran los agentes. Puede tratarse de bacilos, virus o venenos (toxinas). Esta penetración no depende tanto —como creen muchos profanos— de la presencia de los agentes como de la predisposición del cuerpo a admitirlos. En medicina, se llama a esto falta de inmunidad. El problema de la infección no consiste tanto —como creen los fanáticos de la esterilización— en la presencia de agentes como en la facultad de convivir con ellos. Esta frase puede aplicarse casi literalmente al plano mental, ya que tampoco aquí se trata de hacer que el individuo viva en un mundo estéril, libre de gérmenes, es decir, de problemas y de conflictos, sino de que sea capaz de convivir con ellos. Que la inmunidad está condicionada por la mente se reconoce incluso en el campo científico, donde se está profundizando en las investigaciones del *estrés.*

De todos modos, es mucho más impresionante observar atentamente estas relaciones en uno mismo. Es decir, el que no quiera abrir la mente a un conflicto que le perturbaría, tendrá que abrir el cuerpo a los agentes infecciosos. Estos agentes se instalan en determinados puntos del cuerpo, llamados *loci minoris resistentiae,* considerados por la medicina académica como debilidades congénitas. El que sea incapaz de pensar analógicamente, al llegar a este punto se embarullará en un conflicto teórico insoluble. La medicina académica limita la propensión de determinados órganos a las infecciones a estos puntos débiles congénitos, lo cual, aparentemente, descarta cualquier otra interpretación. De todos modos, a la psicosomática siempre le intrigó que determinado tipo de problemas se relacionaran siempre con los mismos órganos, actitud que rebate la teoría de la medicina académica de los *loci minoris resistentiae*.

De todos modos, esta aparente contradicción se deshace rápidamente cuando contemplamos la batalla desde un tercer ángulo. El cuerpo es expresión visible de la conciencia como una casa es expresión visible de la idea del arquitecto. Idea y manifestación se corresponden, como el positivo y el negativo de una fotografía, sin ser lo mismo. Cada parte y cada órgano del cuerpo corresponde a una determinada zona psíquica, una emoción y una problemática determinada (en estas correspondencias se basan, por ejemplo, la fisionomía, la bioenergética y las técnicas del psicomasaje). El individuo se encarna en una conciencia cuyo estadio es fruto de lo aprendido hasta el momento. La conciencia trae consigo un determinado modelo de problemas cuyos retos y soluciones configurarán el destino, porque carácter + tiempo = destino. El carácter no se hereda ni es configurado por el entorno sino que es «aportado»: es expresión de la conciencia, es lo que se ha encarnado.

Este estadio de la conciencia, con las específicas constelaciones de problemas y misiones, es lo que la astrología representa simbólicamente en el horóscopo mediante la medición del tiempo. (Para más información, véase *Schicksal als Chance.*) Pero, puesto que el cuerpo es expresión de la conciencia, también él lleva el modelo correspondiente. Es decir, que determinados problemas mentales tienen su contrapartida corporal u orgánica en una determinada predisposición. Es un método análogo el que utiliza, por ejemplo, el diagnóstico del iris, aunque hasta ahora no se ha tomado en consideración una posible correlación psicológica.

El *locus minoris resistentiae* es ese órgano que siempre tiene que asumir el proceso de aprendizaje en el plano corporal cuando el individuo no presta atención al problema psíquico que corresponde a ese órgano. El tipo de problema que corresponde a cada órgano es algo que nos proponemos aclarar paso a paso en este libro. El que conoce esta correspondencia aprecia una nueva dimensión en cada proceso patológico, dimensión que escapa a los que no se atreven a liberarse del sistema filosófico causal.

Ahora bien, examinando el proceso inflamatorio en sí, sin asociarlo a un órgano determinado, vemos que en la primera fase (estímulo) los agentes penetran en el cuerpo. Este proceso corresponde, en el plano psíquico, al reto que supone un problema. Un impulso que no hemos atendido hasta ahora penetra a través de las defensas de nuestra conciencia y nos *ataca*. *Inflama* la tensión de una polaridad que, desde ahora, nosotros experimentamos conscientemente como conflicto. Si nuestras defensas psíquicas funcionan muy bien, el impulso no llega a nuestra conciencia, somos inmunes al desafío y, por lo tanto, a la experiencia y al desarrollo.

También aquí impera la disyuntiva de la polaridad: si renunciamos a la defensa en la conciencia, la inmunidad física se mantiene, pero si nuestra conciencia es inmune a los nuevos impulsos, el cuerpo quedará abierto a los atacantes. No podemos sustraernos al ataque, sólo podemos elegir el campo. En la guerra, esta primera fase del conflicto corresponde a la penetración del enemigo en un país (violación de frontera). Naturalmente, el ataque atrae sobre los invasores toda la atención política y militar —todos se movilizan, concentran sus energías en el nuevo problema, forman un ejército, buscan aliados—; en suma, todos los esfuerzos se dirigen al foco del conflicto. En lo corporal, a este proceso se le llama:

2. *Fase de exudación:* los atacantes se han introducido y formado un foco de inflamación. De todas partes afluye el líquido y experimentamos hinchazón de los tejidos y tensión. Si durante esta segunda fase observamos el conflicto en el plano psíquico, veremos que también en él aumenta la tensión. Toda nuestra atención se centra en el nuevo problema, no podemos pensar en otra cosa, nos persigue de día y de noche, no sabemos hablar de nada más, todos nuestros pensamientos giran sin parar en tono al problema. De este modo, casi toda nuestra energía psíquica se concentra en el conflicto: literalmente, lo alimentamos, lo hinchamos hasta que se alza ante nosotros como una montaña inaccesible. El conflicto ha inmovilizado todas nuestras fuerzas psíquicas.

3. *Reacción defensiva:* el organismo fabrica unos anticuerpos específicos para cada tipo de atacantes (anticuerpos producidos en la sangre y en la médula). Los linfocitos y los granulocitos construyen una pared alrededor de los atacantes, los cuales empiezan a ser devorados por los macrófagos. Por lo tanto, en el plano corporal, la guerra está en su apogeo: los enemigos son rodeados y atacados. Si el conflicto no puede resolverse localmente, se impone la movilización general: todo el país va a la guerra y pone su actividad al servicio de la conflagración. En el cuerpo experimentamos esta situación como

4. *Fiebre:* las fuerzas defensivas destruyen a los atacantes, y los venenos que con ello se liberan producen la reacción de la fiebre. En la fiebre, todo el cuerpo responde a la inflamación local con una subida general de la temperatura. Por cada grado de fiebre se duplica el índice de actividad del metabolismo, de lo que se deduce en qué medida la fiebre intensifica los procesos defensivos. Por ello la sabiduría popular dice que la fiebre es saludable. La intensidad de la fiebre es, pues, inversamente proporcional a la duración de la enfermedad. Por lo tanto, en lugar de combatir pusilánime y sistemáticamente cualquier aumento de la temperatura, deberíamos restringir el uso de antitérmicos a los casos en los que la fiebre alcance proporciones peligrosas para la vida del paciente.

En el plano psíquico, el conflicto, en esta fase, absorbe toda nuestra atención y toda nuestra energía. La similitud entre la fiebre corporal y la excitación psíquica es evidente, por lo que también hablamos de expectación o de angustia *febril*. (La célebre canción pop *Fever* expresa la ambivalencia de la palabra.) Así, cuando nos excitamos sentimos calor, se aceleran los latidos del corazón, nos sonrojamos (tanto de amor como de indignación...), sudamos de excitación y temblamos de ansiedad. Ello no es precisamente agradable, pero sí saludable. Porque no es sólo que la fiebre sea saludable, es que más saludable aún es afrontar los conflictos, a pesar de lo cual la gente trata de bajar la fiebre y de sofocar los conflictos y, además, se ufana de practicar la represión. (Si la represión no resultara tan divertida...)

5. Lisis (resolución): supongamos que ganan las defensas del cuerpo, que ponen en fuga a una parte de los agentes extraños y se incorporan a los demás (devorándolos) con la consiguiente destrucción de defensas e invasores. Estas bajas de ambos bandos constituyen el pus. Los invasores abandonan el cuerpo transformados y debilitados. También el cuerpo se ha transformado porque ahora: a) posee información sobre el enemigo, lo que se llama «inmunidad específica», y *b)* sus defensas han sido entrenadas y robustecidas: «inmunidad no específica». Desde el punto de vista militar, ello supone el triunfo de uno de los contendientes, con pérdidas por ambos lados. No obstante, el vencedor sale del conflicto fortalecido, ya que ahora conoce al adversario y puede estar preparado.

6. Muerte: también puede ocurrir que venzan los invasores, lo cual produce la muerte del paciente. El que nosotros consideremos nefasto este resultado se debe exclusivamente a nuestra parcialidad; es como en el fútbol: todo depende de con qué equipo se identifica uno. La victoria siempre es victoria, gane quien gane, y también termina la guerra. Y también se celebra el triunfo, pero en el otro lado.

7. *El conflicto crónico:* cuando ninguna de las partes consigue resolver el conflicto a su favor, se produce un compromiso entre atacantes y defensas: los gérmenes permanecen en el cuerpo, sin vencerlo (matarlo) pero sin ser vencidos por él (curación en el sentido de la *restitutio ad integrum*). Es lo que se llama la enfermedad crónica. Sintomáticamente, la enfermedad crónica se manifiesta en un aumento del número de linfocitos y granulocitos, anticuerpos, mayor velocidad de sedimentación de la sangre y décimas de fiebre. La situación no ha podido quedar despejada, en el cuerpo se ha formado un foco que constantemente consume energía, hurtándola al resto del organismo: el paciente se siente abatido, cansado, apático. No está ni enfermo ni sano, ni en guerra ni en paz, sino en una especie de compromiso que, como todos los compromisos del mundo, apesta. El compromiso es el objetivo de los cobardes, de los «tibios» (Jesús dijo: «Me gustaría escupirlos. Sed ardientes o fríos») que siempre temen las consecuencias de sus actos y la responsabilidad que con ellos deben asumir. El compromiso nunca es solución, porque ni representa el equilibrio absoluto entre dos polos ni posee fuerza unificadora. El compromiso significa pugna permanente, estancamiento. Militarmente, es la guerra de posiciones (por ejemplo, la Primera Guerra Mundial) que consume energía y material, con lo que debilita y hasta paraliza los restantes aspectos de la vida de la nación, como la economía, la cultura, etc.

En lo psíquico, el compromiso representa el conflicto permanente. Uno permanece inactivo ante el conflicto, sin valor ni energía para tomar una decisión. Cada decisión supone un sacrificio —en cada caso, sólo podemos hacer o una cosa o la otra— y estos sacrificios necesarios generan ansiedad. Por ello, muchas personas se quedan indecisas ante el conflicto, incapaces de decantarse por uno u otro polo. No hacen más que cavilar cuál puede ser la decisión correcta y cuál la equivocada, sin comprender que, en el sentido abstracto, nada es *correcto* ni *erróneo*, porque, para estar completos y sanos, necesitamos ambos polos, pero dentro de la polaridad, no podemos realizarlos simultáneamente sino uno después del otro. ¡Empecemos, pues, por uno de ellos y decidámonos ya!

Toda decisión libera. El conflicto crónico consume energía constantemente, provocando en el plano psíquico la consabida abulia, pasividad o resignación. Ahora bien, cuando nos decantamos por uno de los polos del conflicto, inmediatamente percibimos la energía liberada por nuestra elección. Como el cuerpo sale de cada infección fortalecido, así también la mente sale de cada conflicto más despejada, ya que al afrontar el problema ha aprendido algo, al enfrentarse con los polos opuestos uno tras otro ha ampliado fronteras y se ha hecho más consciente. De cada conflicto extraemos información (toma de conciencia) que, análogamente a la inmunidad específica, permite al individuo que en adelante pueda tratar el problema sin peligro.

Además, cada conflicto superado enseña a los humanos a afrontar mejor y con más valentía los problemas, lo cual corresponde a la inmunidad no específica del plano físico. Si en lo corporal cada solución exige grandes sacrificios, sobre todo al adversario, también a la mente las decisiones le cuestan sacrificios, y muchas actitudes y opiniones, muchas convicciones y costumbres deben ser enviadas a la muerte. Porque todo lo nuevo exige la muerte de lo viejo. Como los grandes focos de infección suelen dejar cicatrices en el cuerpo, así también en la psique quedan cicatrices que, al mirar atrás, vemos como profundos cortes en nuestra vida.

Antiguamente, los padres sabían que un niño, después de una enfermedad (todas las enfermedades de la infancia son infecciones), daba un salto en su desarrollo. Al salir de la enfermedad, el niño no es el mismo que antes. La enfermedad le ha hecho crecer. Pero no sólo las enfermedades de la infancia hacen crecer. Como, después de una infección, el cuerpo queda fortalecido, así también el ser humano sale más maduro de cada conflicto. Porque sólo los desafíos le hacen más fuerte y capaz. Todas las grandes culturas nacieron de grandes retos, y el propio Darwin atribuyó la evolución de las especies a la facultad de dominar las condiciones del entorno (¡lo cual no quiere decir que aceptemos el darwinismo!).

«La guerra es la madre de todas las cosas», dice Heráclito, y quien comprenda correctamente la frase sabe que expresa una verdad fundamental. La guerra, el conflicto, la tensión entre los polos, genera energía vital, asegurando con ello el progreso y el desarrollo. Estas frases no suenan bien y se prestan a ser mal interpretadas en una época en la que los lobos se envuelven con piel de cordero y presentan sus agresiones reprimidas como amor a la paz.

Si, paso a paso, hemos comparado el desarrollo de la inflamación con la guerra, es porque queríamos dar al tema el mordiente que acaso impida que se asiente con excesiva facilidad a lo dicho. Vivimos en una época y en una cultura enemigas de los conflictos. El individuo trata de evitar el conflicto en todos los campos, sin advertir que esta actitud impide la toma de conciencia. Desde luego, en el mundo polarizado, los seres humanos no pueden evitar los conflictos con medidas funcionales; pero, precisamente por ello, estas tentativas provocan una desviación cada vez más complicada de las descargas a otros planos cuyas coordinaciones internas casi nadie advierte.

Nuestro tema, la enfermedad infecciosa, es un buen ejemplo. Si bien en nuestra anterior exposición hemos contemplado en paralelo la estructura del conflicto y la estructura de la inflamación para señalar su naturaleza común, una y otra nunca (o casi nunca) discurren paralelamente en el ser humano. Lo más frecuente es que uno de los planos sustituya al otro. Si un impulso consigue vencer las defensas de la conciencia y de este modo hacer que el ser humano tome conocimiento de un conflicto, el proceso resolutivo esquematizado tiene lugar únicamente en la conciencia del individuo y, generalmente, la infección somática no se produce. Ahora bien, si el hombre no se abre al conflicto, si rehúye todo aquello que pueda cuestionar su mundo artificialmente sano, entonces el conflicto aflora en el cuerpo y debe ser experimentado en el plano somático como una inflamación.

La inflamación es el conflicto trasladado al plano material. Pero no por ello debe cometerse el error de restar importancia a las enfermedades infecciosas alegando «yo no tengo conflicto alguno». Precisamente este cerrar los ojos al conflicto conduce a la enfermedad. Para esta indagación hace falta algo más que una mirada superficial: se necesita una sinceridad implacable que suele ser tan incómoda para la conciencia como la infección lo es para el cuerpo. Y es esta incomodidad lo que queremos evitar en todo momento.

Cierto, los conflictos siempre producen sufrimiento, no importa el plano en el que los experimentemos, ya sea la guerra, la lucha interna o la enfermedad. Bonitos no son. Pero no nos es lícito argumentar sobre *hermosura* o *fealdad*, porque cuando reconocemos que no podemos evitar nada, esta cuestión no vuelve a plantearse. Quien no se permite a sí mismo estallar psíquicamente, algo le estalla en el cuerpo (un absceso). ¿Cabe entonces preguntarse qué es *más bonito* o *mejor*? La enfermedad nos hace sinceros.

Sinceros son también, a fin de cuentas, los tan cacareados esfuerzos de nuestra época para evitar los conflictos en todos los órdenes. Después de lo expuesto hasta ahora, vemos a una nueva luz los eficaces esfuerzos realizados para combatir las enfermedades infecciosas. La lucha contra las infecciones es la lucha contra los conflictos, pero en el orden material. Honesto es, por lo menos, el nombre que se dio a las armas: *antibióticos*. Esta palabra se compone de dos voces griegas, *anti* (contra) y *bios* (vida). Los antibióticos son, pues, «sustancias dirigidas contra la vida». ¡Esto es sinceridad!

Esta hostilidad de los antibióticos a la vida se funda en dos fases. Si recordamos que el conflicto es el verdadero motor del desarrollo, es decir, de la vida, toda represión de un conflicto es también un ataque contra la dinámica de la vida en sí.

Pero también en el sentido puramente médico los antibióticos son hostiles a la vida. Las inflamaciones representan unos procesos resolutivos agudos y rápidos que, por medio de la superación, eliminan toxinas del cuerpo. Si estos procesos resolutivos se cortan frecuente y prolongadamente por medio de antibióticos, las toxinas tienen que almacenarse en el cuerpo (principalmente, en los tejidos conjuntivos) lo cual determina el incremento de posibilidades para el proceso canceroso. Es el llamado efecto del cubo de la basura: se puede vaciar el cubo con frecuencia (infección) o acumular la basura dejando que críe una vida propia que acabará por amenazar toda la casa (cáncer). Los antibióticos son sustancias extrañas que el individuo no ha elaborado con su propio esfuerzo y que, por lo tanto, le escamotean los frutos de su enfermedad: la información que proporciona el enfrentamiento.

Desde este ángulo cabe examinar también brevemente el tema de la «vacunación». Conocemos dos tipos básicos de vacunación: la inmunización activa y la pasiva. En la inmunización pasiva se inoculan anticuerpos formados en otros cuerpos. Se recurre a esta forma de vacunación cuando la enfermedad ya se ha declarado (por ejemplo, la gamma tetánica contra el bacilo del tétanos). En el plano psíquico, ello correspondería a la adopción de soluciones de problemas convencionales: mandamientos y preceptos morales. El individuo adopta fórmulas ajenas, con lo que evita el conflicto y la experimentación: es una vía cómoda pero estéril.

En la inmunización activa se inoculan agentes debilitados, a fin de estimular al cuerpo a fabricar anticuerpos por sí mismo. A este grupo pertenecen todas las vacunaciones preventivas, como la antipolio, la antivariólica, la antitetánica, etc. En el terreno psíquico, este método corresponde al ensayo de resolución de conflictos hipotéticos (algo así como las maniobras militares). Muchos sistemas pedagógicos y la mayoría de las terapias de grupo quedan dentro de este campo. Se trata de aprender y asimilar estrategias en casos leves, que capaciten al ser humano a tratar los conflictos más serios con mayor eficacia.

Estas consideraciones no deben interpretarse como consignas. No se trata de «vacunarse o no vacunarse» ni de «prescindir de los antibióticos». A fin de cuentas, es completamente indiferente lo que haga el individuo, siempre y cuando *sepa* lo que hace. Lo que buscamos es el *conocimiento*, no unos mandamientos o prohibiciones prefabricados.

Se suscita la pregunta de si, básicamente, el proceso de la enfermedad corporal puede sustituir a un proceso psíquico. No es fácil responder a esto, ya que la división entre conciencia y cuerpo es sólo una herramienta de argumentación, pues en la realidad el linde no está muy marcado. Porque aquello que se produce en el cuerpo lo experimentamos también en la conciencia, en la psique. Cuando nos golpeamos el dedo con un martillo, decimos: me duele el dedo. Pero ello no es exacto, ya que el dolor está sólo en la mente, no en el dedo. Lo que hacemos es sólo proyectar la sensación psíquica de «dolor» al dedo.

Precisamente por ser el dolor un fenómeno mental podemos influir en él con tanta eficacia: mediante la distracción, la hipnosis, la narcosis, la acupuntura. (¡El que considere exagerada esta afirmación, recuerde el fenómeno del dolor fantasma!) Todo lo que experimentamos y sufrimos en un proceso de enfermedad física ocurre sólo en nuestra mente. La definición «psíquica» o «somática» se refiere sólo a la superficie de proyección. Si una persona está enferma de amor, proyecta sus sensaciones sobre algo incorpóreo, es decir, el amor, mientras que el que tiene anginas las proyecta en la garganta, pero uno y otro sólo pueden sufrir en la mente. La materia —y, por lo tanto, también el cuerpo— sólo pueden servir de superficie de proyección, pero en sí nunca es el lugar en el que surge un problema y, por consiguiente, tampoco el lugar en el que pueda resolverse. El cuerpo, como superficie de proyección, puede representar un excelente auxiliar para un mejor discernimiento, pero las soluciones sólo puede darlas el conocimiento. Por lo tanto, cada proceso patológico corporal representa únicamente el desarrollo simbólico de un problema cuya experiencia enriquecerá la conciencia. Ésta es también la razón por la que cada enfermedad supone una fase de maduración.

Es decir, entre el tratamiento corporal y psíquico de un problema se establece un ritmo. Si el problema no puede ser resuelto sólo en la conciencia, entonces entra en funciones el cuerpo, escenario material en el que se dramatiza en forma simbólica el problema no resuelto. La experiencia recogida, una vez superada la enfermedad, pasa a la conciencia. Si, a pesar de las experiencias recogidas, la conciencia sigue siendo incapaz de captar el problema, éste volverá al cuerpo, para que siga generando experiencias prácticas. Esta alternancia se repetirá hasta que las experiencias recogidas permitan a la conciencia resolver definitivamente el problema o el conflicto.

Podemos representarnos este proceso con la imagen siguiente: un colegial tiene que aprender a calcular mentalmente. Le ponemos una cuenta (problema). Si no puede resolverla mentalmente, le damos una tabla de cálculo (materia). Él proyecta el problema en la tabla y, por este medio (y también por la mente) halla el resultado. A continuación le ponemos otra cuenta, que debe resolver sin la tabla. Si no lo consigue, volvemos a darle el medio, y esto se repite hasta que el niño ha aprendido a calcular mentalmente y puede prescindir de la ayuda material de la tabla. En realidad, la operación se hace siempre en la mente, nunca en la tabla, pero la proyección del problema sobre el plano visible facilita el aprendizaje.

Si me extiendo tanto sobre este particular es porque de la buena comprensión de esta relación entre el cuerpo y la mente se deriva una consecuencia que no consideramos sobrentendida: la de que el cuerpo no es el lugar en el que puede resolverse un problema. Sin embargo, toda la medicina académica se orienta hacia este objetivo. Todos miran fascinados los procesos fisiológicos y tratan de curar la enfermedad en el plano corporal.

Y aquí no hay nada que resolver. Sería como tratar de modificar la tabla de cálculo a cada dificultad que encontrara nuestro colegial. La experiencia humana se produce en la conciencia y se refleja en el cuerpo. Limpiar constantemente el espejo, no mejora al que se mira en él (¡ojalá fuera tan fácil!). En lugar de buscar en el espejo la causa y la solución de todos los problemas reflejados en él, debemos utilizarlo para reconocernos a nosotros mismos.

INFECCIÓN = UN CONFLICTO MENTAL QUE SE HACE MATERIAL

La persona propensa a las inflamaciones trata de rehuir los conflictos.

En caso de enfermedad infecciosa, conviene hacerse las siguientes preguntas:

1. ¿Qué conflicto hay en mi vida, que yo no veo?
2. ¿Qué conflicto rehúyo?
3. *¿Qué conflicto me niego a reconocer?*

Para hallar el tema del conflicto, debe estudiarse atentamente el simbolismo del órgano o parte del cuerpo afectada.

II
EL SISTEMA DE DEFENSA

Defender equivale a rechazar. El polo opuesto de rechazar es amar. Se ha definido el amor desde multitud de ángulos y en los planos más diversos, pero cada forma de amor puede reducirse al acto de dar acogida. En el amor, el ser humano abre barreras y deja entrar algo que estaba fuera de ellas. A estas barreras solemos llamar Yo (ego) y todo aquello que queda fuera de la propia identificación es para nosotros el otro. En el amor, esta barrera se abre para admitir a un Tú que, con la unión, se convertirá en Yo. Allí donde ponemos una barrera rechazamos y donde quitamos la barrera amamos. Desde Freud utilizamos la expresión de «mecanismo de defensa» para designar los resortes de la conciencia que impiden la penetración de elementos amenazadores procedentes del subconsciente.

Aquí conviene insistir en la ecuación microcosmos = macrocosmos, ya que todo repudio o rechazo de una manifestación procedente del entorno es siempre expresión externa de un rechazo psíquico interno. Todo rechazo consolida nuestro ego, ya que acentúa la separación. Por ello al ser humano la negación le resulta considerablemente más grata que la afirmación. Cada «no», cada resistencia, nos permite sentir nuestra frontera, nuestro Yo, mientras que, en cada «comunión» esta frontera se difumina: no nos sentimos a nosotros mismos. Es difícil expresar con palabras lo que son los mecanismos de defensa, ya que sólo se puede describir aquello que se reconoce, por lo menos, en otras personas. Los mecanismos de defensa son la suma de todo lo que nos impide ser perfectos y completos. En teoría es fácil definir en qué consiste el camino de la iluminación: en todo lo bueno. Comulga con todo lo que es y serás uno con todo lo que es. Éste es el camino del amor.

Cada «sí, pero...» es una defensa que nos impide conseguir la unidad. Ahora empiezan las pintorescas estratagemas del ego que, en su afán de separación, no se priva de esgrimir las más piadosas, hábiles y nobles teorías. Y así le hacemos el juego al mundo.

Los espíritus sagaces aducirán que, si todo lo que es, es bueno, también la defensa tiene que serlo. Desde luego, lo es, pues nos hace experimentar tanta fricción en un mundo polarizado que, para seguir adelante, no tenemos más remedio que discriminar, pero, a lo sumo, no es más que una ayuda que, al ser utilizada, se obvia a sí misma. En el mismo sentido se justifica también la enfermedad a la que nosotros deseamos transmutar en salud cuanto antes.

Como las defensas psíquicas apuntan contra elementos del subconsciente catalogados de peligrosos y que, por lo tanto, tienen vedado el paso a la conciencia, así las defensas físicas se orientan contra enemigos «externos», llamados agentes patógenos o toxinas. Estamos tan acostumbrados a manejar despreocupadamente unos sistemas de valores montados por nosotros mismos que hemos llegado a convencernos de que son patrones absolutos. Pero en realidad no hay más enemigo que aquel al que nosotros declaramos como tal. (Basta leer a los distintos apóstoles de la dietética para descubrir los más diversos criterios en el señalamiento de enemigos. Los mismos alimentos que un método tacha de absolutamente perniciosos, otro los califica de muy saludables. La dieta que nosotros recomendamos es: leer atentamente todos los libros de dietética y comer lo que a uno le apetezca.) Hay ciertas personas que se dejan impresionar de tal modo por este subjetivo señalamiento de enemigos que no tenemos más remedio que declararlas enfermas: nos referimos a los alérgicos.

Alergia: la alergia es una reacción exagerada a una sustancia que reconocemos como nociva. Desde luego, la actuación del sistema de defensas del organismo está justificada cuando se trata de supervivencia. El sistema inmunizador del cuerpo produce anticuerpos para combatir los antígenos,[1] con lo que proporciona una defensa contra invasores hostiles, lo cual, fisiológicamente, es irreprochable. En los alérgicos, esta defensa, en sí encomiable, se desorbita. El alérgico construye un gran parapeto y constantemente alarga la lista de sus enemigos. Cada vez son más numerosas las sustancias consideradas nocivas y, por lo tanto, hay que fabricar más armas para mantener a raya a tantísimo enemigo. Ahora bien, como en el terreno militar el armamento siempre denota agresividad, así también la alergia es expresión de una actitud defensiva y agresiva que ha sido reprimida y obligada a pasar al cuerpo. El alérgico tiene problemas de agresividad que, en la mayoría de casos, no reconoce y, por lo tanto, no puede asumir.

(Para evitar malas interpretaciones, recordemos que al hablar de un aspecto psíquico *reprimido* nos referimos al que no es conscientemente reconocido por el individuo. Puede ser que la persona viva plenamente este aspecto sin reconocer en sí mismo tal propiedad. Pero también, que la propiedad haya sido reprimida de modo tan absoluto que la persona no la viva. Por lo tanto, la represión puede existir tanto en un sujeto agresivo como en el más manso de los mortales.)

---

1. Un antígeno es una sustancia extraña, generalmente una proteína, que es capaz de estimular el sistema inmunizador. (*N. de la T.*)

En el alérgico, la agresividad es trasladada de la conciencia al cuerpo y aquí se expansiona a placer con ataques, defensas, forcejeos y victorias. Para que la diversión no termine por falta de enemigos, se declara la guerra a las cosas más inofensivas: el polen de las flores, el pelo de los gatos o de los caballos, el polvo, los artículos de limpieza, el humo, las fresas, los perros o los tomates. La variedad es ilimitada: el alérgico no respeta nada, es capaz de luchar contra todo y contra todos, si bien, generalmente, da preferencia a ciertos elementos cargados de simbolismo.

Es sabido que la agresividad casi siempre va ligada al miedo. Sólo se combate lo que se teme. Si examinamos atentamente los alergenos[1] elegidos, en casi todos los casos, descubriremos enseguida cuáles son los temas que atemorizan al alérgico de tal modo que tiene que combatirlos encarnizadamente en el símbolo. En primer lugar, está el pelo de los animales domésticos, especialmente el de los gatos. Al pelo del gato (y a cualquier pelo) suelen asociarse las caricias y los arrumacos: es fino, sedoso, blando, y, no obstante, «animal». Es un símbolo del amor y tiene una connotación sexual (véanse los animales de felpa que los niños se llevan a la cama).

Algo parecido puede decirse de la piel del conejo. En el caballo está más acentuado el componente sensual y, en el perro, el agresivo; pero las diferencias son pequeñas, insignificantes, ya que un símbolo nunca tiene límites muy marcados.

El mismo tema es representado por el polen de las flores, alergeno predilecto de los que sufren la fiebre del heno. El polen es símbolo de fertilidad y procreación, y la «grávida» primavera es la estación en la que los enfermos de fiebre del heno más «padecen». Las pieles de los animales y el polen actuando como alergenos indican que los temas de «amor», «sexualidad», «libido» y «fertilidad» susci-

---

1. Alergeno es el antígeno de una reacción alérgica (alergia es la reactividad alterada por hipersensibilidad). (*N. de la T.*)

tan ansiedad y, por lo tanto, son activamente rechazados, es decir, no son admitidos.

Algo similar ocurre con el miedo a la suciedad, la inmundicia, la impureza, que se manifiesta en la alergia al polvo doméstico. (Recordar expresiones como: *chiste guarro, sacar los trapos sucios, llevar una vida limpia*, etc.). El alérgico trata de evitar con el mismo empeño los alergenos y las situaciones asociadas con ellos, en lo cual le ayudan de buen grado una medicina comprensiva y el entorno. Nadie se resiste al despotismo del enfermo: los animales domésticos son eliminados, no se puede fumar en su presencia, etc. En esta tiranía sobre el entorno, el alérgico encuentra un campo de actividad que le permite desahogar insensiblemente sus agresiones reprimidas.

El método de la «desensibilización» es bueno en sí, pero, para obtener buenos resultados, habría que aplicarlo no al plano corporal sino al psíquico. Porque el alérgico sólo hallará la curación cuando aprenda a afrontar conscientemente todo aquello que evita y rechaza, y asimilarlo en su conciencia. Al alérgico no se le hace ningún favor ayudándole en su estrategia defensiva: él tiene que reconciliarse con sus enemigos, aprender a quererlos. Que los alergenos ejercen exclusivamente un efecto simbólico y nunca un efecto material o químico es algo que debe quedar perfectamente claro, incluso para el materialista más empedernido, cuando comprenda que una alergia, para manifestarse, necesita el concurso de la mente. Por ejemplo, en la narcosis no hay alergia; igualmente, durante una psicosis, desaparecen todas las alergias. A la inversa, incluso la simple imagen, como por ejemplo la fotografía de un gato o la secuencia de una locomotora que echa humo en una película desencadena el ataque en el asmático. La reacción alérgica es absolutamente independiente de la materia de los alergenos.

La mayoría de los alergenos sugieren vitalidad: sexualidad, amor, fertilidad, agresividad, suciedad: en todos estos campos la vida se muestra en su forma más activa. Pero precisamente esta vitalidad que exige una expresión infunde miedo en el alérgico. Y es que su actitud es contraria a la vida. Su ideal es una vida estéril, sin gérmenes, exenta de sensualidad y agresiones: estado que apenas merece el nombre de «vida». Por consiguiente, no sorprende que en muchos casos las alergias puedan degenerar en autoagresiones que llegan a ser mortales, en las que el cuerpo de estos individuos, ¡ay!, tan delicados, libra largas y encarnizadas batallas en las que acaba por sucumbir. Entonces la resistencia, la autoexclusión, el autoencapsulado alcanza su forma suprema y su plena realización en el ataúd, cámara exenta de todo alergeno.

ALERGIA = AGRESIVIDAD HECHA MATERIA

El alérgico debe hacerse las siguientes preguntas:

1. ¿Por qué no asumo mi agresividad con la conciencia en vez de obligarla a realizar un trabajo corporal?
2. ¿Qué aspectos de la vida me infunden tanto miedo que trato de evitarlos por todos los medios?
3. ¿A qué tema apuntan mis alergenos? Sexualidad, instinto, agresividad, procreación, suciedad, en el sentido del lado oscuro de la vida.
4. ¿En qué medida me sirvo de mi alergia para manipular mi entorno?
5. ¿Qué hay de mi capacidad de amar, de mi receptividad?

III

LA RESPIRACIÓN

La respiración es un acto rítmico. Se compone de dos fases, inhalación y exhalación. La respiración es un buen ejemplo de la ley de la polaridad: los dos polos, inspiración y espiración, forman, con su constante alternancia, un ritmo. Un polo depende de su opuesto, y así la inspiración provoca la espiración, etc. También podemos decir que un polo no puede vivir sin el polo opuesto, porque, si destruimos una fase, desaparece también la otra. Un polo compensa el otro polo y los dos juntos forman un todo. Respiración es ritmo, el ritmo es la base de toda la vida. También podemos sustituir los dos polos de la respiración por los conceptos de *contracción y relajación.* Esta relación de inspiración-contracción y espiración-relajación se muestra claramente cuando suspiramos. Hay un suspiro de inspiración que provoca contracción y un suspiro de espiración que provoca relajación.

Por lo que se refiere al cuerpo, la función central de la respiración es un proceso de intercambio: por la inspiración el oxígeno contenido en el aire es conducido a los glóbulos rojos y en la espiración expulsamos el anhídrido carbónico. La respiración encierra la polaridad de acoger y expulsar, de tomar y dar. Con esto hemos hallado la simbología más importante de la respiración. Goethe escribió:

> *En la respiración hay dos mercedes,*
> *una inspirar, la otra soltar el aire,*
> *aquélla colma, ésta refresca,*
> *es la combinación maravillosa de la vida.*

Todas las lenguas antiguas utilizan para designar el aliento la misma palabra que para alma o espíritu. Respirar viene del latín *spirare* y espíritu, de *spiritus,* raíz de la que se deriva también *inspiración* tanto en el sentido lato como en el figurado. En griego *psyke* significa tanto hálito como alma. En indostánico encontramos la palabra *atman* que tiene evidente parentesco con el *atmen* (respirar) alemán. En la India al hombre que alcanza la perfección se le llama Mahatma, que textualmente significa tanto «alma grande» como «aliento grande». La doctrina hindú nos enseña, también, que la respiración es portadora de la auténtica fuerza vital que el indio llama *prana.* En el relato bíblico de la Creación se nos cuenta que Dios infundió su aliento divino en la figura de barro convirtiéndola en una criatura «viva», dotada de alma.

Esta imagen indica bellamente cómo al cuerpo material, a la forma, se le infunde algo que no procede de la Creación: el aliento divino. Es este aliento, que viene de más allá de lo creado, lo que hace del hombre un ser vivo y dotado de alma. Ya estamos llegando al misterio de la respiración. La respiración actúa en nosotros, pero no nos pertenece. El aliento no está en nosotros, sino que nosotros estamos *en el aliento.* Por medio del aliento, nos hallamos constantemente unidos a algo que se encuentra más allá de lo creado, más allá de la forma. El aliento hace que esta unión con el ámbito metafísico (literalmente: con lo que está *detrás de la naturaleza)* no se rompa. Vivimos en el aliento como dentro de un gran claustro materno que abarca mucho más que nuestro ser pequeño y limitado —es la vida, ese secreto supremo que el ser humano no puede definir, no puede explicar—, la vida sólo se experimenta abriéndose a ella y dejándose inundar por ella. La respiración es el cordón umbilical por el que esta vida viene a nosotros. La respiración hace que nos mantengamos en esta unión.

Aquí reside su importancia: la respiración impide que el ser humano se cierre del todo, se aísle, que haga impenetrable la frontera de su yo. Por muy deseoso que el ser humano esté de encapsularse en su ego, la respiración le obliga a mantener la unión con lo ajeno al yo. Recordemos que nosotros respiramos el mismo aire que respira nuestro enemigo. Es el mismo aire que respiran los animales y las plantas. La respiración nos une constantemente con todo. Por más que el hombre quiera aislarse, la respiración lo une con todo y con todos. El aire que respiramos nos une a unos con otros, nos guste o no. La respiración tiene algo que ver con «contacto» y «relajación».

Este contacto entre lo que viene de fuera y el cuerpo se produce en los alvéolos pulmonares. Nuestro pulmón tiene una superficie interna de unos setenta metros cuadrados, mientras que el área de nuestra piel no mide sino entre metro y medio y dos metros cuadrados. El pulmón es nuestro mayor órgano de contacto. Si observamos con más atención, distinguiremos las diferencias existentes entre los dos órganos de contacto del ser humano: pulmones y piel; el contacto de la piel es inmediato y directo. Es más comprometido y más intenso que el de los pulmones y, además, está sometido a nuestra voluntad. Uno puede tocar a otra persona o no tocarla. El contacto que establecemos con los pulmones es indirecto, pero obligatorio. No podemos evitarlo, ni siquiera cuando una persona nos inspira tanta antipatía que no podemos *ni olerla,* ni cuando otra nos impresiona tanto que *nos deja sin aliento.* Existe un síntoma de enfermedad que puede pasar de uno a otro de estos órganos de contacto: una erupción cutánea abortada puede manifestarse en forma de asma que, a su vez, con el correspondiente tratamiento, se convierte en erupción. El asma y la erupción cutánea corresponden al mismo tema: contacto, roce, relación. La resistencia a establecer contacto con todo el mundo por medio de la respiración se manifiesta, por ejemplo, en el espasmo respiratorio del asma.

Si seguimos repasando las frases hechas relacionadas con la respiración y con el aire veremos que hay situaciones en las que a uno *le falta el aire,* o *no puede respirar a sus anchas.* Con ello tocamos el tema de la libertad y la cohibición. Con el primer aliento empezamos nuestra vida y con el último la terminamos. Con el primer aliento damos también el primer paso por el mundo exterior al desprendernos de la unión simbiótica con la madre y hacernos autónomos, independientes, libres. Cuando a uno le cuesta respirar, ello suele ser señal de que teme dar por sí mismo los primeros pasos con libertad e independencia. La libertad *le corta la respiración,* es algo insólito que le produce temor. La misma relación entre libertad y respiración se advierte en el que sale de una situación de agobio y pasa a otra esfera en la que se siente «desahogado» o, simplemente, sale al exterior: lo primero que hace es inspirar profundamente, por fin puede respirar con libertad.

También el proverbial *ahogo* que nos aqueja en circunstancias agobiantes es ansia de libertad y de espacio vital.

En resumen, la respiración simboliza los siguientes temas: ritmo, en el sentido de aceptar «tanto lo uno como lo otro»

contracción	–	relajación
tomar	–	dar
contacto	–	repudio
libertad	–	agobio

RESPIRACIÓN = ASIMILACIÓN DE LA VIDA

En las enfermedades respiratorias, procede hacerse las siguientes preguntas:

> 1. ¿Qué me impide respirar?
> 2. ¿Qué es lo que no quiero admitir?
> 3. ¿Qué es lo que no quiero expulsar?
> 4. ¿Con qué no quiero entrar en contacto?
> 5. ¿Tengo miedo de dar un paso en una nueva libertad?

Asma bronquial

Después de las consideraciones de carácter general hechas acerca de la respiración, deseamos examinar especialmente el cuadro del asma bronquial, afección que siempre fue exponente de las manifestaciones psicosomáticas. «Se llama asma bronquial a una disnea que se presenta en forma de acceso, caracterizada por una espiración sibilante. Se produce un estrechamiento de los bronquios y bronquiolos que puede estar provocada por un espasmo de la musculatura plana, una inflamación de las vías respiratorias y la congestión y secreción de la mucosa» (Bräutigam).

El ataque de asma es experimentado por el paciente como un ahogo mortal, el enfermo trata de sorber el aire, jadea y la espiración queda muy dificultada. En el asmático coinciden varios problemas que, a pesar de su afinidad, examinaremos por separado, por motivos didácticos.

1. Tomar y dar

El asmático trata de tomar demasiado. Inspira profundamente y provoca una excesiva dilatación de los pulmones y un espasmo espiratorio. Uno toma llenándose hasta rebosar y, cuando tiene que dar, llega el espasmo.

Aquí se ve claramente la perturbación del equilibrio; los polos «tomar» y «dar» deben estar equilibrados, a fin de poder formar un ritmo. La ley de la evolución depende del equilibrio interno: toda acumulación impide la fluidez,

El flujo respiratorio es interrumpido en el asmático porque se excede al tomar. Ocurre luego que no sabe dar y entonces no puede volver a tomar lo que tanto ansía. Al inspirar tomamos oxígeno y al espirar expulsamos anhídrido carbónico. El asmático quiere conservarlo todo y con ello se envenena, ya que no puede expulsar lo usado. Este tomar sin dar produce sensación verdadera de asfixia.

El desequilibrio entre tomar y dar, que de forma tan impresionante se manifiesta en el asma, es un tema que puede aplicarse a muchas personas. Suena muy simple, y, sin embargo, muchos fallan en este punto. Sea lo que fuere lo que uno desea tener —ya sea dinero, fama, ciencia, sabiduría— siempre ha de haber un equilibrio entre el tomar y el dar, o uno se expone a asfixiarse con lo tomado. El ser humano recibe en la medida en que da. Si se suspende el dar, el flujo se interrumpe y tampoco entra nada. ¡Cuán dignos de compasión son quienes quieren llevarse su saber a la tumba! Guardan avariciosamente lo poco que pudieron adquirir y renuncian a la riqueza que espera a todo el que sabe devolver, transformado, lo que ha recibido. ¡Si la gente pudiera comprender que hay de todo en abundancia para todos!

Si a alguien le falta algo es sólo porque se autoexcluye. Observemos al asmático: él ansía el aire, a pesar de que hay tanto aire. Pero los hay ansiosos.

2. *El deseo de inhibirse*

El asma puede provocarse experimentalmente en cualquier individuo haciéndole inspirar gases irritantes, como amoníaco, por ejemplo. A partir de una determinada concentración, en el individuo se produce una reacción de protección, mediante la coordinación de varios reflejos, a saber: inmovilización del diafragma, broncoconstricción y secreción de mucosidad. Es el llamado reflejo de Kretschmer que consiste en un bloqueo para impedir la entrada a algo que viene de fuera. Ante el amoníaco el reflejo es saludable; pero en el asmático se produce con un estímulo mucho más débil. El asmático percibe las sustancias más inofensivas del entorno como peligrosas para la vida y se cierra inmediatamente a ellas. En el capítulo anterior hemos hablado extensamente del significado de la alergia, por lo que aquí será suficiente recordar el tema de rechazo y el temor. Y es que el asma suele estar íntimamente ligada a una alergia.

Asma, en griego, significa «estrechez de pecho», estrecho, en latín, es *angustus,* voz que recuerda la palabra alemana *Angst* (miedo). Encontramos también *angustus* en angina (inflamación de las amígdalas) y en *angina pectoris* (contracción dolorosa de las arterias del corazón). Es de observar que la *estrechez* o *contracción* tiene relación con el miedo. La contracción asmática tiene también mucho que ver con el miedo, con el miedo a admitir ciertos aspectos de la vida, a los que también nos referimos al hablar de los alergenos. El afán de cerrarse persiste en el asmático hasta alcanzar su punto culminante en la muerte. La muerte es la última posibilidad de cerrarse, de encapsularse, de aislarse de lo vivo. (A este respecto puede ser interesante la siguiente observación: se puede enfurecer fácilmente a un asmático diciéndole que su asma no es peligrosa y que nunca podrá causarle la muerte. ¡Y es que para él tiene mucha importancia la malignidad de su enfermedad!)

3. *Afán de dominio e insignificancia*

El asmático tiene un gran afán de dominio que él no reconoce y que, por lo tanto, es transmitido al cuerpo en el que se manifiesta en la «soberbia» del asmático.

Esta soberbia muestra claramente la arrogancia y la megalomanía que él ha reprimido cuidadosamente en su conciencia. Por ello gusta de evadirse a lo ideal y formalista. Pero si el asmático se enfrenta con el afán de poder y dominio de otro (la ley del símil) el miedo se le pone en los pulmones y le deja sin habla: el habla que precisamente es modulada por la espiración. El asmático no puede exhalar: *se le corta la respiración.*

El asmático se sirve de sus síntomas para ejercer el poder sobre su entorno. Los animales domésticos han de ser eliminados, no puede haber ni una mota de polvo, prohibido fumar, etc.

Este afán de dominio alcanza su punto culminante durante los peligrosos ataques, los cuales se manifiestan precisamente cuando se llama la atención del asmático sobre su afán de dominio. Estos ataques chantajistas son muy peligrosos para el propio enfermo, ya que suponen un peligro de muerte. Es impresionante comprobar cómo puede llegar a perjudicarse un enfermo, con tal de dominar. En psicoterapia se ha observado que el ataque suele ser el último recurso cuando el enfermo se siente muy cerca de la verdad.

Pero ya esta proximidad entre el afán de dominio y la autoinmolación nos hace percibir algo de la ambivalencia de este afán de dominio que se vive inconscientemente. Porque, a medida que aumenta esta pretensión de poder, que se adquieren más ínfulas, crece también el polo opuesto, es decir, la indefensión, la sensación de insignificancia y desamparo. La aceptación y asimilación consciente de esta insignificancia debería ser tarea obligada del asmático.

Después de una enfermedad prolongada, el pecho se dilata y robustece. Ello da un aspecto vigoroso, pero limita la capacidad respiratoria, a causa de la pérdida de elasticidad. Imposible plasmar el conflicto con más elocuencia: pretensión y realidad.

En lo de *sacar el pecho* hay un mucho de agresividad. El asmático no ha aprendido a articular debidamente su agresividad en la fase verbal, pero no puede dar salida a su agresividad con gritos o juramentos y se le queda dentro, en los pulmones. Y estas manifestaciones agresivas regresan al plano corporal y salen a la luz del día en forma de tos y expectoración. Veamos algunas frases hechas: *toser a alguno; escupir en la cara; quedarse sin respiración del disgusto.*

La agresividad se muestra también en las alergias, la mayoría de las cuales están asociadas al asma.

4. Rechazo del lado oscuro de la vida

El asmático ama lo limpio, lo puro, lo transparente y estéril y evita lo oscuro, profundo y terrenal, lo cual suele expresarse claramente en la elección de los alergenos. Él desea instalarse en el ámbito superior, para no entrar en contacto con el polo inferior. Por lo tanto, suele ser una persona cerebral (la doctrina de los elementos atribuye el aire al pensamiento). La sexualidad, que también corresponde al polo inferior, la desplaza el asmático hacia arriba, al pecho, estimulando con ello la producción de mucosidad, proceso que en realidad debería estar reservado a los órganos sexuales. El asmático expulsa esta mucosidad (producida demasiado arriba) por la boca, solución cuya originalidad apreciará quien vea la correspondencia existente entre los genitales y la boca (en un capítulo posterior examinaremos más detenidamente este extremo).

El asmático anhela el aire puro. Le gustaría vivir en la cima de una montaña (deseo que suele concedérsele bajo el nombre de «climaterapia»). Allí se satisface también su afán de dominio: arriba, contemplando desde la cumbre el turbio acontecer del valle sombrío, a distancia segura, elevado en la esfera donde «el aire todavía es puro», situado por encima de las tierras bajas, con sus impulsos y su fecundidad: arriba, en lo alto de la montaña, donde la vida tiene una pureza mineral. Aquí realiza el asmático el ansiado vuelo a las alturas, por obra y gracia de laboriosos climatólogos. Otro lugar recomendado por sus efectos terapéuticos es el mar, con su aire salobre. Y el mismo simbolismo: sal, símbolo del desierto, símbolo de lo mineral, símbolo de la esterilidad. Es el entorno que ansía el asmático, porque de lo vital tiene miedo.

El asmático es un individuo que tiene sed de amor: quiere amor y por eso inspira tan profundamente. Pero no puede dar amor: tiene dificultad en la espiración.

¿Qué puede ayudarle? Al igual que para todos los síntomas, sólo existe una prescripción: toma de conciencia e implacable sinceridad consigo mismo. Cuando una persona ha reconocido sus temores debe acostumbrarse a no evitar las causas del miedo sino afrontarlas hasta poder quererlas y asumirlas. Este necesario proceso se simboliza perfectamente en una terapia que, si bien es desconocida para la medicina académica, suele aplicarla la naturopatía y es uno de los remedios más eficaces contra el asma y alergia. Consiste en inyectar al enfermo la propia orina por vía intramuscular. Vista con una óptica simbólica esta terapia obliga al paciente a readmitir lo que ha expulsado, *la propia inmundicia,* batallar con ella e integrársela. ¡Esto cura!

ASMA

Preguntas que debería hacerse el asmático:

1. ¿En qué aspectos quiero tomar sin dar?
2. ¿Puedo reconocer conscientemente mi agresividad y qué posibilidades tengo de exteriorizarla?
3. ¿Cómo me planteo el conflicto «dominio/desvalimiento»?
4. ¿Qué aspecto de la vida valoro negativamente y rechazo?

    ¿Puedo sentir algo del miedo que se ha parapetado detrás de mi sistema de valoración?

    ¿Qué aspectos de la vida trato de evitar, cuáles considero sucios, bajos e inmundos?

    No olvidar: cuando se deja sentir la contracción, ¡es miedo!

    El único remedio contra el miedo es la expansión. ¡La expansión se consigue dejando entrar lo que se evitaba!

Resfriados y afecciones gripales

Antes de abandonar el tema de la respiración, examinaremos brevemente los síntomas del resfriado, el cual afecta principalmente a las vías respiratorias. La gripe, al igual que el resfriado, es un proceso inflamatorio agudo, o sea, expresión de la manipulación de un conflicto. Para hacer nuestra interpretación, no queda sino examinar los lugares y las zonas en los que se manifiesta el proceso inflamatorio. Un resfriado siempre se produce en situaciones críticas, cuando uno está *hasta las narices* o *se le hinchan las narices*. Tal vez haya quien considere exagerada la expresión de «situación crítica». Naturalmente, no nos referimos a crisis indecisas, las cuales se manifiestan con símbolos de una importancia proporcionada. Al decir «situaciones críticas» nos referimos a aquellas que, no siendo dramáticas, son frecuentes e importantes para la mente, que nos producen sensación de agobio y nos inducen a buscar un motivo legítimo para distanciarnos un poco de una situación que nos exige demasiado. Dado que momentáneamente no estamos dispuestos a reconocer ni la carga que suponen estas «pequeñas» crisis cotidianas ni nuestros deseos de evasión, se produce la somatización: nuestro cuerpo manifiesta ostensiblemente nuestra sensación de estar *hasta las narices* permitiéndonos alcanzar nuestro inconfesado objetivo, y con la ventaja de que todo el mundo se muestra muy comprensivo, algo impensable si hubiéramos dirimido el conflicto conscientemente. Nuestro resfriado nos permite apartarnos de la situación molesta y pensar un poco más en nosotros mismos. Ahora podemos ejercitar la sensibilidad corporal.

Nos duele la cabeza (en estas circunstancias, no se puede pedir a una persona que se ponga a resolver problemas), nos lloran los ojos, estamos congestionados, molidos. Esta sensibilización generalizada puede exacerbarse hasta hacer que nos duela «la punta del pelo». Nadie puede acercársenos, nada ni nadie puede rozarnos siquiera. La nariz está tapada y hace imposible toda comunicación (la respiración es contacto, no se olvide). Con la amenaza: «No te acerques, que estoy resfriado», se saca uno a la gente de delante. Esta actitud defensiva puede reforzarse con estornudos, los cuales convierten la espiración en potente arma defensiva. Incluso la palabra queda disminuida como medio de comunicación, por la irritación de la garganta. Desde luego, no permite enfrascarse en discusiones. La *tos de perro* denota claramente, por su tono áspero, que el placer de la comunicación se reduce, en el mejor de los casos, a *toserle a alguno*.

Con tanta actividad defensiva, no es de extrañar que también las amígdalas, que figuran entre las defensas más importantes, echen el resto. Y se inflaman de tal modo que uno casi no puede *tragar*, estado que debe inducir al paciente a preguntarse qué es en realidad lo que se le ha atragantado. Porque tragar es un acto de admisión, de aceptación. Y esto es precisamente lo que ahora no queremos hacer. Este detalle nos revela la táctica del resfriado en todos los aspectos. El dolor de las extremidades y la sensación de abatimiento de la gripe dificultan los movimientos y, concretamente, el de los hombros puede llegar a transmitir la presión del peso de los problemas que gravita sobre ellos y que uno se resiste a seguir soportando.

Nosotros tratamos de expulsar una porción de estos problemas en forma de mucosidad purulenta, y cuanta más expulsamos más alivio sentimos. La abundante mucosidad que al principio todo lo obstruía y que congestionó las vías de comunicación debe diluirse a fin de que algo empiece a moverse y a fluir. Por lo tanto, cada resfriado hace que algo vuelva a moverse y marca un pequeño avance en nuestra evolución. La medicina naturista, muy acertadamente, ve en el resfriado un saludable proceso de limpieza por medio del cual se eliminan toxinas del cuerpo; en el plano psíquico, las toxinas representan problemas que también se resuelven y eliminan. Cuerpo y alma salen fortalecidos de la crisis, para esperar la próxima vez que estemos *hasta las narices*.

IV

LA DIGESTIÓN

Con la digestión ocurre algo muy parecido a lo de la respiración. Con la respiración tomamos entorno, lo asimilamos y expulsamos lo no asimilable. Otro tanto ocurre durante la digestión, si bien el proceso digestivo se hunde más profundamente en la materia del cuerpo. La respiración está regida por el elemento aire, mientras que la digestión pertenece al elemento tierra, es más material. Pero a la digestión le falta el ritmo perfectamente marcado de la respiración. En el elemento pesado de la tierra, la cadencia del proceso de asimilación y expulsión de los alimentos es menos perceptible y rápida.

La digestión también tiene una similitud con las funciones cerebrales, ya que el cerebro (es decir, la mente) procesa y digiere los elementos inmateriales de este mundo (porque no sólo de pan vive el hombre). Por medio de la digestión, procesamos elementos materiales de este mundo. La digestión abarca, pues:

1. Captación del mundo exterior en forma de elementos materiales.
2. Diferenciación entre lo asimilable y lo no asimilable.

3. Asimilación de las sustancias asimilables.
4. Expulsión de lo no digerible.

Antes de ocuparnos más detenidamente de los problemas que pueden presentarse durante la digestión, es conveniente considerar el simbolismo de la nutrición. Por los alimentos y comidas que prefiere cada cual pueden descubrirse muchas cosas (dime lo que comes y te diré quién eres). Será un buen ejercicio aguzar la mirada y la mente, de manera que, incluso en los procesos más habituales y rutinarios, podamos descubrir las relaciones —nunca fortuitas— que hay detrás de los fenómenos aparentes. Si a una persona le apetece algo determinado, ello expresa una preferencia y nos da un indicio sobre la personalidad del individuo. Cuando algo «no le apetece», esta aversión es tan reveladora como una respuesta a un test psicológico. El hambre se mueve por el afán de posesión, deseo de absorción, por una cierta codicia. Comer es satisfacer el deseo por medio de la ingestión, integración y asimilación.

El que tiene hambre de cariño y no puede saciarla, manifiesta este afán en el aspecto corporal en forma de hambre de golosinas. El hambre de golosinas siempre expresa un hambre de cariño no saciada. Queda patente el doble significado que se atribuye a lo dulce cuando de una chica guapa decimos que es un *bombón* y que está *para comérsela*. El amor y lo dulce tienen una estrecha relación. El deseo de golosinas en los niños es claro indicio de que no se sienten lo bastante amados. Los padres suelen protestar de semejante imputación diciendo que ellos «harían cualquier cosa por su hijo». Pero «hacer cualquier cosa» no es forzosamente lo mismo que «amar». El que come caramelos anhela amor y seguridad. Es más fiable esta regla que la valoración de la propia capacidad de amar. También hay padres que atiborran de golosinas a sus hijos, con lo que indican que no están dispuestos a ofrecer amor a sus hijos, por lo que tratan de compensarles de otro modo.

Las personas que realizan un trabajo intelectual y tienen que pensar mucho muestran preferencia por los alimentos salados y los platos fuertes. Los muy conservadores tienen predilección por los alimentos en conserva, especialmente los ahumados, y el té cargado que beben sin azúcar (en general, alimentos ricos en ácido tánico).

Los que gustan de comidas picantes denotan deseo de nuevas emociones. Son personas amantes de los desafíos, a pesar de que pueden ser indigestos, diametralmente opuestas a las que sólo comen cosas suaves: nada de sal ni especias. Estas personas rehúyen todo lo que sea novedad. Se desentienden de los retos y temen todo enfrentamiento. Este temor puede acentuarse hasta hacerles adoptar un régimen a base de papillas, como el del enfermo del estómago, acerca de cuya personalidad hablaremos más extensamente muy pronto. Las papillas son comida de bebé, lo que indica claramente que el enfermo del estómago ha experimentado una regresión hasta la indiferenciación de la infancia, en la que no se puede elegir ni cortar y hay que renunciar hasta a morder y masticar (actividades estas en exceso agresivas) la comida. Este individuo evita tragar alimentos sólidos.

Un temor exagerado a las espinas simboliza el miedo a las agresiones. La preocupación por los huesos, miedo a los problemas —no se quiere llegar al meollo de la cuestión—. Pero también existe el grupo contrario: los macrobióticos. Estas personas van en busca de problemas a los que hincar el diente. Quieren desentrañar las cosas y prefieren los alimentos duros. Llegan hasta evitar los aspectos placenteros: a la hora del postre, eligen algo duro de roer. Los macrobióticos denotan así cierto miedo al amor y la ternura y su incapacidad para aceptar el amor. Algunas personas llevan a tal extremo su afán de huir de los conflictos que acaban teniendo que ser alimentadas por vía intravenosa en una unidad de cuidados intensivos. Ésta es sin duda la forma más segura de vegetar sin tener que molestarse.

Los dientes

Los alimentos entran por la boca y en ella son triturados por los dientes. Con los dientes mordemos y masticamos. Morder es un acto muy agresivo, expresión de la capacidad de agarrar, sujetar y atacar. El perro enseña los dientes para demostrar su peligrosa agresividad; también nosotros decimos que vamos a «enseñar los dientes» a alguien cuando estamos decididos a defendernos. Una mala dentadura es indicio de que una persona tiene dificultad para manifestar su agresividad.

Esta relación se mantiene, a pesar de que hoy en día casi todo el mundo, incluso los niños, tiene caries. De todos modos, los síntomas colectivos no hacen sino señalar problemas colectivos. En todas las culturas socialmente desarrolladas de nuestra época, la agresividad se ha convertido en un grave problema. Se exige al ciudadano «adaptación social», lo que en realidad quiere decir: «represión de la agresividad». Esta agresividad reprimida de nuestro conciudadano, tan pacífico y socialmente adaptado, vuelve a salir a la luz del día en forma de «enfermedades» y, a la postre, afecta a la comunidad social tanto en esta forma pervertida como en su forma original. Por ello, las clínicas son los modernos campos de batalla de nuestra sociedad. Aquí la agresividad reprimida libra una lucha sin cuartel contra sus poseedores. Aquí las personas sufren los efectos de sus propias maldades que durante toda su vida no se atrevieron a descubrir en sí mismas y a modificar conscientemente.

A nadie debe sorprender que, en la mayoría de cuadros clínicos, nos tropecemos con la agresividad y la sexualidad. Son las dos problemáticas que el individuo de nuestro tiempo reprime con más fuerza. Quizá alguien argumentará que tanto la creciente criminalidad y la proliferación de la violencia como la ola de sexualidad desmiente nuestras palabras. A esto habría que responder que tanto la falta como la explosión de la agresividad son síntomas de represión. Una y otra no son sino fases distintas del mismo proceso. Cuando, en lugar de reprimir la agresividad, se le deja una parcela y se experimenta con esta energía, es posible integrar conscientemente la parte agresiva de la personalidad. Una agresividad integrada es energía y vitalidad al servicio de la personalidad total, que no caerá en los extremos de la mansedumbre empalagosa ni de las explosiones furibundas. Pero este término medio tiene que cultivarse. Para ello debe ofrecerse al individuo la posibilidad de madurar por la experiencia. La agresividad reprimida sólo sirve para alimentar la sombra con la que habrá que lidiar después, cuando se presente bajo la forma pervertida de la enfermedad. Lo mismo puede decirse de la sexualidad y de todas las demás funciones psíquicas.

Volvamos a los dientes, que tanto en el cuerpo del animal como en el del ser humano representan agresividad y capacidad de dominio (*abrirse paso a dentelladas*). Generalmente, suele atribuirse la magnífica dentadura de algunos pueblos primitivos a la alimentación natural. Pero es que estos pueblos tratan la agresividad de formas muy diferentes. De todos modos, dejando aparte la problemática colectiva, el estado de los dientes también es revelador a escala individual. Además de la ya mentada agresividad, los dientes nos indican nuestra vitalidad (agresividad y vitalidad son sólo dos aspectos de una misma fuerza, y no obstante uno y otro concepto suscitan en nosotros asociaciones diferentes). Veamos la expresión: «A caballo regalado no le mires el diente.» El refrán se refiere a la costumbre de mirar la boca al caballo que se va a comprar, para calcular la edad y vitalidad del animal por el estado de los dientes. La interpretación psicoanalítica de los sueños atribuye al sueño de la caída de los dientes una pérdida de energía y potencia.

Hay personas que hacen rechinar los dientes mientras duermen, algunas con tanta fuerza que hay que ponerles un aparato en la boca para que no se los desgasten de tanto rechinar. El simbolismo está claro. El *rechinar de dientes* es sinónimo reconocido de agresividad impotente. El que durante el día no puede ceder al deseo de morder, tiene que rechinar los dientes por la noche hasta desgastarlos y dejarlos romos...

El que tiene mala dentadura carece de vitalidad, de la capacidad de *hincarle el diente* a un problema. Por lo tanto, todo le resultará *duro de roer*. Los anuncios de dentífricos describen el objetivo con las palabras «¡... dientes sanos y fuertes para morder mejor!».

La «tercera dentadura» permite simular una vitalidad y una energía de las que el individuo carece. Esta prótesis, como todas, es un engaño. Puede compararse a un aviso de «¡Cuidado con el perro!» que pusiera en la verja del jardín el dueño de un perrito faldero. Una dentadura postiza es sólo un «mordiente» comprado.

Las encías son la base de los dientes, su lecho. Las encías representan también la base de la vitalidad y agresividad, confianza y seguridad en sí mismo. La persona que carece de esta confianza y seguridad nunca conseguirá afrontar sus problemas de forma activa y vital, nunca tendrá valor para cascar las nueces duras ni militar activamente. La confianza es lo que proporciona el necesario soporte a esta facultad, del mismo modo que la encía soporta los dientes. Pero las encías sensibles que sangran con facilidad no sirven para ello. La sangre es símbolo de vida, y la encía sangrante nos indica cómo, a la menor contrariedad, se le va la vida a la confianza y a la seguridad en sí mismo.

Tragar

Una vez triturados los alimentos con los dientes, los ensalivamos y los tragamos. Con el acto de tragar integramos, admitimos: tragar es incorporar. Mientras tenemos algo en la boca podemos escupirlo. Una vez lo hemos tragado, el proceso es difícilmente reversible. Los trozos grandes son difíciles y hasta imposibles de tragar. A veces, en la vida uno tiene que tragar algo contra su voluntad, por ejemplo, un despido. Hay malas noticias que son difíciles de tragar.

Precisamente en estos casos, un poco de líquido puede facilitar la operación, especialmente si se trata de *un buen trago*. Del alcohólico se dice que *traga* mucho. Por lo general, el trago alcohólico sirve para facilitar o, incluso, sustituir otros tragos. Se traga alcohol porque en la vida hay otras cosas que uno no puede ni quiere tragar. Así, el alcohólico sustituye la comida por la bebida (beber mucho provoca pérdida del apetito), sustituye el trago duro y sólido por el suave y líquido, el trago de la botella.

Hay numerosos trastornos de la deglución, por ejemplo, el nudo en la garganta o unas anginas, que producen la sensación de *no poder tragar*. En estos casos, el afectado debe preguntarse: ¿Qué hay actualmente en mi vida que yo no pueda o no quiera tragar? Entre estos trastornos figura el de la «aerofagia», afección que impulsa a tragar aire. Huelgan más explicaciones para descubrir lo que ocurre en estos casos. Hay algo que uno no quiere tragar, no quiere asimilar, pero disimula tragando aire. Esta resistencia encubierta contra la deglución se manifiesta después con eructos y ventosidades (literalmente: «peerse en algo»).

Náuseas y vómitos

Una vez hemos tragado el alimento, éste puede resultar *indigesto*, como si tuviéramos *una piedra en el estómago*. Ahora bien, la piedra, al igual que el hueso de la fruta, es símbolo de problema. Todos sabemos cómo puede bloquearnos el estómago y quitarnos el apetito un problema. El apetito depende en gran medida de la situación psíquica. Hay multitud de expresiones que señalan esta analogía entre los procesos psíquicos y somáticos: *Eso me ha quitado el apetito,* o: *Sólo de pensarlo me da mareo.* O también: *Nada más verlo se me revuelve el estómago.* El mareo señala rechazo de algo que, por lo tanto, *se nos sienta en la boca del estómago.* También comer desordenada y atropelladamente puede producir mareo. Ello no ocurre sólo en el plano físico sino que una persona también puede tratar de embutir en su mente demasiadas cosas a la vez y provocarse una indigestión.

La náusea culmina en el vómito del alimento. El individuo se libra de las cosas e impresiones que rechaza, que no quiere asimilar. El vómito es una expresión categórica de defensa y repudio. Así el pintor judío Max Liebermann decía refiriéndose al estado de la política y del arte en Alemania después de 1933: «¡No puedo comer todo lo que me gustaría vomitar!»

Vomitar es «no aceptar». Esta relación se expresa claramente en los vómitos del embarazo. Aquí se expresa el rechazo inconsciente de la criatura o del semen que la mujer no quiere «incorporar». Siguiendo el razonamiento, los vómitos del embarazo también pueden expresar un rechazo de la función femenina (la maternidad).

El estómago

El lugar al que a continuación llega el alimento (no vomitado) es el estómago, cuya primera función es la de servir de recipiente. Él recibe todas las impresiones que vienen del exterior, lo que hay que digerir. La capacidad de recibir exige apertura, pasividad y capacidad de entrega. En virtud de estas propiedades, el estómago representa el polo femenino. Mientras que el principio masculino está caracterizado por la facultad de irradiar y por la actividad (elemento fuego), el principio femenino engloba la capacidad de aceptación, la abnegación, la sensibilidad y la facultad de recibir y guardar (elemento agua). Lo que representa el elemento femenino en el terreno psíquico es la sensibilidad, el mundo de la percepción. Si un individuo reprime en la mente la capacidad de sentir, esta función pasa al cuerpo, y el estómago, además de los alimentos, tiene que admitir y digerir los sentimientos. En este caso, no es que el *amor pase por el estómago* sino que sentimos *un peso en el estómago* que más tarde o más temprano se manifestará como adiposidad.

Además de la facultad de recibir, en el estómago hallamos otra función, correspondiente ésta al polo masculino: producción de ácidos. Los ácidos atacan, corroen, descomponen: son inequívocamente agresivos. Una persona que sufre un disgusto dirá: *Estoy amargado.* Si la persona no consigue vencer este furor conscientemente o transmutarlo en agresión y *se traga el mal humor,* o *traga bilis,* su agresividad y su amargura se somatizan en ácidos estomacales. El estómago reacciona produciendo un ácido agresivo con el que pretende modificar y digerir unos sentimientos no materiales, empresa difícil y molesta que nos recuerda que no es conveniente tragarse el mal humor ni obligar al estómago a digerirlo. El ácido jugo gástrico aumenta porque quiere imponerse.

Pero esto acarrea problemas al enfermo del estómago, que carece de la capacidad de enfrentarse conscientemente con su mal humor y su agresividad, para resolver de modo responsable conflictos y problemas. El enfermo del estómago o no exterioriza su agresividad (se la traga) o demuestra una agresividad exagerada, pero ni un extremo ni el otro le ayudan a resolver el problema realmente, ya que carece de confianza y seguridad en sí mismo, sentimiento indispensable para que el individuo resuelva su problema, carencia a la que aludimos al tratar del tema dientes-encías. Todo el mundo sabe que el alimento mal masticado es difícilmente tolerable por un estómago excitado y con exceso de ácidos. Pero la masticación es agresión. Y cuando falta una buena masticación el estómago tiene que trabajar más y producir más ácidos. El enfermo del estómago es una persona que rehúye conflictos. Inconscientemente, añora la plácida niñez. Su estómago pide papilla. Y el enfermo del estómago se alimenta de cosas que han sido tamizadas por el pasapurés y que, por lo tanto, han demostrado ser inofensivas. Puede haber grumos. Los problemas se han quedado en el tamiz. El enfermo del estómago no tolera los alimentos crudos, por bastos, primitivos y peligrosos. Antes de que él se atreva con los alimentos, éstos tienen que ser sometidos al agresivo proceso de la cocción. El pan integral es indigesto, porque aún contiene muchos problemas. Todos los alimentos sabrosos, el alcohol, el café, la nicotina y los dulces representan un estímulo excesivo para el enfermo del estómago. La vida y la comida tienen que estar exentas de desafíos. El ácido gástrico produce una sensación de opresión que impide registrar nuevas impresiones.

La ingestión de medicamentos antiácidos suele provocar eructos, con el consiguiente alivio, ya que eructar es una manifestación agresiva hacia el exterior. Con esto uno ha hecho disminuir un poco la presión. La terapia que suele aplicar la medicina académica (por ejemplo, Valium) refleja la misma relación: el medicamento interrumpe químicamente la unión entre la mente y el sistema vegetativo (llamado desacoplamiento psicovegetativo); paso que, en casos graves, se realiza también quirúrgicamente extirpando al enfermo de úlcera ciertas ramas nerviosas encargadas de la producción de ácidos (vagotomía). En ambos tratamientos prescritos por la medicina académica se corta la unión sentimiento-estómago, a fin de que el estómago no tenga que seguir digiriendo somáticamente los sentimientos. El estómago es desconectado de los estímulos exteriores. La estrecha relación existente entre la mente y la secreción gástrica es bien conocida desde los experimentos de Pavlov. (Por el procedimiento de hacer sonar una campana en el momento de poner la comida a los perros, Pavlov consiguió crear en los animales un reflejo condicionado, de manera que al cabo de algún tiempo bastaba el sonido de la campana para desencadenar la secreción gástrica que normalmente provoca la visión de la comida.)

La actitud básica de proyectar los sentimientos y la agresividad no hacia fuera sino hacia dentro, contra uno mismo, provoca finalmente la úlcera de estómago. La úlcera es una llaga que se forma en la pared del estómago. El enfermo de úlcera, en lugar de digerir las impresiones del exterior, digiere el propio estómago. En rigor se trata de autofagia. El enfermo de estómago tiene que aprender a tomar conciencia de sus sentimientos, afrontar conscientemente los conflictos y digerir conscientemente las impresiones. Además, el paciente de úlcera debe admitir y reconocer sus deseos de dependencia infantil, de la protección materna y el afán de ser querido y mimado, incluso y precisamente cuando estos deseos estén bien disimulados tras una fachada de independencia, autoridad y aplomo. También aquí el estómago revela la verdad.

TRASTORNOS ESTOMACALES Y DIGESTIVOS

Las personas aquejadas de trastornos estomacales y digestivos deben hacerse las preguntas siguientes:

1. ¿Qué es lo que no puedo o no quiero tragar?
2. ¿Me consumo interiormente?
3. ¿Cómo llevo mis sentimientos?
4. ¿Qué me amarga?
5. ¿Cómo llevo mi agresividad?
6. ¿En qué medida huyo de los conflictos?
7. ¿Hay en mí una añoranza reprimida de un paraíso infantil sin conflictos en el que se me quería y mimaba sin que yo tuviera que abrirme paso a mordiscos?

Intestino delgado e intestino grueso

En el intestino delgado se produce la digestión propiamente dicha, mediante división en componentes (análisis) y asimilación. Llama la atención el parecido existente entre el intestino delgado y el cerebro. Ambos tienen una misión similar: el cerebro digiere las impresiones en el plano mental y el intestino digiere las sustancias materiales. Las afecciones del intestino delgado suscitan la pregunta de si el individuo no estará analizando demasiado, ya que la función característica del intestino delgado es el análisis, la división, el detalle. Las personas con afecciones del intestino delgado suelen tender a un exceso de análisis y crítica, de todo tienen algo que decir. El intestino delgado es también un buen indicador de las angustias vitales; en el intestino delgado el alimento es valorado y «aprovechado». En el fondo de la preocupación por la valoración está la angustia vital, angustia de no recibir lo suficiente y morir de hambre. Más raramente, los problemas del intestino delgado pueden denotar también lo contrario: falta de capacidad de crítica. Éste es el caso de las llamadas [Fettstuhlen] de la insuficiencia pancreática.

Uno de los síntomas que con más frecuencia se dan en la zona del intestino delgado es la diarrea. Vulgarmente se dice: *Está cagado* y también *Ése de miedo se lo hace en los pantalones*. Estar cagado significa tener miedo. En la diarrea tenemos la indicación de una problemática de angustia. El que tiene miedo no se entretiene en estudiar analíticamente las impresiones sino que las suelta sin digerir. No hay más remedio. Uno se retira a un lugar tranquilo y solitario donde puede dejar que *las cosas sigan su curso*. Con ello se pierde mucho líquido, ese líquido símbolo de la flexibilidad que sería necesaria para ampliar la angustiosa frontera del Yo y con ello vencer el miedo. Ya hemos dicho que el miedo siempre está asociado con lo estrecho y con el afán de aferrarse. La terapia del miedo consiste siempre en: soltarse y expandirse, adquirir flexibilidad, observar los acontecimientos: ¡dejarlo correr! El tratamiento de la diarrea suele limitarse a administrar al enfermo gran cantidad de líquidos. Con ello recibe simbólicamente esa fluidez que necesita para ampliar sus horizontes, en los que experimenta el miedo. La diarrea, ya sea crónica o aguda, nos indica siempre que tenemos miedo y que tratamos de aferrarnos, y nos enseña a soltar y dejar correr.

En el intestino grueso, la digestión ya ha terminado. Aquí lo único que se hace es extraer el agua del resto de los alimentos indigestibles. La afección más generalizada que se produce en esta zona es el estreñimiento. Desde Freud, el psicoanálisis interpreta la defecación como un acto de dar y regalar. Para darnos cuenta de que simbólicamente la deposición tiene algo que ver con el dinero basta recordar una expresión común en Alemania de *Geldschieser* (caga-dinero) y el cuento del asno de oro que, en lugar de estiércol, defecaba monedas de oro. Popularmente también se asocia el pisar deposiciones de perro con la perspectiva de recibir una suma de dinero. Estas indicaciones deben bastar para poner de manifiesto, sin recurrir a complicadas teorías, la relación simbólica existente entre excremento y dinero o entre defecar y dar. Estreñimiento es expresión de la resistencia a dar, del afán de retener y está relacionado con la problemática de la avaricia. En nuestra época el estreñimiento es un síntoma muy extendido que padece la mayor parte de la gente. Indica claramente un exagerado afán de aferrarse a lo material y la incapacidad de ceder.

Pero al intestino grueso corresponde otro importante significado simbólico. Si el intestino delgado se relaciona con el pensamiento analítico consciente, el intestino grueso corresponde al inconsciente, en el sentido literal, al «submundo». El inconsciente es, desde el punto de vista mitológico, el reino de los muertos. El intestino grueso es también un reino de los muertos, ya que en él se encuentran las sustancias que no pueden ser convertidas en vida, es el lugar en el que puede producirse la fermentación. La fermentación es también un proceso de putrefacción y muerte. Si el intestino grueso simboliza el inconsciente, el lado nocturno del cuerpo, el excremento representa el contenido del inconsciente. Y ahora reconocemos claramente el otro significado del estreñimiento: es el miedo a dejar salir a la luz el contenido del inconsciente. Es la tentativa de retener fondos reprimidos. Las impresiones espirituales se acumulan y uno no consigue distanciarse de ellas. El paciente estreñido, literalmente, no puede dejar nada tras de sí. Por ello para la psicoterapia es de gran utilidad desbloquear el contenido del inconsciente haciendo que se manifieste, del mismo modo que se desbloquea el atasco corporal. El estreñimiento nos indica que tenemos dificultades para dar y soltar, que queremos retener tanto las cosas materiales como el contenido del inconsciente y no queremos que nada *salga a la luz*. Se llama colitis ulcerosa a una inflamación del intestino grueso que se manifiesta en forma aguda y tiende a hacerse crónica, y produce dolores y frecuentes deposiciones de mucosidades sanguinolentas. También aquí la voz popular demuestra sus grandes conocimientos psicosomáticos: en alemán se llama vulgarmente *Schleimscheisser o Schleimer,* es decir, «caga-moco», al individuo hipócrita, obsequioso y adulador capaz de todo por congraciarse, incluso de sacrificar su personalidad, de renunciar a su vida propia a fin de vivir la vida de otro en una especie de unidad simbiótica. La sangre y la mucosidad son sustancias vitales, símbolos de la vida. (Los mitos de numerosos pueblos primitivos cuentan que la vida surgió del lodo o mucílago.) Sangre y moco pierde el que teme asumir su propia vida y su propia personalidad. Vivir la propia vida, empero, exige distanciarse del otro, lo cual provoca cierta soledad (pérdida de la simbiosis). De esto tiene miedo el que padece colitis. De miedo *suda sangre y agua* por el intestino. Por el intestino (= el inconsciente) ofrece en sacrificio los símbolos de su propia vida: sangre y moco. Sólo puede ayudarle reconocer que cada cual ha de vivir su propia vida de forma responsable, porque, si no, la pierde.

El páncreas

El páncreas forma parte del aparato digestivo y tiene dos funciones principales: la exocrina, que consiste en la producción de los jugos gástricos esenciales, de carácter eminentemente agresivo, y la endocrina. Mediante la función endocrina, el páncreas produce la insulina. El déficit de producción de estas células da lugar a una afección muy frecuente: la diabetes (azúcar en la sangre). La palabra *diabetes* se deriva del verbo griego *diabainain*, que significa *echar* o *pasar a través*. En un principio, en Alemania, se llamó a esta enfermedad *Zuckerharnruhr*, es decir, literalmente, *diarrea de azúcar*. Si recordamos el simbolismo de la alimentación expuesto al principio de este capítulo, podemos traducir libremente la *diarrea de azúcar* por *diarrea del amor*. El diabético (por falta de insulina) no puede asimilar el azúcar contenido en los alimentos; el azúcar escapa de su cuerpo con la orina. Sólo sustituyendo la palabra *azúcar* por la palabra *amor* habremos expuesto con claridad el problema del diabético. Las cosas dulces no son sino sucedáneo de otras dulzuras. Detrás del deseo del diabético de saborear cosas dulces y su incapacidad para asimilar el azúcar y almacenarlo en las propias células está el afán no reconocido de la realización amorosa, unido a la incapacidad de aceptar el amor, de abrirse a él. El diabético —y esto es significativo— tiene que alimentarse de «sucedáneos»: sucedáneos para satisfacer unos deseos auténticos. La diabetes produce la hiperacidulación o avinagramiento de todo el cuerpo y puede provocar incluso un coma. Ya conocemos estos ácidos, símbolo de la agresividad. Una y otra vez, nos encontramos con esta polaridad de amor y agresividad, de azúcar y ácido (en mitología: Venus y Marte). El cuerpo nos enseña: el que no ama se agria; o, formulado más claramente: el que no sabe disfrutar se hace insoportable.

Sólo puede recibir amor el que es capaz de darlo: el diabético da amor sólo en forma de azúcar en la orina. El que no se deja impregnar no retiene el azúcar. El diabético quiere amor (cosas dulces), pero no se atreve a buscarlo activamente («¡A mí lo dulce no me conviene!»). Pero lo desea («¡Qué más quisiera, pero no puedo!»). No puede recibir, puesto que no aprendió a dar, y por lo tanto no retiene el amor en el cuerpo: no asimila el azúcar y tiene que expulsarlo. ¡Cualquiera no se amarga!

El hígado

No es fácil examinar el hígado, órgano encargado de múltiples funciones. Es uno de los más grandes del ser humano y el principal del metabolismo intermediario, o —expresado gráficamente— el laboratorio de la persona. Repasemos de forma esquemática sus funciones más importantes:

1. Almacenamiento de energía: el hígado produce glucógeno (fuerza) y lo almacena (unas quinientas kilocalorías). Además, transforma en grasa los hidratos de carbono ingeridos, los cuales son almacenados en los depósitos distribuidos por el cuerpo.
2. Producción de energía: con los aminoácidos y grasas ingeridos con la alimentación, el hígado produce glucosa (= energía). Las grasas van al hígado donde son utilizadas en la combustión para la obtención de energía.
3. Metabolismo de la albúmina: el hígado puede tanto desintegrar los aminoácidos como sintetizarlos. Por ello, el hígado es el elemento de unión entre la albúmina (proteína) del reino animal y vegetal procedente de los alimentos y la del ser humano. La albúmina de cada especie es totalmente individual, pero los elementos que la componen, los aminoácidos, son universales (ejemplo: casas diferentes [albúmina] construidas con idénticos ladrillos [aminoácidos]). Las diferencias entre la albúmina de los vegetales, los animales y los humanos consisten en la ordenación de los aminoácidos; el orden de los aminoácidos está codificado en el ADN.
4. Desintoxicación: las toxinas, tanto las del cuerpo como las ajenas a él, son desactivadas e hidrolizadas en el hígado, para poder ser eliminadas por la vesícula o los

riñones. También la bilirrubina (producto de la desintegración de la hemoglobina, el colorante de la sangre) debe ser transformada en el hígado para poder ser eliminada. La perturbación de este proceso produce la ictericia. Finalmente, el hígado sintetiza la urea, que es eliminada por los riñones.

Hasta aquí, una rápida ojeada a las funciones más importantes del polifacético hígado. Empecemos nuestra interpretación simbólica por el punto citado en último lugar: la desintoxicación. La capacidad del hígado para desintoxicar presupone la facultad de diferenciación y valoración, porque quien no puede diferenciar lo que es tóxico de lo que no lo es, no puede desintoxicar. Los trastornos y afecciones del hígado, por lo tanto, denotan problemas de valoración, es decir, señalan una clasificación errónea de lo que es beneficioso y lo que es perjudicial (¿alimento o veneno?). Es decir, mientras la valoración de lo que es tolerable y cuanto se puede procesar y digerir se efectúa correctamente, nunca se producen excesos. Y son los excesos los que hacen enfermar al hígado: exceso de grasas, exceso de comida, exceso de alcohol, exceso de drogas, etc. Un hígado enfermo indica que el individuo ingiere con exceso algo que supera su capacidad de proceso, denota inmoderación, exageradas ansias de expansión e ideales demasiado ambiciosos. El hígado es el proveedor de energía. El enfermo del hígado pierde esta energía y vitalidad: pierde su potencia, pierde el apetito. Pierde el ánimo para todo aquello que tenga que ver con las manifestaciones vitales, y así el mismo síntoma corrige y compensa el problema, creado por el exceso. Es la reacción del cuerpo a la incontinencia y a la megalomanía y exhorta a la moderación. Al dejar de formarse coagulante, la sangre —savia vital— se hace muy fluida y se le escurre al paciente. Por la enfermedad, el paciente aprende moderación, sosiego, continencia y abstinencia (sexo, comida y bebida), proceso que ilustra claramente la hepatitis.

Por otra parte, el hígado tiene una marcada relación simbólica con el terreno filosófico y religioso, afinidad quizá difícil de apreciar para muchos. Recordemos la síntesis de la albúmina. La albúmina es la piedra angular de la vida. Se compone de aminoácidos. El hígado produce la albúmina humana a partir de la albúmina animal y vegetal contenida en la alimentación, cambiando el orden de los aminoácidos (esquema). En otras palabras: el hígado, conservando los componentes (aminoácidos), modifica la estructura espacial, con lo que determina un salto cualitativo, es decir, un salto evolutivo desde el reino vegetal y animal al humano: pero, al mismo tiempo, se mantiene la identidad de los componentes, asegurando así la unión con el origen. La síntesis de la albúmina es, a escala microcósmica, un proceso equivalente a lo que en el macrocosmos se llama evolución. Mediante modificación del modelo con los elementos originales, se crea la infinita diversidad de las formas. En virtud de la homogeneidad del «material», todo permanece ligado entre sí, por lo cual los sabios enseñan que todo está en uno y uno está en todo (*pars pro toto*).

Otra forma de expresión de esta idea es *religio*, literalmente «religazón». La religión busca la reunión con el principio, con el punto de partida, con el Todo y el Uno, y lo encuentra, porque la pluralidad que nos separa de la unidad no es, en definitiva, más que la ilusión (maja), nacida del juego de la distinta ordenación de unas mismas esencias. Por ello sólo puede hallar el camino del origen aquel que no se deja engañar por la ilusión de las formas. La pluralidad y la unidad: en este campo de tensión actúa el hígado.

ENFERMEDADES HEPÁTICAS

El enfermo del hígado debe plantearse las siguientes preguntas:

1. ¿En qué órdenes he perdido la facultad de valorar con precisión?
2. ¿Cuándo soy incapaz de distinguir entre lo que puedo asimilar y lo que es «tóxico» para mí?
3. ¿Cuándo he sido incapaz de moderarme, cuándo he tratado de volar demasiado alto (megalomanía), cuándo «me he pasado»?
4. ¿Me preocupo del tema de mi «religión», mi re-ligazón, con el origen, o acaso la multiplicidad me impide ver la unidad? ¿Ocupan en mi vida los temas filosóficos una parcela muy pequeña?
5. ¿Me falta confianza?

La vesícula biliar

La vesícula almacena la bilis producida por el hígado. Pero con frecuencia los conductos biliares están obstruidos por cálculos y la bilis no puede llegar a la digestión. La bilis es símbolo de agresividad, tal como nos dice el lenguaje corriente.

Decimos: *Ése viene escupiendo bilis*, y el «colérico» es así llamado a causa de la biliosa agresividad que almacena.

Llama la atención que los cálculos biliares sean más frecuentes entre las mujeres, mientras que entre los hombres se den más a menudo los de riñón, como corresponde al polo opuesto. Más aún, los cálculos biliares son más frecuentes entre las mujeres casadas y con hijos que entre las solteras. Estas observaciones estadísticas quizá puedan facilitar nuestra interpretación. La energía quiere fluir. Si se obstaculiza el flujo, se produce una acumulación. Si la acumulación se mantiene durante mucho tiempo, la energía tiende a solidificarse. Las sedimentaciones y concreciones que se producen en el cuerpo humano siempre son manifestación de energía coagulada. Los cálculos biliares son agresividad petrificada. (Energía y agresividad son conceptos casi idénticos. Hay que señalar que nosotros no atribuimos una valoración negativa a palabras tales como agresividad: la agresividad nos es tan necesaria como la bilis o los dientes.)

Por ello, no es de extrañar la gran incidencia de los cálculos biliares en las madres de familia. Estas mujeres sienten su familia como una estructura que les impide dar libre curso a su energía y agresividad. Las situaciones familiares se viven como una coerción de la que la mujer no se atreve a librarse: las energías se coagulan y petrifican. Con el cólico, el paciente es obligado a hacer todo aquello que hasta ahora no se atrevió a hacer: con las convulsiones y los gritos se libera mucha energía reprimida. ¡La enfermedad da sinceridad!

La anorexia nerviosa

Vamos a cerrar el capítulo sobre la digestión con una enfermedad típicamente psicosomática que extrae su encanto de la combinación de peligrosidad y originalidad (de todos modos, causa la muerte de un veinte por ciento de las pacientes): la anorexia. En esta enfermedad se manifiestan con especial claridad la paradoja y la ironía que entraña toda enfermedad: una persona se niega a comer porque no tiene apetito, y se muere sin llegar a sentirse enferma. ¡Es fabuloso! A los familiares y los médicos de estos pacientes les cuesta trabajo mostrarse tan fabulosos. En la mayoría de casos, se esfuerzan con ahínco en convencer al afectado de las ventajas de la alimentación y de la vida, llevando su amor al prójimo hasta la intubación. (Quien sea incapaz de apreciar la comicidad del caso debe de ser un mal espectador del gran teatro del mundo.)

La anorexia se da casi exclusivamente entre las mujeres. Es una enfermedad típicamente femenina. Las pacientes, la mayoría en la pubertad, se distinguen por sus peculiares hábitos de alimentación o de «desnutrición»: se niegan a ingerir alimentos, actitud motivada —consciente o inconscientemente— por el afán de estar delgadas.

De todos modos, a veces, esta rotunda negativa a comer se trueca en todo lo contrario: cuando están solas y saben que nadie puede verlas, engullen enormes cantidades de alimentos. Son capaces de vaciar el frigorífico por la noche, comiendo todo lo que encuentran. Pero no quieren retener el alimento dentro del cuerpo y se provocan el vómito. Ponen en práctica todas las estratagemas imaginables para engañar a su preocupada familia acerca de sus hábitos. Suele ser muy difícil averiguar lo que una paciente come en realidad y lo que deja de comer, cuándo sacia su hambre canina y cuándo no.

Cuando comen, prefieren cosas que casi no pueden considerarse «comida»: limones, manzanas verdes, ensaladas ácidas, es decir, cosas con pocas calorías y escaso valor alimenticio. Además, estas pacientes suelen tomar laxantes, a fin de librarse cuanto antes de lo poco que comen. Tienen también mucha necesidad de movimiento. Dan largos pasos y carreras para quemar una grasa que no han ingerido, lo cual, dada la debilidad general de las pacientes, es realmente asombroso. Llama la atención el altruismo de las anoréxicas que las hace cocinar con primor para los demás. No les importa guisar, servir y ver comer a los demás, con tal de que no las obliguen a acompañarles. Por lo demás, gustan de la soledad. Muchas anoréxicas o no menstrúan o tienen problemas con la regla.

Repasando los síntomas, detrás de esta patología encontramos afán de ascetismo. En el fondo está el antiguo conflicto entre espíritu y materia, arriba y abajo, pureza e instinto. La comida alimenta el cuerpo, es decir, el reino de las formas. La negativa a comer es la negación de la fisiología. El ideal del anoréxico es la pureza y la espiritualidad. Desea librarse de todo lo grosero y corporal, escapar de la sexualidad y del instinto. El objetivo es la castidad y la condición asexuada. Para conseguirlo, hay que estar lo más delgada posible, porque si no, aparecerían en el cuerpo unas curvas reveladoras de su feminidad. Y ella no quiere ser mujer.

No sólo se tiene miedo a las curvas por ser femeninas, es que, además, un vientre abultado recuerda la posibilidad del embarazo. El repudio de la propia feminidad y de la sexualidad se manifiesta, también, en la falta de la regla. El ideal supremo de la anoréxica es la desmaterialización. Hay que apartarse de todo lo que tiene que ver con lo bajo y material.

Desde la perspectiva de semejante ideal de ascetismo, el anoréxico no se considera enfermo ni admite medidas terapéuticas dirigidas únicamente al cuerpo, ya que precisamente del cuerpo quiere apartarse. En el hospital, burla la alimentación forzada escamoteando con habilidad, por medios cada vez más refinados, todos los alimentos que se le dan. Rechaza toda ayuda y persigue denodadamente su ideal de dejar tras de sí todo lo corporal, en aras de la espiritualidad. La muerte no se considera amenaza, ya que es precisamente lo que está vivo lo que tanta angustia provoca. Todo lo redondo, suave, femenino, fértil, instintivo y sexual inspira temor; se tiene miedo a la proximidad y el calor. Por ello, las personas que sufren anorexia nerviosa no suelen comer con otras personas. Reunirse alrededor de una mesa para comer juntos es, en todas las culturas, un ritual antiquísimo que fomenta cálida cordialidad y compenetración. Pero precisamente esta compenetración es lo que da miedo a la anoréxica.

Este miedo es alimentado desde la sombra de la paciente, sombra en la que, anhelantes, esperan realizarse los temas que la paciente rehúye con tanto empeño en su vida consciente. La enferma tiene hambre de vida pero, por temor a ser arrastrada por ella, trata de desterrarla por medio del síntoma. De vez en cuando, el hambre reprimida y combatida se impone mediante un acceso de gula. Y devora a escondidas. Después, este «desliz» será neutralizado con el vómito provocado. Por lo tanto, la enferma no encuentra el punto intermedio en su conflicto entre la gula y el ascetismo, entre el hambre y el ayuno, entre el egocentrismo y la abnegación. Detrás del altruismo encontramos siempre un egocentrismo disimulado que se aprecia enseguida en el trato con estas pacientes. Uno ansía atención y la consigue por medio de la enfermedad. El que se niega a comer esgrime un poder insospechado sobre los demás que, angustiados y desesperados, creen su deber obligarle a comer y seguir viviendo. Con este truco, ya los niños pequeños pueden meter a toda la familia en un puño.

Al que padece anorexia nerviosa no se le puede ayudar con la alimentación forzada sino, a lo sumo, tratando de hacer que sea sincero consigo mismo. La paciente tiene que aprender a aceptar su ansia de amor y de sexo, su egocentrismo, su feminidad, sus instintos y su carnalidad. Debe comprender que no podemos superar lo terreno combatiéndolo ni reprimiéndolo sino que únicamente podemos transmutarlo integrándolo y viviéndolo. Muchas personas pueden sacar enseñanzas del cuadro patológico de la anorexia. No son sólo estos enfermos los que, con una filosofía exigente, tratan de reprimir los deseos del cuerpo, generadores de ansiedad, y de llevar una vida pura y espiritual. Estas personas pasan por alto con facilidad que el ascetismo suele proyectar una sombra, y la sombra se llama deseo.

V
LOS ÓRGANOS SENSORIALES

Los órganos sensoriales son las puertas de la percepción. A través de los órganos sensoriales nos comunicamos con el mundo exterior. Son las ventanas del alma a las que nos asomamos, en definitiva, para vernos a nosotros mismos. Porque ese mundo exterior que «sentimos» y en cuya incuestionable realidad tan firmemente creemos, en realidad no existe.

Vayamos por partes. ¿Cómo funciona nuestra percepción? Cada acto de percepción sensorial puede reducirse a una información producida por la modificación de las vibraciones de las partículas. Miramos, por ejemplo, una barra de hierro y observamos que es negra, la tocamos y notamos que está fría, olemos su olor característico y percibimos su dureza. Calentemos la barra con un soplete y veremos que su color cambia y que se pone roja e incandescente, notaremos el calor que despide y observaremos su ductilidad. ¿Qué ha pasado? Sólo que hemos conducido a la barra una energía que ha provocado el aumento de la velocidad de las partículas. Esta aceleración de las partículas ha provocado cambios en la percepción que describimos con las palabras «rojo», «caliente», «flexible», etc.

Este ejemplo nos indica claramente que nuestra percepción se basa en la frecuencia de la oscilación de las partículas. Las partículas llegan a unos receptores especiales de nuestros órganos de percepción, donde provocan un estímulo que, por medio de impulsos químico-eléctricos, es conducido al cerebro a través del sistema nervioso y allí suscita una imagen compleja que nosotros catalogamos de «roja», «caliente», «olorosa», etc. Entran las partículas y sale una percepción compleja: entre lo uno y lo otro está la elaboración. ¡Y nosotros creemos que las imágenes complejas que nuestra mente elabora con las informaciones de las partículas existen realmente fuera de nosotros! Ahí reside nuestro error. Fuera no hay más que partículas, pero precisamente las partículas no las hemos percibido nunca. Desde luego, nuestra percepción depende de las partículas, pero nosotros no podemos percibirlas. En realidad, nosotros estamos rodeados de imágenes subjetivas. Desde luego, estamos convencidos de que los demás (¿existen los demás?) perciben lo mismo, en el caso de que ellos utilicen para la percepción las mismas palabras que nosotros; sin embargo, dos personas nunca pueden comprobar si ven lo mismo cuando dicen «verde». Estamos solos en la esfera de nuestras propias imágenes, pero cerramos los ojos a esta verdad.

Las imágenes parecen tan reales —tan reales como en los sueños—, pero sólo mientras dura el sueño. Un día uno se despierta de este sueño de cada día y se asombra de que este mundo que considerábamos tan real se diluya en la nada: maja, ilusión, velo que nos oculta la verdadera realidad. Quien haya seguido nuestra argumentación puede replicar que aunque el mundo exterior no exista con la forma que nosotros percibimos, existe un mundo exterior formado de partículas. Pues también esto es una ilusión. Porque en el plano de las partículas no se aprecia la divisoria entre el Yo y los demás, entre dentro y fuera. Mirando una partícula no se aprecia si me pertenece a mí o al entorno. Aquí no hay fronteras. Aquí todo es uno.

Precisamente éste es el significado del viejo principio esotérico «microcosmos = macrocosmos». Este «igual» tiene aquí exactitud matemática. El Yo (Ego) es la ilusión, la frontera artificial que sólo existe en la mente: hasta que el ser humano aprende a ofrecer en sacrificio este Yo y averigua, con asombro, que la temida «soledad» no es sino «ser uno con todo». Pero el camino de esta unión, la iniciación a la unidad, es largo y arduo. Sólo estamos unidos a este mundo aparente de la materia por nuestros cinco sentidos, como las cinco llagas que quedaron en Jesús después de que fuera clavado a la cruz del mundo material. Esta cruz sólo puede superarse convirtiéndola en vehículo del «renacimiento espiritual».

Al principio de este capítulo decimos que los órganos de los sentidos son las ventanas de nuestra alma por la que nos contemplamos a nosotros mismos. Lo que llamamos entorno o mundo exterior no es sino reflejo de nuestra alma. Un espejo nos permite mirarnos y reconocernos, porque nos muestra las zonas que sin el reflejo no podríamos ver. Es decir, que nuestro «entorno» es un medio grandioso que debe ayudarnos a conocernos a nosotros mismos. Dado que la imagen que aparece en el espejo no es siempre halagüeña —porque también nuestra sombra se refleja en él—, nos empeñamos en hacer distinciones entre nosotros y el mundo exterior y protestar que nosotros «no tenemos nada que ver con eso». Sólo ahí reside el peligro. Nosotros proyectamos al exterior nuestra forma de ser y creemos en la independencia de nuestra proyección. Luego, omitimos interiorizar la proyección y aquí empieza la era de la asistencia social en la que todos se ayudan mutuamente y nadie se ayuda a sí mismo. Para nuestra toma de conciencia, necesitamos el reflejo que viene de *fuera*. Pero, si queremos estar sanos y enteros, no debemos dejar de admitir dentro de nosotros mismos esa proyección. La mitología judaica nos expone el tema con la imagen de la creación de la mujer. A Adán, criatura perfecta y andrógina, se le quita un costado (Lutero traduce «costilla») al que se da forma independiente. Ahora falta a Adán una mitad que él ve como oponente en la proyección. Ha quedado incompleto y sólo podrá estar otra vez entero uniéndose a lo que le falta. Pero esto sólo puede realizarse por medio de lo *externo*. Si el ser humano deja de reintegrar gradualmente a lo largo de su vida aquello que percibe del exterior, cediendo a la tentadora ilusión de creer que el exterior no tiene nada que ver con él, entonces el destino empieza poco a poco a impedir la percepción.

Percibir equivale a tomar conciencia de la verdad. Esto sólo es posible si el ser humano se reconoce a sí mismo en todo lo que percibe. Si se le olvida, entonces las ventanas del alma, los órganos de los sentidos, poco a poco se empañan, pierden la transparencia y obligan al ser humano a volver su percepción hacia dentro. En la medida en que los órganos de los sentidos *dejan de funcionar*, el hombre aprende a mirar hacia dentro y a escuchar en su interior. El hombre es obligado a recogerse en sí mismo.

Existen técnicas de meditación por las que el ser humano se recoge voluntariamente: se cierran las puertas de los sentidos con los dedos de las dos manos: oídos, ojos y boca, y se medita sobre las percepciones sensoriales internas que, al que llega a adquirir cierta práctica, se le ofrecen como gusto, color y sonido.

Los ojos

Los ojos no sólo recogen impresiones del exterior sino que también dejan pasar algo de dentro afuera: en ellos se ven los sentimientos y estados de ánimo de la persona. Por ello, el individuo indaga en los ojos del otro y trata de leer en su mirada. Los ojos son espejo del alma. También los ojos derraman lágrimas y con ello revelan al exterior una situación psíquica interna. Hasta hoy, el diagnóstico por el iris utiliza el ojo únicamente como *espejo del cuerpo*, pero también es posible ver en el ojo el carácter y la idiosincrasia de una persona. También el *mal de ojo* y el *mirar con malos ojos* nos dan a entender que el ojo es un órgano que no sólo recibe sino que también proyecta. Los ojos actúan cuando *se le echa un ojo a alguien*. En el lenguaje popular se dice que *el amor es ciego*, frase que indica que los enamorados no ven claramente la realidad.

Las afecciones más frecuentes de los ojos son la miopía y la presbicia; la primera se manifiesta principalmente en la juventud, mientras que la última es un trastorno de la edad. Esta distinción es justa, ya que los jóvenes sólo acostumbran a ver lo inmediato y les falta la visión de conjunto o de alcance. La vejez se distancia de las cosas. Análogamente, la memoria de los viejos es incapaz de retener hechos recientes pero conserva un recuerdo exacto de sucesos lejanos.

La miopía denota una subjetividad exagerada. El miope lo ve todo desde su óptica y se siente personalmente afectado por cualquier tema. Hay gente que *no ve más allá de sus narices,* pero no por alargar menos esta limitada visión les permite conocerse mejor a sí mismos. Ahí radica el problema, porque el individuo debería aplicarse a sí mismo aquello que ve, para aprender a verse. Pero el proceso toma el signo contrario cuando la persona se queda encallada en la subjetividad. Esto, en definitiva, quiere decir que, si bien el individuo lo relaciona todo consigo mismo, se niega a verse y reconocerse a sí mismo en todo. Entonces la subjetividad desemboca en una susceptibilidad irritable u otras reacciones defensivas sin que la proyección llegue a resolverse.

La miopía compensa esta mala interpretación. Obliga al individuo a mirar de cerca su propio entorno. Acerca el enfoque a los ojos, a la punta de la nariz. Por lo tanto, la miopía denota, en el plano corporal, una gran subjetividad y, al mismo tiempo, desconocimiento de sí mismo. El conocimiento de nosotros mismos nos hace salir de la subjetividad. Cuando una persona no ve claro, la pregunta clave será: «¿Qué es lo que *no quiere* ver?» La respuesta siempre es la misma: «A sí mismo.»

La magnitud de la resistencia a verse uno mismo tal como es se manifiesta en el número de dioptrías de sus lentes. Los lentes son una prótesis y, por lo tanto, un engaño. Con ellos se rectifica artificialmente el destino y uno hace como si todo estuviera en orden. Este engaño se intensifica con las lentes de contacto, porque en este caso se pretende disimular incluso que uno no ve claro. Imaginemos que de la noche a la mañana se le quitan a la gente sus gafas y lentes de contacto. ¿Qué ocurriría? Pues que aumentaría la sinceridad. Entonces enseguida sabríamos cómo cada cual ve lo mismo y se ve a sí mismo y —lo que es más importante— los afectados asumirían su incapacidad para ver las cosas tal como son. Una incapacidad sólo es útil al que la vive. Entonces más de uno se daría cuenta de lo «poco clara» que es su imagen del mundo, cuán «borroso» lo ve y cuán pequeña es su perspectiva. Quizá entonces a más de uno *se le cayera la venda de los ojos* y empezara a ver claro.

El viejo, con la experiencia de los años, adquiere sabiduría y visión de conjunto. Lástima que muchos sólo experimenten esta buena visión a distancia cuando la presbicia les impide ver de cerca. El daltonismo indica ceguera para la diversidad y el colorido de la vida: es algo que afecta a las personas que todo lo ven pardo y tienden a arrasar diferencias. En suma, un ser gris.

La conjuntivitis, como todas las inflamaciones, denota conflicto. Produce un dolor que sólo se calma cuando uno cierra los ojos. Así cerramos los ojos ante un conflicto que no queremos afrontar.

Estrabismo: para poder ver algo en *toda* su dimensión, necesitamos *dos* imágenes. ¿Quién no reconoce en esta frase la ley de la polaridad? Nosotros, para captar la unidad completa, necesitamos siempre *dos* visiones. Pero si los ejes visuales no están bien alineados, los ojos se desvían, el individuo bizquea, porque en la retina de uno y otro ojo se forman dos imágenes no coincidentes (visión doble). Pero, antes que presentarnos dos imágenes divergentes, el cerebro opta por prescindir de una de ellas (la del ojo desviado). En realidad, entonces se ve con *un solo ojo*, ya que la imagen del otro ojo no nos es transmitida. Todo se ve plano, sin relieve.

Algo parecido ocurre con la polaridad. El ser humano debería poder ver los dos polos como *una* sola imagen (por ejemplo, onda y corpúsculo, libertad y autoritarismo, bien y mal). Si no lo consigue, si la visión se desdobla, él elimina una de las imágenes (la reprime) y, en lugar de visión completa, tiene visión de tuerto. En realidad, el bizco es tuerto, ya que la imagen del ojo desviado es desechada por el cerebro, lo cual provoca pérdida de relieve de la imagen y da una visión unilateral del mundo.

Cataratas: la «catarata gris» empaña el cristalino y, por lo tanto, enturbia la visión. No se ve con nitidez. Las cosas que se ven con nitidez poseen un perfil *afilado,* es decir, son cortantes. Pero, si se difumina el contorno, el mundo se hace más romo, menos hiriente. La visión borrosa proporciona un tranquilizador distanciamiento del entorno, y de uno mismo. La catarata gris es como una persiana que se baja para no tener que ver lo que uno no quiere ver. La catarata gris es como un velo que puede llegar a cegar.

En la «catarata verde» (glaucoma), el aumento de la presión interna del ojo provoca una progresiva contracción del campo visual, hasta llegar a la visión tubular. Se pierde la visión de conjunto: sólo se percibe la zona que se enfoca. Detrás de esta afección se halla la presión psíquica de las lágrimas no vertidas (presión interna del ojo).

La forma extrema del *no querer ver* es la ceguera. La ceguera está considerada por la mayoría de las personas como la pérdida más grave que pueda sufrir una persona en el aspecto físico. La expresión *está ciego* se emplea también en sentido figurado. Al ciego se le arrebata definitivamente la superficie de proyección externa y se le obliga a mirar hacia dentro. La ceguera corporal es sólo la última manifestación de la verdadera ceguera: la ceguera de la mente.

Hace varios años, mediante una nueva técnica quirúrgica se dio la vista a varios jóvenes ciegos. El resultado no fue totalmente halagüeño ya que la mayoría de los operados no acababan de adaptarse a su nueva vida. Este caso puede tratar de explicarse y analizarse desde los más diversos puntos de vista. En nuestra opinión, sólo importa el reconocimiento de que, si bien con medidas funcionales pueden modificarse los síntomas, no se eliminan los problemas de fondo que se manifiestan por medio de ellos. Mientras no rectifiquemos la idea de que todo impedimento físico es una perturbación molesta que hay que eliminar o subsanar cuanto antes, no podremos extraer de ella beneficio alguno. Debemos dejarnos perturbar por la perturbación en nuestra vida habitual, consentir que el impedimento nos impida seguir viviendo como hasta ahora. Entonces la enfermedad es la vía que nos conduce a la verdadera salud. Incluso la ceguera, por ejemplo, puede enseñarnos a ver, darnos una visión superior.

Los oídos

Repasemos varias frases hechas que se refieren al oído: *tender el oído; prestar oídos; regalar los oídos; escuchar a alguien*. Todas estas frases nos muestran la clara relación existente entre los oídos y el tema de *captar,* de la receptividad (prestar atención) y de escuchar, también en el sentido de obedecer. Comparada con el oído, la vista es una forma de percepción mucho más activa. Y también es más fácil desviar la mirada o cerrar los ojos que taparse los oídos. La facultad de oír es expresión corporal de obediencia y humildad. Así, al niño desobediente le preguntamos: *¿No me has oído?* Cuando no se quiere obedecer se hacen oídos sordos. Hay personas que, sencillamente, no oyen lo que no quieren oír. Denota cierto egocentrismo no prestar oídos a los demás, no querer enterarse de nada. Indica falta de humildad y de obediencia. Lo mismo ocurre con la llamada «sordera del altavoz». No es el altavoz lo que daña sino la resistencia psíquica al ruido, el «no querer oír» conduce al «no poder oír». Las otitis y los dolores de oídos se dan con mayor frecuencia en los niños en la edad en que deben aprender a obedecer. La mayoría de las personas de edad avanzada sufren una sordera más o menos acentuada. La dureza de oído, al igual que la pérdida de visión, la rigidez y pesadez de los miembros, son los síntomas somáticos de la edad, todos ellos expresión de la tendencia del ser humano a hacerse más inflexible e intolerante con la edad. El anciano suele perder la capacidad de adaptación y la flexibilidad, y está menos dispuesto a obedecer. Este esquema es típico de la vejez, pero, desde luego, no inevitable. La vejez no hace sino poner de relieve los problemas no resueltos y hacernos más sinceros, lo mismo que la enfermedad.

A veces, se produce una brusca pérdida de audición, generalmente unilateral y acusada, del oído interno que puede degenerar en sordera total (es posible perder el otro oído). Para interpretar el significado de esta afección es preciso estudiar atentamente las circunstancias en las que se presenta. La brusca pérdida de audición es una exhortación a tender el oído hacia dentro y escuchar la voz interior. Sólo se queda sordo el que ya hace tiempo que lo estaba para su voz interior.

AFECCIONES DE LA VISTA

Quienes tengan problemas visuales lo primero que deberían hacer es prescindir durante un día de las gafas (o lentes de contacto) y asumir la situación conscientemente. A continuación, hacer por escrito una descripción de la forma en que durante ese día vieron y experimentaron el mundo, lo que pudieron hacer y lo que no, cómo se las ingeniaron. Este informe debería darles material de reflexión y revelarles su actitud hacia el mundo y hacia sí mismos. Pero ante todo debería uno responderse las siguientes preguntas:

1. ¿Qué es lo que no quiero ver?
2. ¿Obstaculiza la subjetividad el conocimiento de mí mismo?
3. ¿Evito reconocerme a mí mismo en mis obras?
4. ¿Utilizo la vista para mejorar mi perspectiva?
5. ¿Tengo miedo de ver las cosas con nitidez?
6. ¿Puedo ver las cosas tal como son?
7. ¿A qué aspecto de mi personalidad cierro los ojos?

AFECCIONES DE LOS OÍDOS

Quien tenga problemas con el oído formúlese estas preguntas:

1. ¿Por qué no quiero escuchar a cierta persona?
2. ¿Qué es lo que no quiero oír?
3. ¿Están equilibrados en mí los polos de egocentrismo y humildad?

VI
DOLOR DE CABEZA

El dolor de cabeza era desconocido hasta hace varios siglos. En épocas pretéritas no se daba. El dolor de cabeza toma incremento especialmente en los países más avanzados, en los que el veinte por ciento de la población «sana» reconoce sufrirlo. Las estadísticas indican que la incidencia es mayor entre las mujeres y los «estratos superiores». Esto no sorprende si tratamos de *rompernos un poco la cabeza* con el simbolismo de esta parte del cuerpo. La cabeza presenta una clara polaridad respecto al cuerpo. Es la instancia suprema de nuestra institución corporal. Con ella nos imponemos. La cabeza representa lo *alto* mientras que el cuerpo expresa lo *bajo*.

Consideramos la cabeza como la sede del entendimiento, el conocimiento y el pensamiento. El que *pierde la cabeza* actúa irracionalmente. Podemos *comer el coco* a una persona, pero en tal caso no debemos esperar que *mantenga la cabeza en su sitio*. Por lo tanto, sentimientos irracionales como el «amor» atacan muy especialmente la cabeza: la mayoría de las personas suelen perderla cuando se enamoran (...y, si no la pierden, los dolores de cabeza no acaban). De todos modos, también los hay *cabezotas* que nunca llegarán a *perder la cabeza,* ni aun en el caso de que *se den con la cabeza contra la pared.* Ciertos observadores piensan que esta extraordinaria insensibilidad se debe a que tienen *serrín en la cabeza,* aunque científicamente no se ha demostrado.

El dolor de cabeza producido por la tensión se inicia de forma difusa, más como una opresión, y puede prolongarse durante horas, días y semanas. Probablemente, el dolor se produce por un exceso de tensión en los vasos sanguíneos. Generalmente, al mismo tiempo se siente una fuerte tensión en la musculatura de la cabeza, los hombros, el cuello y la columna vertebral. Este tipo de dolor de cabeza suele presentarse en situaciones en las que el ser humano se halla sometido a fuerte presión o cuando una crisis va a desbordarle.

Es el «camino ascendente» que conduce fácilmente a una acentuación excesiva del polo superior, es decir, de la cabeza. Suelen padecer este tipo de dolor de cabeza las personas ambiciosas y perfeccionistas que tratan de imponer su voluntad. En tales casos, la ambición y el afán de poder *se suben a la cabeza,* porque el individuo que sólo atiende a la cabeza, que sólo acepta lo racional, sensato y comprensible, pronto pierde el contacto con el «polo inferior» y, por lo tanto, con sus raíces que son lo único que puede anclarlo en la vida. Es el *cerebral.* Pero los derechos del cuerpo y sus casi siempre inconscientes funciones son más antiguos que la facultad del pensamiento racional, que es una adquisición relativamente reciente del ser humano, con el desarrollo de la corteza cerebral.

El ser humano posee dos centros: corazón y cerebro: sentimiento y pensamiento. El individuo de nuestro tiempo y de nuestra cultura ha desarrollado extraordinariamente las fuerzas cerebrales, por lo que corre peligro de descuidar su otro centro, el corazón. Por ello, tampoco es una solución denostar el pensamiento, la razón y la cabeza. Ningún centro es mejor ni peor que el otro. El ser humano no debe optar por uno de los dos sino buscar el equilibrio.

Las personas «todo sensibilidad» están tan incompletas como las «todo cerebro». Pero nuestra cultura ha favorecido y desarrollado tanto el polo de la cabeza que en muchos casos padecemos un déficit en el polo inferior. A ello se suma el problema de a qué aplicamos nuestra actividad mental. En casi todos los casos, utilizamos nuestras funciones racionales para la consolidación de nuestro Yo. Por medio del modelo filosófico causal, nos prevenimos más y más frente al destino, con objeto de ampliar el dominio de nuestro ego. Esta empresa está condenada al fracaso. En el mejor de los casos, acaba como la torre de Babel, en la confusión. La cabeza no puede independizarse y recorrer su camino sin el cuerpo, sin el corazón. Cuando el pensamiento se disocia de *lo de abajo,* rompe con sus raíces. Por ejemplo, el pensamiento funcional de la ciencia es un pensamiento sin raíces: le falta *religio,* el enlace con la causa primitiva. La persona que sólo se rige por la cabeza, sin un anclaje en el suelo, alcanza alturas vertiginosas. No es de extrañar que a veces uno tenga la sensación de que *va a estallarle la cabeza.* Es una señal de alarma.

La cabeza es, de todos los órganos, el que más rápidamente reacciona al dolor. En todos los demás órganos tienen que producirse alteraciones mucho mayores para que haya dolor. La cabeza es nuestro vigía más despierto. Su dolor indica que nuestro modo de pensar es erróneo, que seguimos un criterio equivocado, que perseguimos objetivos dudosos. Da la alarma cuando nos rompemos la cabeza con cavilaciones estériles en busca de unas seguridades que, en definitiva, no existen. El ser humano, dentro de su forma de existencia material, no puede asegurar nada: en realidad, a cada intento que realiza sólo consigue ponerse en ridículo.

El individuo suele devanarse los sesos, hasta que *le sale humo de la cabeza,* por cosas intrascendentes. La tensión se descarga por medio de la relajación que, en realidad, no es sino otro modo de llamar al acto de soltar, de desconectarse. Cuando la cabeza da la alarma por medio del dolor, es que ha llegado el momento de desechar la obcecación del «yo quiero», la ambición que nos empuja hacia arriba, la cabezonería y el fanatismo. Es el momento de dirigir la mirada hacia abajo y recordar las raíces. Imposible ayudar a quienes durante años acallan esta alarma a fuerza de analgésicos. Ésos *arriesgan la cabeza.*

Jaqueca

«La jaqueca (migraña o hemicránea) es un acceso de dolor de cabeza, generalmente hemicraneal, que puede asociarse a trastornos visuales (sensibilidad a la luz, centelleo) o digestivos, como vómitos y diarrea. Estos ataques que generalmente duran varias horas se presentan asociados a un estado de ánimo depresivo e irritable. En el apogeo de la jaqueca, el afectado siente el deseo imperioso de estar solo en una habitación oscura o en la cama» (Bräutigam). A diferencia de lo que ocurre con el dolor de cabeza debido a la tensión, en la jaqueca, después de unos espasmos iniciales, se produce una gran dilatación de los vasos sanguíneos. En griego se llama a la cabeza *hemikranie* (*kranion* = cráneo), literalmente *mitad del cráneo,* palabra que denota claramente la unilateralidad del pensamiento que, en los enfermos de jaqueca, es similar a la que se da en las personas que sufren dolor de cabeza provocado por la tensión.

Todo lo dicho respecto a este último síntoma vale también para la migraña, salvo un punto esencial. Mientras que el paciente aquejado de dolor de cabeza trata de aislar la cabeza del tronco, el que sufre jaqueca traslada un tema corporal a la cabeza para vivirlo en ella. Este tema es la sexualidad. La jaqueca siempre es sexualidad desplazada a la cabeza. Se da a la cabeza la función del vientre. Este desplazamiento no es tan incongruente, ya que el aparato genital y la cabeza tienen entre sí una cierta analogía. Son las partes del cuerpo que albergan todos los orificios del ser humano.

Los orificios del cuerpo desempeñan un papel preponderante en la sexualidad (amor = admisión: el acto del amor sólo puede realizarse donde el cuerpo se abre). La voz popular desde siempre ha relacionado la boca de la mujer con la vagina (por ejemplo: labios secos [!]) y la nariz del hombre con el pene, y hace las correspondientes deducciones entre uno y otro. También en la sexualidad oral se demuestra claramente la relación y la «intercambiabilidad» entre el vientre y la cabeza. El bajo vientre y la cabeza son polos y detrás de su contraposición está su unidad: así arriba como abajo. Cuán a menudo se utiliza la cabeza como sustitutivo del bajo vientre lo vemos claramente en el acto de sonrojarse. En situaciones embarazosas, que casi siempre tienen una connotación sexual, la sangre sube a la cabeza y la hace enrojecer. Con ello se realiza arriba lo que en realidad debería ocurrir abajo, ya que durante la excitación sexual la sangre normalmente acude al aparato genital y los órganos sexuales se dilatan y enrojecen. La misma transposición entre el aparato genital y la cabeza la encontramos en la impotencia. En el acto sexual, cuanto más hace trabajar la cabeza un hombre, más fácil es que le falte potencia en el bajo vientre, lo cual tiene consecuencias fatales. La misma transposición hacen las personas sexualmente insatisfechas que, en compensación, comen más de lo normal, tratando de saciar por la boca su hambre de amor, y nunca se sienten llenas. Todas estas indicaciones deberían bastar para revelar la analogía existente entre el bajo vientre y la cabeza. El paciente aquejado de jaqueca (la mayoría son mujeres) siempre tiene problemas con la sexualidad.

Como ya dijimos al hablar de otros temas, existen básicamente dos posibilidades de tratar un problema: arrumbarlo y reprimirlo (inhibirse) o magnificarlo. Parecen tratamientos opuestos, pero no son sino posibilidades polares de expresión de una misma dificultad. Cuando una persona tiene miedo tanto puede esconderse como empezar a repartir golpes a diestro y siniestro: ambas reacciones denotan debilidad. Así, entre los aquejados de jaqueca encontramos a los que han descartado totalmente de su vida la sexualidad («... eso no va conmigo») como a los que alardean de «falta de prejuicios». Ambas categorías tienen una cosa en común: problemas sexuales. Si uno no reconoce el problema, ya sea porque no tiene vida sexual, ya sea porque uno no tiene problemas de ésos como todo el mundo puede ver, el problema se instala en la cabeza y se manifiesta en forma de jaqueca. En tal caso, el problema sólo se puede afrontar *al más alto nivel.*

La jaqueca es un orgasmo en la cabeza. El proceso es idéntico, sólo que tiene lugar más arriba. Durante la fase de excitación sexual, la sangre acude a la zona genital y, en el momento culminante, la tensión cede y se produce la relajación; así discurre también la jaqueca: la sangre acude a la cabeza, se produce una sensación de presión, la tensión se agudiza hasta alcanzar su punto máximo y se produce la distensión (dilatación de los vasos sanguíneos). Cualquier *estímulo* puede desencadenar la jaqueca: luz, ruido, corriente de aire, el tiempo, la emoción, etc. Una característica de la jaqueca es que el enfermo, después del acceso, experimenta una transitoria sensación de bienestar. En el apogeo del ataque, el paciente desea estar en una habitación a oscuras y en la cama, pero solo.

Todo esto apunta a la temática sexual, al igual que el temor de tratar el tema con otra persona en el plano más adecuado. Ya en 1934 E. Gutheil describía en una revista de psicología el caso de un enfermo cuyos accesos de jaqueca cedían después de experimentar el orgasmo sexual. A veces, el paciente tenía que experimentar varios orgasmos antes de que se produjera el relajamiento y terminara el ataque. En nuestro enfoque encaja también la observación de que entre los síntomas secundarios de la jaqueca figuran en primer lugar los trastornos digestivos y el estreñimiento: uno se cierra por abajo. Uno no quiere saber nada del contenido desconocido (excremento) y se retira hacia las alturas del pensamiento, hasta que *le estalla la cabeza*. Hay matrimonios que utilizan la jaqueca (palabra con la que habitualmente se designa cualquier dolor de cabeza) *como* pretexto para rehuir la relación sexual.

En resumen, en los pacientes de jaqueca encontramos el conflicto entre instinto y pensamiento, entre abajo y arriba, entre bajo vientre y cabeza, lo cual conduce al intento de utilizar la cabeza como puerta de escape o campo de maniobras para resolver problemas (cuerpo, sexo, agresividad) que sólo pueden plantearse y resolverse en un plano totalmente distinto. Ya Freud describía el pensamiento como una acción experimental. Al ser humano le parece menos peligroso y comprometido el pensamiento que la acción. Pero no se puede sustituir la acción por el pensamiento sino que lo uno tiene que apoyarse en lo otro. El ser humano ha recibido un cuerpo para, con ayuda de este instrumento, realizarse (hacerse real). Sólo por medio de la realización puede seguir fluyendo la energía. No es casualidad que conceptos como *en-tender* y *com-prender* contengan ideas alusivas a movimientos corporales. Si se rompe esta combinación, la energía se condensa y acumula y se manifiesta por medio de diferentes grupos de síntomas, en forma de enfermedad. Hagamos un resumen ilustrativo:

Fases de escalada de la energía bloqueada:

1. La actividad (sexualidad, agresividad) relegada al *pensamiento*, se traduce en dolor de cabeza.
2. La actividad bloqueada en el plano vegetativo (es decir, en las funciones corporales) provoca hipertensión y un cuadro de atonía vegetativa.
3. La actividad bloqueada en el plano *nervioso* puede provocar cuadros tales como esclerosis múltiple.
4. La actividad reprimida en el campo *muscular* produce afecciones del sistema locomotor como reúma y gota.

Esta división corresponde a las distintas fases de un acto realizado. Cualquier acto, sea un puñetazo o un coito, se inicia en la imaginación (1) en la que se prepara mentalmente. Después pasa a la preparación vegetativa (2) del cuerpo, con el incremento del riego sanguíneo de los órganos precisos, aceleración del pulso, etc. Finalmente, la actividad imaginada se convierte en acto por el efecto de los nervios (3) en los músculos (4). Pero cuando la idea imaginada no llega a transformarse en acto, la energía forzosamente queda bloqueada en uno de los cuatro campos (mental, vegetativo, nervioso, muscular) y con el tiempo desarrolla los síntomas correspondientes.

El que sufra de jaqueca se halla en la primera etapa: bloquea su sexualidad en la mente. Debe aprender a buscar su problema donde está y situar en su sitio —abajo— lo que *se le ha subido a la cabeza*. La evolución siempre empieza por abajo, y la cuesta arriba siempre es fatigosa, cuando se sube como es debido.

DOLOR DE CABEZA

En caso de dolor de cabeza o jaqueca deberían hacerse las siguientes preguntas:

1. ¿Por qué me caliento la cabeza?
2. ¿Existe en mí una interrelación fluida entre arriba y abajo?
3. ¿Trato con excesivo afán de ir para arriba? (Ambición.)
4. ¿Soy un cabezota que da con la cabeza contra la pared?
5. ¿Pretendo sustituir la acción por el pensamiento?
6. ¿Soy sincero frente a mi problemática sexual?
7. ¿Por qué traslado el orgasmo a la cabeza?

VII
LA PIEL

La piel es el órgano más grande del ser humano. Realiza múltiples funciones, las más importantes de las cuales son:

1. Delimitación y protección.
2. Contacto.
3. Expresión.
4. Estímulo sexual.
5. Respiración.
6. Exudación.
7. Termorregulación.

Estas diversas funciones de la piel giran en torno a un tema común que oscila entre los dos polos de separación y contacto. La piel es nuestra frontera material externa y, al mismo tiempo, a través de la piel estamos en contacto con el exterior, con ella tocamos nuestro entorno. En la piel sentimos el mundo que nos rodea y *de la piel* no podemos *salirnos*. La piel refleja nuestro modo de ser hacia el exterior y lo hace de dos maneras. Por un lado, la piel es la superficie en la que se reflejan todos los órganos internos. Toda perturbación de uno de nuestros órganos internos se proyecta en la piel y toda afección de una determinada zona de la piel es transmitida al órgano correspondiente. En esta relación se basan todas las terapias de zonas reflejo aplicadas desde hace mucho tiempo por la medicina naturista, de las cuales la medicina académica utiliza sólo unas cuantas (por ejemplo, zonas de Head[1]). Merecen mención especial la del masaje de las zonas reflejo de los pies, la aplicación de ventosas en la espalda, la terapia de la zona reflejo de la nariz, la audiopuntura, etc.

El médico que posee buen ojo clínico, examinando y palpando la piel averigua el estado de los órganos y trata las afecciones de éstos desde las zonas de su proyección en la piel.

Ni lo que ocurre en la piel, mancha, tumefacción, inflamación, granito, absceso, ni el lugar de su aparición, es casual sino indicación de un proceso interno. Antiguamente se utilizaban sistemas muy sofisticados para tratar de averiguar el carácter de la persona por el lugar en el que aparecían las manchas hepáticas, por ejemplo. La Ilustración echó por la borda estas «tonterías y supersticiones», pero, poco a poco, volvemos a acercarnos a estas prácticas. ¿Es realmente tan difícil comprender que, detrás de todo lo creado, hay un esquema invisible que sólo se manifiesta en el mundo material? Todo lo visible es sólo expresión de lo invisible, como una obra de arte es expresión visible de la idea del artista. De lo visible podemos deducir lo invisible. Es lo que hacemos continuamente en la vida diaria. Entramos en una sala y de lo que allí vemos deducimos el gusto del que la habita. Y otro tanto habríamos podido hacer mirando su armario. No importa dónde uno mire: si una persona tiene mal gusto, éste se mostrará por todas partes.

1. Zonas de la piel que corresponden a la proyección de los reflejos viscerocutáneos. (*N. de la T.*)

Por ello la información total se muestra siempre en todas partes. En cada parte encontramos el todo (*pars pro toto*, llamaban los romanos a este fenómeno). De manera que es indiferente la parte del cuerpo que se contemple. En todas puede reconocerse el mismo esquema, el esquema que representa a cada individuo. El esquema se encuentra en el ojo (diagnóstico por el iris), en el pabellón auditivo (auriculopuntura francesa), en la espalda, en los pies, en los meridianos (diagnóstico por los puntos terminales), en cada gota de sangre (prueba de coagulación, dinamolisis capilar, hemodiagnóstico holístico), en cada célula (genética), en la mano (quirología), en la cara y configuración corporal (fisiognomía), en la piel (¡nuestro tema!).

Este libro enseña a conocer al ser humano a través de los síntomas de la enfermedad. Es indiferente dónde se mire: lo que importa es poder mirar. La verdad está en todas partes. Si los especialistas consiguieran olvidarse de su (totalmente inútil) intento de demostrar la causalidad de la relación descubierta por ellos, inmediatamente verían que todas las cosas mantienen entre sí una relación analógica: así arriba como abajo, así dentro como fuera.

La piel no sólo muestra al exterior nuestro estado orgánico interno sino que en ella y por ella se muestran también todos nuestros procesos y reacciones psíquicos. Algunas de estas manifestaciones son tan claras que cualquiera puede observarlas: una persona se pone colorada de vergüenza y blanca de susto; suda de miedo o de excitación; el cabello se le eriza de horror, o se le pone la piel de gallina. Invisible exteriormente, pero mensurable con aparatos electrónicos, es la conductividad eléctrica de la piel. Los primeros experimentos y mediciones de esta clase se remontan a C. G. Jung, quien con sus «experimentos asociativos» exploró este fenómeno. Hoy, gracias a la electrónica, es posible amplificar y registrar las constantes oscilaciones de la conductividad eléctrica de la piel y «dialogar» con la piel de una persona, ya que la piel responde a cada palabra, cada tema, cada pregunta, con una inmediata alteración de su conductividad eléctrica, llamada PGR o ESR.

Todo ello nos confirma que la piel es una gran superficie de proyección en la que se ven tanto procesos somáticos como psíquicos. Pero, puesto que la piel revela tantas cosas de nuestro interior, es fácil caer en la tentación no ya de cuidarla con esmero sino de manipularla. A esta operación de engaño se llama cosmética, y en este arte de la impostura se invierten de buen grado sumas fabulosas. No es el objetivo de estas líneas denostar las artes de embellecimiento de la cosmética, pero sí examinar brevemente el afán que informa la antigua tradición de la pintura corporal. Si la piel es expresión externa de lo que hay en el interior, todo intento de modificar artificialmente esta expresión es, indiscutiblemente, un acto de falsedad. Se trata de disimular o aparentar algo. Se aparenta lo que no se es. Se levanta una fachada falsa y se pierde la coincidencia entre contenido y forma. Es la diferencia entre «ser bonita» y «parecer bonita», o entre ser y parecer. Este intento de mostrar al mundo una máscara empieza por el maquillaje y termina grotescamente por la cirugía estética. La gente se hace estirar la cara; ¡es curioso que tantos se preocupen tan poco de perder la faz!

Detrás de todos estos afanes por ser lo que no se es está la realidad de que el ser humano a nadie quiere menos que a sí mismo. Quererse a sí mismo es una de las cosas más difíciles del mundo. El que cree que se gusta y que se quiere, seguramente confunde su «ser» con su pequeño ego. Generalmente, sólo cree que se quiere el que no se conoce. Dado que nuestra personalidad, en conjunto, incluida nuestra sombra, no nos gusta, constantemente estamos tratando de modificar y pulir nuestra imagen. Pero, mientras el ser interior, es decir, el espíritu, no se modifique, esto no pasa de pura «cosmética». Con esto no pretendemos descartar la posibilidad de que, mediante modificaciones de forma, pueda iniciarse un proceso dirigido hacia el interior, como se hace, por ejemplo, en el hatha yoga, la bioenergía y métodos similares. De todos modos, estos métodos se diferencian de la cosmética porque conocen el objetivo. Al más leve contacto, la piel de un individuo ya nos dice algo acerca de su psique. Bajo una piel muy sensible hay un alma muy sensible también (*tener la piel fina*) mientras que una piel áspera nos hace pensar en un *pellejo duro*, una piel sudorosa nos muestra la inseguridad y el miedo de nuestro oponente y la piel colorada, la excitación. Con la piel nos rozamos y establecemos contacto unos con otros. El contacto, ya sea un puñetazo o una caricia, se establece por la piel. La piel puede romperse desde el interior (por una inflamación, una erupción, un absceso) o desde el exterior (una herida, una operación). En ambos casos, nuestra frontera es atacada. Uno no siempre consigue salvar la piel.

Erupciones

En la erupción, algo atraviesa la frontera, algo quiere salir. La forma más simple de expresar esta idea nos la facilita la acné juvenil. En la pubertad, aflora en el ser humano la sexualidad, pero casi siempre sus imperativos son reprimidos con temor. La pubertad es un buen ejemplo de situación conflictiva. En una fase de aparente tranquilidad, bruscamente, de unas profundidades desconocidas, brota un nuevo deseo que, con una fuerza irresistible, trata de hacerse un lugar en la conciencia y la vida de un ser humano. Pero el nuevo impulso que nos acomete es desconocido e insólito y nos atemoriza. A uno le gustaría eliminarlo y recobrar el familiar estado anterior. Pero no es posible. No se puede dar marcha atrás.

Y uno se encuentra en un conflicto. La atracción de lo nuevo y el temor a lo nuevo tiran de uno casi con igual fuerza. Todos los conflictos se desarrollan según este esquema, sólo cambia el tema. En la pubertad, el tema se llama sexualidad, amor, pareja. Despierta el deseo de hallar un oponente, el Tú, el polo opuesto. Uno desea entrar en contacto con aquello que a uno le falta, y no se atreve. Surgen fantasías sexuales, y uno se avergüenza. Es muy revelador que este conflicto se manifieste como inflamación de la piel. Y es que la piel es la frontera del Yo que uno tiene que cruzar para encontrar el Tú. Al mismo tiempo, la piel es el órgano con el que el ser humano entra en contacto con los demás, lo que el otro puede tocar y acariciar. La piel tiene que gustar para que el otro nos quiera.

Este tema *candente* hace que la piel del adolescente se inflame, lo que señala tanto que algo pugna por atravesar la frontera —una nueva energía que quiere salir—, como que uno pretende impedírselo. Es el miedo al instinto recién despertado. Por medio del acné uno se protege a sí mismo, porque el acné obstaculiza toda relación e impide la sexualidad. Se abre un círculo vicioso: la sexualidad no vivida se manifiesta en la piel como acné: el acné impide el sexo. El reprimido deseo de inflamar al prójimo se transforma en una inflamación de la piel. La estrecha relación existente entre el sexo y el acné se demuestra claramente por el lugar de su aparición: la cara y, en algunas chicas, el escote (a veces, también la espalda). Las otras partes del cuerpo no son afectadas, ya que en ellas el acné no tendría ninguna finalidad. La vergüenza por la propia sexualidad se transforma en vergüenza por los granos.

Muchos médicos recetan contra el acné la píldora, y con buenos resultados. El fondo simbólico del *tratamiento* es evidente: la píldora simula un embarazo y, desde el momento en que «eso» parece haber ocurrido, el acné desaparece: ya no hay nada que evitar. Generalmente, el acné cede también a los baños de sol y mar, mientras que cuanto más se cubre uno el cuerpo más se agrava. La «segunda piel» que es la ropa acentúa la inhibición y la intangibilidad. El desnudarse, por el contrario, es el primer paso de una apertura, y el sol sustituye de modo inofensivo el ansiado y temido calor del cuerpo ajeno. Todo el mundo sabe que, en última instancia, la sexualidad vivida es el mejor remedio contra el acné.

Todo lo dicho acerca de la pubertad puede aplicarse, a

grandes rasgos, a todas las erupciones cutáneas. Una erupción siempre indica que algo que estaba reprimido trata de atravesar la frontera y salir a la luz (al conocimiento). En la erupción *se muestra* algo que hasta ahora no estaba visible. Ello también indica por qué casi todas las enfermedades de la infancia, como el sarampión, la escarlatina o la roséola, se manifiestan a través de la piel. A cada enfermedad, algo nuevo brota en la vida del niño, por lo que toda enfermedad infantil suele determinar un avance en el desarrollo. Cuanto más violenta la erupción, más rápido es el proceso y el desarrollo. La costra de leche de los lactantes denota que la madre tiene poco contacto físico con la criatura, o que la descuida en el aspecto emotivo. La costra de leche es expresión visible de esta pared invisible y del intento de romper el aislamiento. Muchas veces, las madres utilizan el eccema para justificar su íntimo rechazo del niño. Suelen ser madres especialmente preocupadas por la «estética», que dan mucha importancia a la limpieza de la piel.

Una de las dermatosis más frecuentes es la psoriasis. Se manifiesta en focos de inflamación de la piel que se cubren de unas escamas de un blanco plateado. En la psoriasis se incrementa exageradamente la fabricación de escamas de la piel. Nos recuerda la formación del caparazón de algunos animales. La protección natural de la piel se trueca en coraza: uno se blinda por los cuatro costados. Uno no quiere que nada entre ni salga. Reich llama muy acertadamente al resultado del deseo de aislamiento psíquico «blindaje del carácter». Detrás de toda defensa hay miedo a ser heridos. Cuanto más robusta la defensa y más gruesa la coraza, mayor es la sensibilidad y el miedo.

Ocurre lo mismo entre los animales: si a un crustáceo le quitamos el caparazón, encontraremos una criatura blanda y vulnerable. Las personas aparentemente más ariscas son en realidad las más sensibles. De todos modos, el afán de proteger el alma con una coraza encierra un cierto patetismo. Porque, si bien la coraza protege de las heridas, también impide el acceso al amor y la ternura. El amor exige apertura, pero entonces la defensa queda comprometida. El caparazón aparta al alma del río de la vida y la oprime, y la angustia crece. Es cada vez más difícil sustraerse a este círculo vicioso. Más tarde o más temprano, el ser humano tendrá que resignarse a recibir la temida herida, para descubrir que el alma no sucumbe, ni mucho menos. Hay que hacerse vulnerable, para comprobar la propia resistencia. Este paso se produce sólo bajo presión externa, aplicada ya por el destino y por la psicoterapia.

Si nos hemos extendido en el comentario de la relación entre la vulnerabilidad y el blindaje es porque, en el plano corporal, la psoriasis muestra esta relación: la psoriasis llega a producir ulceración de la piel lo que aumenta el peligro de infección. Con ello vemos cómo los extremos se tocan, cómo vulnerabilidad y autodefensa ponen de manifiesto el conflicto entre el deseo de compenetración y el miedo a la proximidad. Con frecuencia, la psoriasis empieza por los codos. Y es que con los codos uno se abre paso, en los codos uno se apoya. Precisamente en este punto se muestran a un tiempo la callosidad y la vulnerabilidad. En la psoriasis, inhibición y aislamiento llegan al extremo, por lo que obligan al paciente, por lo menos corporalmente, a abrirse y hacerse vulnerable.

Prurito

El prurito es un fenómeno que acompaña a muchas enfermedades de la piel (por ejemplo, urticaria), pero que también puede presentarse solo, sin «causa» alguna. El prurito o picor puede llevar a una persona a la desesperación; continuamente tiene que rascarse algún lugar del cuerpo. El picor y el rascarse también tienen idiomáticamente un significado psíquico: *Al que le pique que se rasque.* Es decir, al que le «irrite». El picor, con sus sensaciones asociadas de cosquilleo, irritación y ardor, tiene connotaciones sexuales, pero no dejemos que la sexualidad nos haga pasar por alto otros conceptos afines al tema. También, en el sentido agresivo, se puede «picar» a alguien. Se trata, en suma, de un estímulo que puede ser de índole sexual, agresiva o amorosa. Es un estímulo que tiene una valoración ambivalente, que puede ser grato o molesto, pero siempre excitante. La palabra latina *prurigo* significa, además de picor, alegría, y el verbo *prurire* significa picar.

El picor corporal indica que, en el plano mental, algo nos excita, algo que, evidentemente, hemos pasado por alto, o no habría tenido que manifestarse en forma de prurito. Detrás del picor existe alguna pasión, un ardor, un deseo que está pidiendo ser descubierto. Por eso nos obliga a rascar. El rascarse es una forma suave de escarbar o cavar. Como se escarba y se cava en la tierra para sacar algo a la luz, así el que tiene picores rasca su superficie, su piel, en busca de lo que le pica, le hace cosquillas, le excita y le irrita. Cuando lo encuentra, se siente aliviado. Es decir, el prurito siempre anuncia algo que *me pica,* anuncia algo que *no me deja frío,* algo que *me hace cosquillas:* una pasión ardiente, una exaltación, un amor fogoso o, también, la llama de la ira. No es de extrañar que el picor esté acompañado de erupciones cutáneas, manchas rojas e inflamaciones. El lema es: rascar en la conciencia hasta encontrar qué es lo que pica.

ENFERMEDADES DE LA PIEL

En las enfermedades de la piel y erupciones, preguntar:

1. ¿Me aíslo excesivamente?
2. ¿Cómo llevo mi capacidad de contacto?
3. ¿No reprimo con mi actitud distante el deseo de compenetración?
4. ¿Qué es lo que está tratando de salir a la luz? (Sexualidad, instinto, pasión, agresividad, entusiasmo.)
5. ¿Qué me pica en realidad?
6. ¿Me he retraído al aislamiento?

VIII
LOS RIÑONES

Los riñones representan en el cuerpo humano la zona de la convivencia. Los dolores y afecciones de riñón se presentan cuando existen problemas de convivencia. No se trata tanto de la relación sexual como de la capacidad de relacionarse con los semejantes en general. La forma en que una persona se enfrenta con las demás se manifiesta con especial claridad en las relaciones de la pareja, pero es común a todos sus semejantes. Para comprender la relación existente entre los riñones y la comunicación con el prójimo, puede ser conveniente examinar, en primer lugar, el fondo psíquico de las relaciones humanas.

La polaridad de nuestra mente nos impide tener conciencia de nuestra totalidad y hace que nos identifiquemos sólo con una parte del Ser. A esta parte la llamamos Yo. Lo que no vemos es nuestra sombra que nosotros —por definición— desconocemos. El camino que debe seguir el ser humano es el que conduce hacia un mayor conocimiento. El ser humano está obligado constantemente a tomar conciencia de partes de sombra hasta ahora desconocidas e integrarlas en su identidad. Este proceso de aprendizaje no se termina hasta que poseemos el conocimiento total, hasta que estamos «completos». Esta unidad abarca toda la polaridad sin distinciones, es decir, tanto la parte masculina como la femenina.

El individuo completo es andrógino, ha fundido en su alma los aspectos masculino y femenino, para formar la unidad (bodas químicas). No se debe confundir lo andrógino con lo dual; naturalmente, el carácter andrógino se refiere al aspecto psíquico: el cuerpo conserva su sexo. Pero la mente ya no se identifica con él (como tampoco el niño pequeño se identifica con el sexo a pesar de que físicamente lo tiene). Este objetivo de bisexualidad también se expresa con el celibato y la indumentaria de los sacerdotes. Ser hombre es identificarse con el polo masculino del alma, con lo que la parte femenina automáticamente pasa a la sombra; por lo tanto, ser mujer es identificarse con el polo femenino, relegando al polo masculino a la sombra. Nuestro objetivo es tomar conciencia de nuestra sombra. Pero esto sólo se consigue a través de la proyección. Debemos buscar y hallar fuera de nosotros lo que nos hace falta y que, en realidad, está dentro de nosotros.

Esto, a primera vista, parece una paradoja: tal vez por ello sean tan pocos los que lo comprenden. Pero el reconocimiento requiere la división entre sujeto y objeto. Por ejemplo, el ojo ve pero no puede verse; para ello necesita de la proyección sobre un objeto. En la misma situación nos hallamos los seres humanos. El hombre sólo puede tomar conciencia de la parte femenina de su alma (C. G. Jung la llama «ánima») a través de su proyección sobre una mujer concreta, y la mujer, viceversa. Nosotros imaginamos la *sombra* estratificada. Hay capas muy profundas que nos angustian, y hay capas que están cerca de la superficie, esperando ser reconocidas y asumidas. Si encuentro a una persona que exhibe unas cualidades que se hallan en la parte superior de mi sombra, me enamoro de ella. Al decir *ella* me refiero tanto a la otra persona como a la parte de la propia sombra, puesto que, en definitiva, una y otra son idénticas.

Lo que nosotros amamos o aborrecemos en otra persona está siempre en nosotros mismos. Hablamos de amor cuando el otro refleja una zona de la sombra que en nosotros asumiríamos de buen grado, y hablamos de *odio* cuando alguien refleja una capa muy profunda de nuestra sombra que no deseamos ver en nosotros. El sexo opuesto nos atrae porque es lo que nos falta. A menudo nos da miedo porque nos es desconocido. El encuentro con la pareja es el encuentro con el aspecto desconocido de nuestra alma. Cuando tengamos claro este mecanismo de proyección en el otro de partes de la sombra propia, veremos todos los problemas de la convivencia a una nueva luz. Todas las dificultades que experimentamos con nuestra pareja son dificultades que tenemos con nosotros mismos.

Nuestra relación con el inconsciente siempre es ambivalente: nos atrae y nos atemoriza. No menos ambivalente suele ser nuestra relación con la pareja: la queremos y la odiamos, deseamos poseerla plenamente y librarnos de ella, la encontramos maravillosa e irritante. En el cúmulo de actividades y fricciones que constituyen una relación no hacemos más que andar a vueltas con nuestra sombra. Por ello, es frecuente que personas de carácter opuesto congenien. *Los extremos se atraen*: esto lo sabe todo el mundo, y no obstante siempre nos asombra que «se lleven tan bien siendo tan distintas». Mejor se llevarán dos personas cuanto más distintas sean, porque cada una vive la sombra de la otra o —más exactamente— cada una hace que su sombra viva en la otra. Cuando la pareja está formada por personas muy parecidas, aunque las relaciones resulten más apacibles y cómodas, no suelen favorecer mucho el desarrollo de quienes la componen: en el otro sólo se refleja la cara que ya conocemos: ello no acarrea complicaciones pero resulta aburrido. Los dos se encuentran mutuamente maravillosos y proyectan la sombra común al entorno, al que juntos rehúyen. En una pareja sólo son fecundas las divergencias, ya que a través de ellas, enfrentándose a la propia sombra descubierta en el otro, puede uno encontrarse a sí mismo. Está claro que el objetivo de esta tarea es encontrar la propia identidad total.

El caso ideal es aquel en el que, al término de la convivencia, hay dos personas que se han completado a sí mismas o, por lo menos —renunciando al ideal— se han desarrollado, descubriendo partes ignoradas del alma y asumiéndolas conscientemente. No se trata, desde luego, de la pareja de tórtolos que no pueden vivir el uno sin el otro. La frase de que uno no puede vivir sin el otro sólo indica que uno, por comodidad (también podríamos decir por cobardía), se sirve del otro para hacer que viva la propia sombra, sin reconocerse en la proyección ni asumirla. En estos casos (son la mayoría) el uno no deja que el otro se desarrolle, ya que con ello habría que cuestionarse el papel que cada uno se ha adjudicado. En muchos casos, cada uno de los dos se somete a psicoterapia, su pareja se queja de lo mucho que ha cambiado... («¡Nosotros sólo queríamos que desapareciera el síntoma!»)

La asociación de la pareja ha alcanzado su objetivo cuando el uno ya no necesita del otro. Sólo en este caso se demuestra que la promesa de «amor eterno» era sincera. El amor es un acto de la conciencia y significa abrir la frontera de la conciencia propia para dejar entrar aquello que se ama. Esto sucede sólo cuando uno acoge en su alma todo lo que la pareja representaba o —dicho de otro modo— cuando uno ha asumido todas las proyecciones y se ha identificado con ellas. Entonces la persona deja de hacer las veces de superficie de proyección —en ella nada nos atrae ni nos repele—, el amor se ha hecho eterno, es decir, independiente del tiempo, ya que se ha realizado en la propia alma. Estas consideraciones siempre producen temor en las personas que tienen proyecciones puramente materiales, que depositan el amor en las formas y no en el fondo de la conciencia. Esta actitud ve en la transitoriedad de lo terrenal una amenaza y se consuela con la esperanza de encontrar a sus «seres queridos» en el más allá. Pero suele pasar por alto que el «más allá» siempre está aquí.

El más allá es la zona que trasciende las formas materiales. El individuo no tiene más que transmutar en su mente todo lo visible, y ya está más allá de las formas. Todo lo visible no es más que un símbolo, ¿por qué no habían de serlo también las personas?

Con nuestra manera de vivir tenemos que hacer superfluo el mundo visible, y también a nuestra pareja. Sólo se plantean problemas cuando dos personas «utilizan» su asociación de forma diferente, y mientras una reconoce sus proyecciones y las integra, la otra se limita a proyectarse. En este caso, cuando uno se independiza, el otro se queda con el corazón destrozado. Y cuando ninguno de los dos pasa de la fase de proyección, tenemos un amor de los que duran hasta la muerte, y después, cuando falta la otra mitad, viene el desconsuelo (!). Dichoso del que comprenda que a uno no pueden arrebatarle aquello que ha asumido en su interior. El amor o es uno o no es nada. Mientras se deposita en los objetos externos no ha alcanzado su objetivo. Es importante conocer con exactitud esta interrelación de la pareja antes de establecer la analogía con lo que ocurre en los riñones. En el cuerpo hay órganos singulares (estómago, hígado, páncreas) y órganos pares como los pulmones, los testículos y los ovarios. Si examinamos los órganos pares, llama la atención el que todos tengan relación con el tema de «contacto» o «convivencia». Mientras los pulmones representan el contacto y comunicación con el entorno en general y los testículos y los ovarios, órganos sexuales, la relación sexual, los riñones son los órganos que corresponden a la convivencia con los semejantes. Por cierto que estos tres campos representan las tres denominaciones griegas del amor: *filia* (amistad), *eros* (amor sexual) y *agape* (la progresiva unificación con el todo).

Todas las sustancias que entran en el cuerpo pasan a la sangre. Los riñones actúan como una central de filtrado. Para ello tienen que poder reconocer qué sustancias son tolerables y aprovechables por el organismo y qué residuos y toxinas deben ser expulsados. Para realizar esta difícil tarea, los riñones disponen de diferentes mecanismos que, dada su complejidad, reduciremos a dos funciones básicas: la primera etapa del filtrado funciona como un tamiz mecánico en el que son retenidas las partículas a partir de un tamaño determinado. El poro de este tamiz tiene la luz precisa para retener hasta la más pequeña molécula de albúmina. El segundo paso, bastante más complicado, se basa en una combinación de ósmosis y del principio de la contracorriente. Esencialmente, la ósmosis consiste en el equilibrio de la presión y la concentración de dos líquidos separados entre sí por una membrana semipermeable. El principio de contracorriente hace que los dos líquidos de distinta concentración circulen repetidamente en sentido contrario con lo cual, en caso necesario, los riñones pueden expulsar orina concentrada (por ejemplo, en la micción matinal). Esta compensación osmótica sirve, en definitiva, para retener las sales vitales para el cuerpo, de las que depende, entre otras cosas, el equilibrio entre álcalis y ácidos.

El profano suele ignorar la importancia vital que tiene el equilibrio de los ácidos en el cuerpo, que se expresa numéricamente con el valor pH: Todas las reacciones bioquímicas (como por ejemplo la producción de energía y la síntesis de la albúmina) dependen de un valor pH estable dentro de unos márgenes muy estrechos. La sangre se mantiene en el justo medio entre lo alcalino y lo ácido, entre Yin y Yang. Análogamente, toda sociedad consiste en la tentativa de situar en equilibrio armónico los dos polos, el masculino (Yang, ácido) y el femenino (Yin, alcalino). Como el riñón se encarga de garantizar el equilibrio entre ácido y alcalino, así la sociedad, análogamente, trata de que el individuo, mediante la unión con otra persona que vive la sombra de uno, se perfeccione y se complete. Así la otra mitad (la «media naranja») con su manera de ser, compensa lo que a uno le falta.

De todos modos, el mayor peligro de la pareja estriba en la convicción de que los problemas y perturbaciones se deben únicamente a la convivencia y no tienen nada que ver con uno. En este caso, uno se queda atascado en la fase de la proyección y no reconoce la necesidad ni el beneficio de asumir e integrar la parte de la propia sombra reflejada por la pareja, y crecer y madurar con esta toma de conciencia. Si este error se refleja en el plano somático, los riñones dejarán pasar sustancias esenciales para la vida (albúmina, sales) a través del sistema de filtrado, con lo que unos componentes esenciales para el propio desarrollo pasan al mundo exterior (por ejemplo, en el caso de la glomerulonefritis). Los riñones, a su vez, demuestran la misma incapacidad para asimilar las sustancias importantes que manifestó la mente al no reconocer como propios problemas importantes y cargarlos al otro. Como el individuo tiene que reconocerse a sí mismo en el compañero, así también los riñones necesitan la facultad de reconocer la importancia que para la *propia* realización y desarrollo tienen las sustancias «ajenas», que vienen del exterior. La estrecha relación de los riñones con el tema de la «compenetración» y la «comunicación» se deduce claramente de determinadas costumbres de la vida diaria. En todas las ocasiones en las que las personas se reúnen con el propósito de comunicar, la bebida desempeña un papel preponderante. Ello no es de extrañar, ya que la bebida estimula el riñón, «órgano de la comunicación», y, por consiguiente, también la facultad de la comunicación psíquica. Es fácil entrar en contacto haciendo chocar las copas o las jarras de cerveza. Es éste un «choque» sin agresividad. En Alemania, es frecuente iniciar el tuteo con un brindis. Sin la bebida común, el establecimiento de contacto sería casi inconcebible. Tanto en una reunión de sociedad como en una fiesta popular, el individuo bebe para acercarse al prójimo. Por ello, suele mirarse con recelo al que bebe poco o nada, ya que denota que no quiere estimular sus órganos de contacto y que prefiere mantenerse a distancia. En todas estas ocasiones, se da preferencia a las bebidas muy diuréticas que excitan los riñones, como café, té y alcohol. (En las reuniones sociales no sólo se bebe sino que también se fuma. Y es que el tabaco estimula el otro de nuestros órganos de contacto, los pulmones. Es sabido que el individuo bebe mucho más en compañía que cuando está solo.) El acto de beber denota deseo de establecer contacto, aunque existe el peligro de que este contacto no pase de sucedáneo de la verdadera comunicación.

Los cálculos se forman por la precipitación y cristalización del exceso de ciertas sustancias de la orina (ácido úrico, fosfato y oxalato cálcico). Influye en la formación de cálculos, además de las condiciones ambientales, la cantidad de líquido que se bebe; el líquido reduce la concentración de una sustancia y aumenta la solubilidad. Cuando se forma un cálculo, se interrumpe el flujo y puede producirse el cólico. El cólico es la tentativa del cuerpo de expulsar el cálculo por medio de movimientos peristálticos del conducto urinario. Es un proceso tan doloroso como un parto. El dolor del cólico produce vivo desasosiego y deseo de movimiento. Si el cólico generado por el propio cuerpo no basta para expulsar la piedra, el médico hace saltar al paciente para ayudar a desalojar el cálculo. El tratamiento que se aplica para acelerar el parto de la piedra consiste en relajación, calor e ingestión de líquidos.

La relación de este proceso con el plano psíquico es evidente. El cálculo se compone de sustancias que en realidad hubieran debido ser eliminadas, ya que no son necesarias para el cuerpo. Ello corresponde a una acumulación de temas de los que el individuo hubiera tenido que aligerarse hace tiempo, ya que no eran necesarios para su desarrollo. Si uno se aferra a temas superfluos y trasnochados, éstos bloquean la corriente del desarrollo y producen congestión. El síntoma del cólico induce a ese movimiento que uno, con su agarrotamiento, deseaba impedir, y el médico exige al paciente lo más conveniente: saltar. Sólo el salto para dejar atrás lo inservible puede hacer fluir nuevamente el desarrollo y liberarnos de lo viejo (piedra).

Las estadísticas indican que los hombres son más propensos a los cálculos renales que las mujeres. Los temas de «armonía» y «convivencia» son para el hombre más difíciles que para la mujer, mejor dotada para manejar estos principios. La agresiva autoafirmación, por el contrario, entraña más dificultades para la mujer, por ser éste un principio más propio del hombre. Estadísticamente, ello se refleja en la ya indicada incidencia de los cálculos biliares en las mujeres. Las solas medidas terapéuticas aplicadas al cólico nefrítico describen ya perfectamente los principios que pueden servir de ayuda en la solución de problemas de armonía y convivencia: calor como expresión de afecto y amor, relajación de los vasos contraídos en señal de apertura y, finalmente, aumento de la fluidez para que todo vuelva a circular.

Riñón contraído = riñón artificial

La degeneración llega a su fase terminal cuando cesan todas las funciones del riñón y una máquina, el riñón artificial, tiene que encargarse de la vital tarea de purificar la sangre (diálisis). Ahora, el que no supo resolver sus problemas con la pareja de carne y hueso, encuentra pareja en la máquina perfecta. Cuando ninguna pareja fue lo bastante buena, ni lo bastante segura, o todo lo supeditó al propio afán de libertad e independencia, uno encuentra en el riñón artificial a la pareja ideal que hace todo lo que uno le pide sin exigir nada a cambio. Pero, por otro lado, uno depende enteramente de ella: tiene que ir a visitarla al hospital por lo menos tres veces a la semana o —si puede permitirse tener una máquina de propiedad— dormir fielmente a su lado noche tras noche. Uno no puede mantenerse apartado de ella mucho tiempo y tal vez así aprenda que la pareja perfecta no existe, para el que no es perfecto.

> **ENFERMEDADES DEL RIÑÓN**
>
> Cuando el riñón se obtura, debería hacerse las preguntas siguientes:
>
> 1. ¿Qué problemas de convivencia tengo?
> 2. ¿Acostumbro a pararme en la fase de proyección y considerar los defectos de mi pareja como problemas exclusivamente suyos?
> 3. ¿Dejo de verme a mí mismo en la manera de obrar de mi pareja?
> 4. ¿Me aferro a viejos problemas impidiendo con ello el libre curso del desarrollo?
> 5. ¿Qué saltos quiere hacerme dar en realidad la piedra de mi riñón?

La vejiga

La vejiga es el recipiente en el que la orina, es decir, todas las sustancias desechadas por los riñones, espera poder salir del cuerpo. La presión que provoca la orina acumulada impulsa a la evacuación, la cual produce un alivio. Todos sabemos por experiencia que muchas veces las ganas de orinar están relacionadas con determinadas situaciones. Siempre son situaciones en las que el individuo se encuentra bajo presión psíquica, ya sea un examen, un tratamiento o condiciones similares que generan ansiedad o tensión. La presión, experimentada primeramente en el plano psíquico, pasa al plano físico y se manifiesta en la vejiga.

La presión siempre nos insta a soltar y relajarnos. Cuando somos incapaces de atender esta llamada en el plano psíquico, tenemos que hacerlo a través de la vejiga. De este modo se experimenta claramente la magnitud de la presión de una situación, cuán dolorosa puede llegar a ser si no se la libera y qué alivio se siente al liberarla. Además, la somatización permite transformar la presión que se experimenta de modo pasivo en una presión activa puesto que, con el pretexto de ir al aseo, puede interrumpirse y manipularse casi cualquier situación. El que tiene que ir al aseo siente una presión y, al mismo tiempo, la ejerce: eso lo sabe el estudiante tan bien como cualquier paciente y siempre, inconsciente pero infaliblemente, recurre a este síntoma.

La relación entre síntoma y manipulación de poder, que está especialmente clara en este caso, desempeña también un papel importante en todos los síntomas. El enfermo siempre tiende a utilizar sus síntomas como medios de presión. Con esto abordamos uno de los más grandes tabúes de nuestro tiempo. El afán de dominio es un problema básico del ser humano. Mientras el individuo tiene un Yo, ansía dominar. Cada «... pero *yo* quiero», es expresión de este afán de dominio. Ahora bien, dado que, por otra parte, el poder se ha convertido en un concepto muy negativo, los humanos se sienten obligados a disimular su juego. Son relativamente pocas las personas que tienen el valor de declarar y asumir abiertamente su ansia de poder. La mayoría trata de imponerse indirectamente. Para ello utiliza ante todo los medios de la enfermedad y del desamparo social. Estos medios son relativamente seguros; no serán cuestionados porque los procesos funcionales y el medio social están por encima de toda sospecha.

Dado que casi todo el mundo utiliza, en alguna medida, estos medios para sus propias estrategias de dominio, a nadie interesa que sean desenmascaradas y toda tentativa dirigida a este fin es rechazada con viva indignación. Nuestro mundo es coaccionable por la enfermedad y la muerte. Por medio de la enfermedad casi siempre puede lograrse lo que, sin síntomas, nunca se conseguiría: atención, compasión, dinero, tiempo libre, ayuda y poder sobre los demás. Este beneficio secundario de la enfermedad, que se consigue utilizando el síntoma como instrumento de dominio, no pocas veces impide la curación.

El tema del «síntoma como expresión de dominio» está patente en la enuresis. Si durante el día un niño está sometido a una presión tan fuerte (padres, escuela) que no puede relajarse ni formular sus propias pretensiones, la enuresis nocturna resuelve varios problemas a la vez: permite la relajación de la presión sufrida y, al mismo tiempo, proporciona la oportunidad de hacer que los padres, siempre tan fuertes y poderosos, queden reducidos a la impotencia. Por medio de este síntoma, el niño, encubiertamente desde luego, responde a la presión que soporta durante el día. Y no hay que olvidar la relación existente entre la enuresis y el llanto. Ambos sirven para descargar una presión interna. Por lo tanto, la enuresis podría describirse también como un «llanto inferior».

En todos los demás síntomas de la vejiga intervienen los temas comentados hasta ahora. En la cistitis o inflamación, el escozor al orinar indica claramente cuánto duele al paciente «dejarlo correr». Las frecuentes ganas de orinar sin evacuación de líquido o con una evacuación mínima denotan incapacidad de desasirse de un tema, a pesar de la presión. En todos estos síntomas, hay que recordar que las sustancias o, en su caso, temas que hay que dejar correr, ya están pasados y no representan más que lastre.

ENFERMEDADES DE LA VEJIGA

Las afecciones de la vejiga plantean las siguientes preguntas:

1. ¿A qué cosas me aferro, a pesar de que están superadas y esperando ser evacuadas?
2. ¿Qué hace que yo mismo me someta a presión y la proyecte sobre otros (un examen, el jefe)?
3. ¿Qué temas superados tengo que dejar correr?
4. ¿Por qué lloro?

IX
LA SEXUALIDAD Y
EL EMBARAZO

La sexualidad es el ámbito más amplio en el que los humanos dirimen, practicando, el tema de la polaridad. El ser humano experimenta su *carencia* y busca aquello que le falta. En la unión corporal con su polo opuesto alcanza un nuevo estado de conciencia al que llama orgasmo. Este estado lo asimila el individuo a la felicidad. Sólo tiene un inconveniente: no puede mantenerse en el tiempo. El ser humano trata de compensar este inconveniente por medio de la reiteración. Por muy breve que sea este momento, indica al individuo que hay estados de conciencia cualitativamente muy superiores al «normal». Esta sensación de felicidad es también lo que, en definitiva, impide que el ser humano descanse, lo que le hace estar siempre buscando algo. La sexualidad revela ya la mitad del secreto: cuando se unen dos polos formando una unidad se produce una sensación de felicidad. Por lo tanto, la felicidad es «unidad». Ahora queda la segunda mitad del secreto, la que nos revele cómo se puede prolongar indefinidamente este estado. Muy sencillo: mientras la unión de los opuestos se realice sólo en el plano corporal (sexualidad), el estado de la conciencia (orgasmo) resultante está limitado en el tiempo, ya que este plano del cuerpo está sometido a la ley del tiempo. Sólo se libera uno del tiempo realizando la unión de los opuestos también en la mente: si consigo alcanzar la unidad en este plano, habré encontrado la felicidad eterna, es decir, fuera del tiempo.

Con este reconocimiento empieza el camino esotérico, que en Oriente se llama camino del yoga. Yoga es una palabra sánscrita que significa yugo. El yugo siempre forma unidad de una dualidad: dos bueyes, dos cubos, etc. Yoga es el arte de unir la dualidad. Dado que la sexualidad contiene en sí el esquema básico del camino y, al mismo tiempo, lo expone en un plano accesible a todos los seres humanos, la sexualidad ha sido utilizada en todos los tiempos para la representación analógica del camino. Aún hoy el turista contempla con asombro y perplejidad en los templos orientales las —a su modo de ver— pornográficas imágenes. No obstante, aquí la unión sexual de dos divinidades se utiliza para exponer simbólicamente el gran secreto de la *conjunctio oppositorum*.

Una de las peculiaridades de la teología cristiana es la de haber denostado de tal manera el cuerpo y la sexualidad que nosotros, hijos de una cultura de raíz cristiana, tratamos de construir un antagonismo irreconciliable entre el sexo y *la senda espiritual* (... desde luego, el simbolismo sexual no siempre ha sido ajeno a los cristianos, como demuestran, por ejemplo, las «doctrinas de la esposa de Cristo»). En muchos grupos que se consideran a sí mismos «esotéricos» se cultiva todavía activamente esta oposición entre carne y espíritu. En estos círculos se confunde básicamente la *transmutación* con la *represión*. También aquí bastaría comprender el fundamento esotérico «así arriba como abajo» para darse cuenta de que lo que el ser humano no consiga *abajo* nunca podrá realizarlo *arriba*. Es decir, el que tenga problemas sexuales deberá resolverlos en el aspecto corporal, en lugar de buscar la salvación en la huida: la unión de los opuestos es aún mucho más difícil en los planos «superiores».

Desde este punto de vista, tal vez resulte comprensible por qué Freud relaciona casi todos los problemas humanos con la sexualidad. Esta actitud tiene su justificación y sólo adolece de un pequeño *defecto de forma*. Freud (y todos los que piensen de este modo) omitió dar el último paso desde el plano de la manifestación concreta hasta el principio que se halla detrás de ella. Porque la sexualidad no es sino una de las formas de expresión posibles del principio de la «polaridad» o «unión de los contrarios». Planteado el tema de esta forma abstracta, incluso los críticos de Freud tendrían que convenir en que todos los problemas humanos pueden reducirse a la polaridad y a la tentativa de aunar los contrarios (este paso lo dio finalmente C. G. Jung). De todos modos, lo cierto es que la mayoría de los seres humanos descubren, experimentan y dirimen los problemas de la polaridad primeramente en el plano de la sexualidad. Ésta es la razón por la que la sexualidad y la convivencia generan los mayores motivos de conflicto para el ser humano: es el difícil problema de la «polaridad» lo que atormenta al ser humano hasta que éste halla el punto de la unidad.

Trastornos de la regla

El flujo mensual es expresión de feminidad, fertilidad y receptividad. La mujer está sometida a este ritmo. Tiene que amoldarse a él y aceptar las limitaciones que le impone. Con el término de *amoldarse* tocamos un aspecto fundamental de la feminidad: la abnegación. Al decir feminidad nos referimos al principio general del polo femenino en el mundo, al que los chinos, por ejemplo, llaman Yin, los alquimistas simbolizan con la luna y la psicología profunda expresa con el símbolo del agua. Desde esta óptica, cada mujer no es sino manifestación del principio femenino arquetípico. El principio femenino puede definirse por su receptividad. Así en *I Ching* se lee: «Lo masculino rige lo creativo, lo femenino rige lo receptivo.» Y, en otro lugar: «En la receptividad está la mayor capacidad de entrega del mundo.»

La capacidad de entrega es la característica esencial de la mujer: es la base de todas las demás facultades, como la de apertura, absorción, acogida. La capacidad de entrega exige también la renuncia a la actuación activa. Examinemos los símbolos de la feminidad: la luna y el agua. Ambos renuncian a irradiar y emitir como sus polos opuestos, el sol y el fuego. Por ello, son capaces de absorber, acumular y reflejar la luz y el calor. El agua renuncia a la pretensión de poseer forma propia: adopta cualquier forma. Se amolda, en entrega.

La polaridad sol y luna, fuego y agua, masculino y femenino, no lleva implícita valoración alguna. Toda valoración sería absolutamente improcedente, ya que, por sí solo, cada polo está incompleto: para estar entero necesita del otro polo. Ahora bien, esta calidad de entero sólo se consigue cuando ambos polos representan plenamente su peculiaridad específica. En muchas reivindicaciones emancipadoras se pasan por alto fácilmente estas leyes del arquetipo. Sería una tontería que el agua se quejara de no poder arder ni brillar y por ello se sintiera inferior. Precisamente por no poder arder puede recibir, capacidad a la que el fuego tiene que renunciar. Uno no es mejor ni es peor que el otro, sólo es diferente. De esta diferencia entre los polos surge la tensión llamada «vida». Nivelando los polos no se consigue eliminar oposiciones. La mujer que acepte y viva plenamente su feminidad nunca se sentirá «inferior».

La «no reconciliación» con la propia feminidad subyace en la mayoría de los trastornos menstruales y en muchos otros síntomas del campo sexual. La entrega, la adaptabilidad, siempre es difícil para el ser humano, exige renuncia a la propia voluntad, al yo, al predominio del ego. Uno tiene que sacrificar algo de su ego, una parte de sí, y esto es lo que la menstruación exige de la mujer. Porque, con la sangre, la mujer sacrifica una parte de su fuerza vital. La regla es un pequeño embarazo y un pequeño parto. Y, en la medida en que una mujer no esté conforme con esta «regla», se producirán trastornos y dolencias menstruales. Éstos indican que una parte de la mujer (por lo general, inconscientemente) se rebela ya sea a la regla, al sexo o al hombre, o a todo ello. Precisamente a esta rebelión, «yo no quiero», apela la propaganda de las compresas y tampones, prometiendo que, si empleas el producto, serás libre y podrás hacer todo lo que quieras durante el *período*. La publicidad explota hábilmente el conflicto básico de la mujer: ser mujer, sí, pero no aceptar lo que trae consigo la condición femenina.

A la que sufre dolores menstruales le duele ser mujer. Los problemas menstruales denotan problemas sexuales, pues la resistencia a la entrega que se manifiesta en el trastorno menstrual delata un agarrotamiento de la vida sexual. La que se relaja en el orgasmo se relaja también en la menstruación. El orgasmo es una pequeña muerte, lo mismo que el sueño. También la menstruación tiene algo de muerte: unos tejidos mueren y son expulsados. Pero morir no es sino la invitación a superar las limitaciones del Yo y sus ansias de dominio y dejar que las cosas sigan su curso. La muerte sólo es una amenaza para el ego, nunca para el ser humano en sí. El que se aferra al ego experimenta la muerte como una lucha. El orgasmo también es una pequeña muerte, porque exige desprenderse del Yo. Y es que el orgasmo es la unión del Yo y el Tú, lo cual presupone la apertura de la frontera del Yo. Quien se aferra al Yo no experimenta el orgasmo (lo mismo ocurre cuando se quiere conciliar el sueño, como se verá más adelante). La afinidad entre muerte, orgasmo y menstruación debería estar clara: es la capacidad de entrega, el estar dispuesto a sacrificar una parte del ego.

No es de extrañar, pues, que, como ya hemos visto, las

anoréxicas no menstrúen o padezcan trastornos menstruales: es el ansia de dominio reprimida lo que les impide aceptar la regla. Tienen miedo de su feminidad, miedo de la sexualidad, de la fertilidad y de la maternidad. Se ha comprobado que en situaciones de gran angustia e inseguridad, catástrofes, cárcel, campos de trabajo y campos de concentración suelen producirse faltas de la menstruación (amenorrea secundaria). Y es que, desde luego, tales situaciones, lejos de fomentar el tema de la «entrega», inducen a la mujer a adoptar actitudes masculinas de actividad y autoafirmación.

Hay otro aspecto de la menstruación que no debemos pasar por alto: el flujo menstrual es expresión de la facultad de tener hijos. La menstruación produce reacciones distintas, según la mujer desee tener un hijo o no. Si lo desea, le indica que «tampoco esta vez pudo ser». En este caso, el período provoca molestias y mal humor. La regla se acusa «con dolor». Pese a su deseo de tener hijos, estas mujeres suelen utilizar métodos anticonceptivos, aunque poco fiables: es el compromiso entre la inconsciente ansia de maternidad y el afán de procurarse una coartada. Si la mujer teme quedar embarazada, espera la regla con ansiedad, lo cual es el medio más seguro para producir un retraso. El flujo suele ser entonces abundante y prolongado, circunstancia que también puede utilizarse para rehuir el sexo. Básicamente, la regla, como cualquier síntoma, puede esgrimirse como instrumento ya sea para eludir el acto sexual, ya para reclamar atenciones y mimos.

La menstruación es determinada físicamente por la interrelación de la hormona femenina estrógeno y la hormona masculina gestágeno. Esta interrelación corresponde a una «sexualidad a escala hormonal». Si esta «sexualidad hormonal» se perturba, se trastorna también la regla. Esta clase de anomalías difícilmente se subsana con la administración de hormonas medicamentosas, ya que las hormonas son exclusivamente representantes materiales de las partes del alma masculina y femenina. La curación sólo puede hallarse en la reconciliación con la propia condición sexual, ya que éste es requisito indispensable para poder realizar en sí el polo del sexo opuesto.

El embarazo imaginario (seudogravidez)

El embarazo imaginario nos permite observar con claridad meridiana la traslación de procesos psíquicos al campo somático. Estas mujeres no sólo experimentan síntomas subjetivos del embarazo, como antojos, sensación de hartazgo, náuseas y vómitos, sino también la típica hinchazón de los pechos, pigmentación de los pezones e, incluso, secreción láctica. La mujer siente los movimientos del niño y el vientre se le abulta como en los últimos meses de un embarazo real. Este fenómeno del embarazo aparente, conocido desde la antigüedad pero relativamente raro, se debe al conflicto entre un gran deseo de tener hijos y el miedo inconsciente a la responsabilidad. Si el embarazo aparente se presenta en mujeres que viven solas y aisladas, puede ser indicio de un conflicto entre sexualidad y maternidad. Una desea desempeñar el *noble* papel de madre pero sin que intervenga el *innoble* contacto sexual. En cualquier caso, el embarazo aparente del cuerpo indica la verdad: se hincha sin contenido.

Problemas del embarazo

Los problemas del embarazo denotan siempre un rechazo del niño. Esta afirmación será sin duda rebatida con vehemencia por aquellas personas en las que mejor encaja. Pero, si queremos conocer la verdad, si queremos conocernos a nosotros mismos, tenemos que prescindir de los valores hábituales. Porque son el peor enemigo de la sinceridad. Mientras uno esté convencido de que para ser *buena* persona sólo tiene que mantener una actitud u observar un comportamiento determinados, forzosamente reprimirá todos los impulsos que no encajen con su esquema. Estos impulsos reprimidos son lo que, en forma de síntomas corporales, equilibran la realidad.

No nos cansamos de insistir sobre este aspecto, para que nadie se engañe a sí mismo con un precipitado: «¡Eso no va conmigo!» El tener hijos es precisamente uno de los temas más positivamente valorados, lo que da lugar a mucha falta de sinceridad, la cual, a su vez, se traduce en síntomas. Por ejemplo, las pérdidas indican el deseo de perder el niño: es un aborto inconsciente. Este rechazo del niño se manifiesta en forma más suave en la (casi habitual) náusea y, especialmente, en los vómitos del embarazo. Es síntoma que se manifiesta sobre todo en mujeres muy delicadas y delgadas, dado que en ellas el embarazo produce un fuerte incremento de las hormonas femeninas (estrógeno). Pero, precisamente en las mujeres menos femeninas, esta irrupción (hormonal) de feminidad genera un temor y rechazo que se manifiesta en náuseas y vómitos. La generalizada sensación de náusea y malestar durante un embarazo indica únicamente que son muchos los casos en los que la llegada de un hijo provoca, además de alegría, una sensación de rechazo. Ello es comprensible, ya que, al fin y al cabo, un hijo supone un cambio trascendental en la vida y una responsabilidad que, en un principio, indudablemente desencadena temor. Pero, en la medida en que este conflicto no se afronta conscientemente, el rechazo pasa al cuerpo.

Gestosis del embarazo

Hay que distinguir entre la gestosis temprana (entre la sexta y la decimocuarta semana) y la gestosis tardía llamada también toxemia del embarazo. La gestosis se manifiesta con hipertensión, pérdida de albúmina por el riñón, calambres (eclampsia del embarazo), mareos y vómitos matutinos. El cuadro indica rechazo del niño e intentos, unos simbólicos y otros concretos, de librarse de él. La albúmina que se pierde por los riñones es muy necesaria para el niño. Pero, puesto que se *pierde,* no le es suministrada: se trata, pues, de impedir su crecimiento negándole la materia prima. Los calambres revelan el intento de expulsar al niño (se asimilan a las contracciones del parto). Todos estos síntomas, relativamente frecuentes, indican el conflicto descrito. De la violencia y peligrosidad de los síntomas puede deducirse la fuerza del rechazo o en qué medida la madre está dispuesta a admitir al niño.

En la gestosis tardía encontramos un cuadro ya más agudo que amenaza seriamente no sólo al bebé sino también a la madre. En este caso, el riego sanguíneo de la placenta se reduce sustancialmente. La superficie de intercambio de la placenta es de doce a catorce metros cuadrados. Con la gestosis, queda reducida a unos siete metros cuadrados, y con menos de cuatro metros y medio, el feto muere. La placenta es el órgano de contacto entre la madre y el hijo. Si el riego sanguíneo se reduce, se merma el contacto. La insuficiencia placentaria provoca la muerte del feto en una tercera parte de los casos. Si el bebé sobrevive a la gestosis tardía, suele ser raquítico y tener aspecto de anciano. La gestosis tardía es el intento del cuerpo de asfixiar al niño, en el cual la madre arriesga su propia vida.

La medicina considera que son propensas a la gestosis las diabéticas, las enfermas del riñón y las obesas. Si examinamos estos tres grupos vemos que tienen un problema común: el amor. Las diabéticas son incapaces de aceptar amor y, por lo tanto, tampoco pueden darlo; las enfermas de riñón tienen problemas de convivencia, y las obesas, con su bulimia, indican que tratan de resarcirse de la falta de amor con la comida. No es pues de extrañar que mujeres que tienen problemas con el tema del «amor» tengan dificultades para abrirse a un niño.

El parto y la lactancia

Todos los problemas que retrasan o dificultan el parto indican la tentativa de retener al niño, la negativa de separarse de él. Este problema ancestral entre madre e hijo se repite cuando el hijo quiere abandonar la casa paterna. Es la misma situación en planos distintos: en el parto, el niño abandona la seguridad del claustro materno y, en el segundo caso, el amparo de la casa paterna. Ambas situaciones suelen conducir a un «parto difícil» hasta que, finalmente, se corta el cordón umbilical. También aquí el tema consiste en «soltar».

Cuanto más profundizamos en los cuadros de la enfermedad y, por consiguiente, en los problemas del ser humano, mejor observamos que la vida humana oscila entre los polos de «tomar» y «dejar». El primero suele llamarse también «amor» y el segundo, en su forma extrema, «muerte». Vivir consiste en ejercitar rítmicamente la aceptación y el desprendimiento. Lo más frecuente es que se pueda hacer una cosa y no la otra y, a veces, ninguna de las dos. En el acto sexual, la mujer tuvo que abrirse y ensancharse para admitir al Tú. En el parto tiene que volver a abrirse y ensancharse, ahora para desprenderse de una parte de su ser, a la que debe dejar que se convierta en Tú. Si se resiste, el parto se complica y hay que recurrir a la cesárea. Los niños hipermaduros suelen nacer por cesárea, carácter que expresa esta «resistencia a la separación». También las restantes causas que suelen determinar la práctica de la cesárea son indicio del mismo problema: la mujer tiene miedo de ser demasiado *estrecha,* de sufrir desgarro del periné o de resultar poco atractiva para el hombre.

El problema contrario se da en el parto prematuro que suele ser provocado por una rotura de aguas antes de tiempo, la cual, a su vez, es debida a contracciones que se adelantan a su momento. Es el intento del niño por *abrirse paso.*

La lactancia materna es mucho más que simple alimentación. La leche materna contiene anticuerpos que protegen al niño durante el primer medio año. Sin la leche materna, el niño carece de esta protección que es mucho más amplia que la que proporcionan los anticuerpos por sí solos. El niño que no mama de su madre está privado del contacto directo y falto de la sensación de protección que la madre transmite por el acto de «apretarlo contra su pecho». El caso del niño que no mama de su madre expresa la falta de deseo de la madre de alimentarlo, de protegerlo, de ocuparse personalmente de él. Este problema es objeto de una represión más profunda en las madres que no tienen leche que en las que reconocen francamente que no quieren dar de mamar.

Esterilidad

Cuando una mujer no tiene hijos a pesar de desearlos, ello indica bien la presencia de un rechazo inconsciente, bien que el deseo de tener un hijo se funda en una motivación engañosa. Motivación engañosa puede ser, por ejemplo, el afán de retener a la pareja por medio del niño o el de relegar a segundo plano problemas existentes. En tales casos, el cuerpo suele reaccionar con sinceridad y clarividencia. Análogamente, la esterilidad del hombre indica el miedo a las ataduras y a la responsabilidad que un niño pondría en su vida.

La menopausia y el climaterio

El final de la menstruación supone para la mujer un cambio de vida tan trascendental como la aparición de la primera regla. La menopausia señala a la mujer la pérdida de la facultad de procrear y, por lo tanto, también la pérdida de una forma de expresión específicamente femenina.

La manera en que este cambio sea experimentado y asumido por la mujer dependerá de su actitud hacia la propia feminidad y de la satisfacción sexual experimentada hasta el momento. Además de las reacciones secundarias de ansiedad, irritabilidad y falta de energía, todos ellos indicios de dificultad para amoldarse a la nueva etapa de la vida, existen una serie de síntomas de carácter más somático. Son conocidos los *sofocos,* con los cuales, en realidad, se pretende aparentar «calor sexual». Es un intento de demostrar que, con la pérdida de la regla, no se ha perdido la feminidad en el sentido sexual, y de este modo una demuestra que está *caliente.* También las frecuentes hemorragias son afán de simular fertilidad y juventud.

La magnitud de los problemas y dolencias del climaterio dependen, en gran medida, de la plenitud con que se haya experimentado la propia feminidad. Todos los deseos no realizados suelen agigantarse en esta fase, produciendo amargura por las oportunidades perdidas, ansiedad y deseos de recuperación. Sólo lo no vivido nos hace *arder.* En esta fase de la vida, suelen producirse también los miomas del útero, tumores benignos del tejido muscular. Estos tumores de la matriz simbolizan un embarazo: la mujer alimenta en la matriz algo que luego habrá que extraer por medio de una operación que será como un parto. Los miomas pueden considerarse indicio de inconscientes deseos de embarazo.

Frigidez e impotencia

Detrás de todos los trastornos sexuales está el miedo. Ya hemos hablado de la relación existente entre el orgasmo y la muerte. El orgasmo amenaza nuestro Yo, ya que libera una fuerza que no podemos dominar, que no podemos controlar con nuestro ego. Todos los estados de éxtasis o delirio —tanto de índole sexual como religioso— desencadenan en las personas fascinación y temor. El temor se acrecienta en la medida en que una persona está acostumbrada a controlarse. El éxtasis es pérdida del control.

El autodominio es una cualidad que nuestra sociedad valora de forma muy positiva y que, por lo tanto, inculca activamente en los niños («¡Ya basta de llanto!»). La afirmación de que un riguroso autodominio facilita la convivencia social es también muestra de la increíble falsedad de esta sociedad. En definitiva, el autodominio no es sino la represión al inconsciente de todos los impulsos no deseados por una comunidad. Con ello, el impulso desaparece de la vista, sí, pero tenemos que preguntarnos qué pasará con él. Por naturaleza, el impulso tiene que manifestarse, es decir que pugnará por volver a salir a la superficie, y el ser humano tendrá que seguir gastando energía para seguir reprimiéndolo y controlándolo.

Aquí se ve por qué el ser humano tiene miedo a la pérdida de control. Un estado de éxtasis o embriaguez «destapa» el inconsciente y enseña todo lo que hasta ahora fuera cuidadosamente ocultado. Y el ser humano practica una sinceridad que habitualmente le resulta dolorosa. «*In vino veritas*», decían ya los romanos. En la embriaguez, de un manso cordero brotan accesos de furiosa agresividad, mientras que un «tipo duro» puede echarse a llorar. La reacción es auténtica, pero socialmente indecorosa: por eso, «uno tiene que dominarse». En estos casos, el hospital nos hace sinceros.

La persona que, por miedo a perder el control, constantemente se ejercita en el autodominio, encuentra muy difícil renunciar al control del Yo sólo en la sexualidad y dejar libre curso a los acontecimientos. En el orgasmo, ese pequeño Yo del que siempre estamos tan orgullosos, tiene que desaparecer. En el orgasmo, el Yo muere (¡... por desgracia, sólo momentáneamente, ya que, si no, la iluminación sería mucho más fácil!). Pero el que se aferra al Yo bloquea el orgasmo. Cuanto más pretende el Yo forzar el orgasmo, menos lo consigue. Esta ley, aunque conocida, se olvida con frecuencia. Mientras el Yo desea algo, es imposible alcanzarlo. En última instancia, el deseo se traduce en todo lo contrario: desear dormir produce insomnio, desear potencia hace impotente. ¡Mientras el Yo ansíe la iluminación no la conseguirá! El orgasmo es la renuncia al Yo: sólo así se consigue la «unificación», porque mientras exista un Yo existirá también un «los otros» y viviremos en la dualidad. Si quieren experimentar el orgasmo, tanto el hombre como la mujer tienen que relajarse, dejar que las cosas sigan su curso. Pero, para que haya armonía en la relación sexual, además de este requisito común, hombre y mujer tienen que cumplir otros específicos de su sexo.

Ya hemos hablado extensamente de la capacidad de entrega como principio de la feminidad. La frigidez indica no que una mujer no quiera entregarse plenamente sino que quiere hacer de hombre. No desea supeditarse, no quiere estar «abajo», quiere mandar. Estas ansias de dominio y de poder son expresión del principio masculino e impiden que la mujer se identifique plenamente con el principio de la feminidad. Estas alteraciones, naturalmente, tienen que perturbar un proceso polar tan sensible como la sexualidad. Esta observación se confirma por el hecho de que las mujeres frígidas pueden experimentar el orgasmo por medio del onanismo. En el onanismo desaparece el problema del dominio y la entrega: una se siente sola y no necesita acoger a nadie, sólo las propias fantasías. Un Yo que no se ve amenazado por un Tú se retira voluntariamente. En la frigidez se manifiestan también los temores de las mujeres a sus propios instintos, especialmente cuando se valoran tópicos tales como *mujer decente, golfa*, etc. La mujer frígida no quiere relajarse ni abrirse, sino mantenerse *fría*.

El principio masculino es *hacer, crear* y *realizar*. El hombre (Yang) es activo y, por lo tanto, agresivo. La potencia sexual es expresión y símbolo de poder, la impotencia es debilidad. Detrás de la impotencia está el temor a la propia masculinidad y a la propia agresividad. Uno tiene miedo a tener que *demostrar su hombría*. La impotencia es también expresión de temor a la feminidad en sí. Lo femenino se ve como una amenaza que quiere engullirnos. Lo femenino se manifiesta aquí en el aspecto de la vieja que se come a los niños, la bruja. Uno no quiere ir a la «guarida de la bruja». Ello demuestra también poca identificación con la masculinidad y, por lo tanto, con los atributos de poder y agresividad. El impotente se identifica más con el polo pasivo y el papel del subordinado. Tiene miedo a la acción. Y, una vez más, se entra en el círculo vicioso de tratar de conseguir la potencia con la voluntad y el esfuerzo. Cuanto mayor es la presión, más inalcanzable la erección. La impotencia debería ser el acicate para averiguar la propia actitud frente a los temas de poder, fuerza y agresividad y las fobias relacionadas con ellos.

Al examinar los problemas sexuales en general no hay que olvidar que en el alma del ser humano hay un aspecto femenino y un aspecto masculino y que, en definitiva, cada cual, sea hombre o mujer, tiene que desarrollar totalmente ambos aspectos. Pero este difícil camino empieza por la total identificación con la propia sexualidad corporal. Una vez asumido este polo, se podrá despertar e integrar conscientemente la parte del alma correspondiente al otro polo, a través del encuentro con el otro sexo.

X
CORAZÓN Y CIRCULACIÓN

**Presión baja = presión alta
(Hipotensión = hipertensión)**

La sangre simboliza la vida. La sangre es el sustentador material de la vida y expresión de la individualidad. La sangre es «un jugo muy especial», es el jugo de la vida. Cada gota de sangre contiene a todo el individuo, de ahí la gran importancia de la sangre en la magia. Por eso los Pendler utilizan una gota de sangre como Mumia. Por eso basta una gota de sangre para hacer un diagnóstico completo.

La presión sanguínea es expresión de la dinámica del ser humano. Se deriva de la interacción del fluido sanguíneo y las paredes de los vasos que lo contienen. Al considerar la presión sanguínea, no debemos perder de vista estos dos componentes antagónicos: por un lado, el líquido que corre y, por el otro, las paredes de los vasos que los contienen. Si la sangre refleja el ser, las paredes de los vasos representan las fronteras a las que se orienta el desarrollo de la personalidad, y la resistencia que se opone al desarrollo.

Una persona con la presión sanguínea baja (hipotenso) no desafía en absoluto estas fronteras. No trata de cruzarlas sino que rehúye toda resistencia: nunca va hasta el límite. Si tropieza con un conflicto, se retira rápidamente, y así se retira también la sangre, hasta que la persona se desmaya. Por lo tanto, este individuo renuncia a todo poder (¡aparentemente!); él y su sangre se retiran y dimiten de su responsabilidad. Por el desmayo, el individuo pierde el conocimiento, se retira hacia lo desconocido y se desentiende de los problemas: se ausenta. La clásica escena de opereta: una señora es sorprendida por su esposo en una situación comprometida, ella se desmaya y todos los presentes se afanan por hacerle recobrar el conocimiento, salpicándola de agua, dándole aire y haciéndole oler sales, porque ¿qué objeto puede tener el más bello de los conflictos si el protagonista se retira a otro plano renunciando bruscamente a cualquier responsabilidad?

El hipotenso, literalmente, se evade, por falta de ánimo y de valor. Se desentiende de todo desafío, y los que están a su alrededor le sostienen las piernas en alto, para que la sangre afluya a la cabeza, centro de poder, y él recupere el conocimiento y pueda asumir su responsabilidad. La sexualidad es uno de los temas que el hipotenso rehúye, pues la sexualidad depende en gran medida de la presión sanguínea.

En el hipotenso solemos encontrar también el cuadro de la anemia cuya forma más frecuente consiste en falta de hierro en la sangre. Ello perturba la transformación de la energía cósmica (prana) que absorbemos con cada aspiración en energía corporal (sangre). La anemia indica la negativa a absorber la parte de energía vital que a uno le corresponde y convertirla en poder de acción. También en este caso se utiliza la enfermedad como pretexto por la propia pasividad. Falta la presión necesaria.

Todas las medidas terapéuticas indicadas para el aumento de la presión están relacionadas con el desarrollo de energía, lo cual es en sí bastante revelador, y sólo actúan mientras son aplicadas: fricciones, hidromasaje, movimiento, gimnasia y curas de Kneipp. Aumentan la presión sanguínea porque uno hace algo y con ello transforma energía en fuerza. Su utilidad acaba en el momento en que uno interrumpe los ejercicios. El éxito permanente sólo puede conseguirse mediante la modificación de la actitud interior.

El polo opuesto es la presión muy alta (hipertensión). Por experimentos realizados, se sabe que la aceleración del pulso y el aumento de la presión sanguínea no se producen únicamente como resultado de un incremento del esfuerzo corporal sino ya con la sola idea. La presión sanguínea de una persona también aumenta cuando, por ejemplo, en una conversación se plantea un conflicto que le afecta, pero vuelve a bajar cuando la persona habla del problema, es decir, lo traslada al terreno verbal. Este conocimiento, obtenido experimentalmente, es una buena base para comprender los resortes de la hipertensión. Cuando, por la constante imaginación de una acción, la circulación se acelera sin que esta acción llegue a transformarse en actividad, es decir, se descargue, se produce una «presión permanente». En este caso, el individuo es sometido por la imaginación a una excitación constante, y el sistema circulatorio mantiene esta excitación, con la esperanza de poder transformarla en acción. Si esto no se produce, el individuo permanece *sometido a presión*. Pero, y para nosotros esto es aún más importante, lo mismo ocurre en el plano de la acción en sí. Puesto que sabemos que el solo tema del conflicto produce un aumento de la presión y que, cuando hemos hablado de él, la presión vuelve a bajar, es evidente que el hipertenso se mantiene constantemente al borde del conflicto, pero sin aportar una solución. Tiene un conflicto, pero no lo afronta. El aumento de la presión sanguínea es una reacción fisiológica justificada: el organismo suministra más energía, a fin de que podamos acometer con vigor las tareas necesarias para resolver conflictos inminentes. Si esto se realiza, el exceso de energía es consumido y la presión vuelve a situarse al nivel normal. Pero el hipertenso no resuelve sus conflictos, por lo que no consume la sobrepresión. Por el contrario, se refugia en la actuación externa y, con un derroche de actividad en el mundo exterior, trata de distraerse a sí mismo y a los demás de la invitación a afrontar el conflicto.

Hemos visto que tanto el que tiene la tensión muy baja como el que la tiene muy alta rehúyen los conflictos, aunque con tácticas diferentes: mientras el primero se retira al inconsciente, el segundo se aturde a sí mismo y al entorno con un derroche de actividad y dinamismo. Por consiguiente, lo normal es que la tensión baja se dé con más frecuencia en las mujeres y la tensión alta en los hombres. Además, la hipertensión es indicio de agresividad reprimida. La hostilidad permanece encallada en la idea, y la energía aportada no es descargada mediante la acción. El individuo llama a esta actitud *autodominio*. El impulso agresivo provoca un aumento de presión y de autodominio, la contracción de los vasos. Así el individuo puede mantener la presión controlada. La presión de la sangre y la contrapresión de las paredes de los vasos provocan la sobrepresión. Después veremos cómo esta actitud de agresividad reprimida conduce directamente al infarto.

Existe también la hipertensión de la vejez, provocada por la calcificación de los vasos. El sistema vascular tiene por objeto la conducción y la comunicación. Con la edad, se pierde flexibilidad y elasticidad, la comunicación se entorpece y la presión aumenta.

El corazón

El palpitar del corazón es un proceso relativamente autónomo que, sin una técnica determinada (por ejemplo, *biofeedback)*, se sustrae a la voluntad. Este ritmo sinusal es expresión de una rigurosa norma del cuerpo. El ritmo cardíaco imita el ritmo respiratorio, el cual sí es susceptible de alteración voluntaria. El palpitar del corazón lleva un ritmo rigurosamente ordenado y armónico. Cuando, por las llamadas arritmias, el corazón se encalla momentáneamente o se desboca, ello manifiesta una perturbación del orden y el desfase respecto al esquema normal.

Si repasamos algunas de las muchas frases hechas en las que se habla del corazón, veremos que siempre se refieren a situaciones emotivas. Una emoción es algo que el individuo saca de sí, un movimiento de dentro afuera (latín *emovere*, mover hacia fuera). Decimos: *El corazón me salta de alegría; del susto, me ha dado un vuelco el corazón; se me sale del pecho; lo noto en la garganta; se me oprime el corazón*. Si una persona carece de esta parte emotiva, independiente del entendimiento, nos parece que *no tiene corazón*. Si dos personas están bien compenetradas decimos que *sus corazones laten al unísono*. En todas estas imágenes, el corazón es símbolo de un centro del individuo que no está regido ni por el intelecto ni por la voluntad.

Pero el corazón no es sólo *un* centro, sino *el* centro del cuerpo; está aproximadamente en el centro, ligeramente ladeado hacia la izquierda, el lado de los sentimientos (correspondiente al hemisferio cerebral derecho). Está exactamente en el lugar que uno toca cuando se señala a sí mismo. El sentimiento y, más aún, el amor están íntimamente unidos al corazón, como nos indican ya las frases hechas. El que *lleva a los niños en el corazón* es que los quiere. Cuando se *encierra a una persona en el corazón* es que uno se abre a ella. Tiene *gran corazón* la persona que es abierta y expansiva, todo lo contrario del individuo de *corazón mezquino*, que no conoce sentimientos *cordiales*, que tiene el *corazón duro*. Ése nunca dejaría que nadie le *robara el corazón* y por eso en nada *pone el corazón*. El *blando de corazón*, por el contrario, se arriesga a amar *con todo el corazón*, infinitamente. Estos sentimientos apuntan a la superación de la polaridad que para todo necesita unos límites y un fin.

Ambas posibilidades las encontramos simbolizadas en el corazón. Nuestro corazón anatómico está dividido interiormente, y el «latido» es bitonal. Con el nacimiento del individuo y su entrada en la polaridad, consumada con la primera inspiración de aire, se cierra la divisoria del corazón con un movimiento reflejo y lo que era *una* gran cámara y *un* sistema circulatorio se convierte súbitamente en *dos*, lo cual el recién nacido suele acusar con llanto. Por otra parte, la representación esquemática del símbolo del corazón —tal como lo pintaría espontáneamente un niño— se compone de dos cámaras redondas que terminan en un vértice. De la dualidad surge la unidad. A esto nos referimos al decir que *la madre lleva al niño debajo del corazón.* Anatómicamente, la expresión no tiene sentido: aquí el corazón se considera símbolo del amor, y no importa que la anatomía lo sitúe en la parte superior del cuerpo cuando el niño se está formando más abajo.

También podría decirse que el ser humano tiene dos centros, uno arriba y otro abajo: cabeza y corazón, entendimiento y sentimiento. De una persona *completa* esperamos que disponga de ambas funciones y que las tenga en armónico equilibrio. El individuo puramente cerebral resulta incompleto y frío. El que sólo se rige por un sentimiento resulta con frecuencia imprevisible y atolondrado. Sólo cuando ambas funciones se complementan y enriquecen mutuamente, el individuo se nos aparece *redondo.*

Las múltiples expresiones en las que se invoca el corazón indican que lo que hace perder al corazón su ritmo habitual y mesurado es siempre una emoción, que tanto puede ser el miedo que dispara el corazón o lo paraliza, como alegría o amor, los cuales aceleran de tal modo los latidos que uno los siente en la garganta. Lo mismo ocurre con las perturbaciones patológicas del ritmo cardíaco. Sólo que aquí la emoción que las provoca no se advierte. Y éste es el problema: las perturbaciones afectan a las personas que no se dejan desviar de su camino por «simples emociones». Y el corazón se altera porque el ser humano no se atreve a dejarse alterar por las emociones. El individuo se aferra a la razón y a la norma y no está dispuesto a dejarse gobernar por los sentimientos. No quiere romper la rutina de la vida por las acometidas de la emoción. Pues bien, en estos casos, la emoción pasa al terreno somático y uno empieza a padecer trastornos cardíacos y tiene que *auscultar su corazón* literalmente.

Normalmente, no percibimos los latidos del corazón: sólo una emoción o una enfermedad nos hacen sentirlos. No percibimos los latidos del corazón más que cuando algo nos excita o cuando algo se altera. Aquí tenemos la clave para la comprensión de todos los síntomas cardíacos: son síntomas que obligan al individuo a escuchar su corazón. Los enfermos cardíacos son personas que sólo quieren escuchar a la cabeza y dejan en su vida muy poco espacio al corazón. Esto se aprecia especialmente en el cardiófobo. Se llama cardiofobia (o neurosis cardíaca) a una angustia, sin fundamento físico, por el funcionamiento del propio corazón, que induce a una observación enfermiza del corazón. El miedo al ataque al corazón es tan fuerte en el cardioneurótico que éste no tiene inconveniente en cambiar totalmente de vida.

Si buscamos el simbolismo de este comportamiento, apreciaremos una vez más la sabiduría y la ironía con las que actúa la enfermedad: el que sólo quería regirse por el cerebro, es obligado a vigilar constantemente su corazón y *supeditar su vida a las necesidades del corazón*. Tiene tanto miedo de que su corazón un día se pare —miedo, por otra parte, totalmente justificado— que vive pendiente de él y lo sitúa en el centro de su mente. ¿No tiene gracia?

Lo que en el neurocardíaco se opera en el plano mental, en la angina de pecho ya ha pasado al cuerpo. Los vasos que llevan la sangre al corazón se han endurecido y estrechado y el corazón no recibe suficiente alimento. Aquí no hay mucho que explicar, pues todo el mundo sabe lo que significa un *corazón duro* o un corazón de piedra. Angina equivale a angostura, y angina de pecho, por lo tanto, es *estrechez de corazón*. Mientras que el cardioneurótico experimenta esta estrechez en forma de ansiedad, en el enfermo de angina pectoris esta estrechez se ha concretado. La terapia aplicada por la medicina académica en estos casos tiene un simbolismo original. Se administra al enfermo cápsulas de nitroglicerina (por ejemplo, Cafinitrina), es decir, material explosivo. De este modo se dilatan las estrecheces, a fin de volver a hacer sitio para el corazón en la vida del enfermo. Los enfermos cardíacos temen por su corazón, ¡y con razón!

Pero muchos no entienden la invitación. Cuando el miedo al sentimiento crece de tal modo que uno sólo se fía de la norma absoluta, la solución es hacerse colocar un marcapasos. Y así el ritmo vivo se sustituye por un marcador de compás (¡el compás es al ritmo lo que lo *muerto* es a lo *vivo*!). Lo que antes hacía el sentimiento lo hace ahora un aparato. Pero, si bien uno pierde la flexibilidad y capacidad de adaptación del ritmo cardíaco, ya no ha de temer los brincos de un corazón vivo. El que tiene un corazón «estrecho» es víctima de las fuerzas del Yo y de sus ansias de poder.

Todo el mundo sabe que la hipertensión favorece el infarto de miocardio. Ya hemos visto que el hipertenso es un individuo que tiene agresividad pero la reprime por medio del autodominio. Esta acumulación de energía se descarga por el infarto de miocardio: le rompe el corazón. El ataque al corazón es la suma de todos los ataques no lanzados. En el infarto, el individuo comprueba la verdad de que la sobrevaloración de las fuerzas del Yo y el dominio de la voluntad nos aíslan de la corriente de la vida. ¡Sólo un corazón duro puede quebrarse!

> **ENFERMEDADES CARDÍACAS**
>
> En los trastornos y afecciones cardíacas debería buscarse la respuesta a las siguientes preguntas:
>
> 1. ¿Tengo la cabeza y el corazón, el entendimiento y el sentimiento en un equilibrio armónico?
> 2. ¿Dejo a mis sentimientos espacio suficiente y me atrevo a exteriorizarlos?
> 3. ¿Vivo y amo con todo el corazón o sólo con la mitad?
> 4. ¿Mi vida es animada por un ritmo vivo o trato de forzarle un compás rígido?
> 5. ¿Hay aún en mi vida combustible y explosivo?
> 6. ¿Ausculto mi corazón?

Debilidad de los tejidos conjuntivos = varices = trombosis

El tejido conjuntivo (mesénquima) une todas las células específicas, las sostiene y une los diferentes órganos y unidades funcionales para formar un todo mayor que nosotros conocemos como figura. Un tejido conjuntivo débil indica falta de firmeza, tendencia a ceder y falta de elasticidad interna. Por regla general, se trata de personas muy susceptibles y rencorosas. Esta característica se manifiesta en el cuerpo por los hematomas que producen en estas personas los más leves golpes.

La debilidad del tejido conjuntivo favorece la formación de las varices. Éstas se deben a la acumulación, en las venas superiores de las piernas, de la sangre, que no retorna debidamente al corazón. Ello da preponderancia a la circulación en el polo inferior del ser humano y muestra la estrecha vinculación de una persona a la tierra. También denota cierta apatía y pesadez. A estas personas les falta elasticidad. En general, todo lo que hemos dicho en relación con la anemia y la hipotensión puede aplicarse a este síntoma.

Se llama trombosis a la obstrucción de una vena por un coágulo. El peligro de la trombosis consiste en que el coágulo se suelte, pase al pulmón y allí produzca una embolia. El problema que hay detrás de este síntoma es fácil de reconocer. La sangre, que debería ser fluida, se espesa, se coagula y no circula bien.

La fluidez exige siempre capacidad de transformación. En la misma medida en que deja de transformarse una persona, se manifiestan en su cuerpo síntomas de estrangulamiento o bloqueo de la circulación. La movilidad externa exige movilidad interna. Si el individuo se hace premioso en el orden mental, si sus opiniones se hacen lema y sentencia inflexible, también en lo corporal se condensará y solidificará lo que debe ser fluido. Es sabido que la inmovilización en la cama hace aumentar el peligro de trombosis. La inmovilización indica claramente que ya no se vive el polo del movimiento. «Todo fluye», dijo Heráclito. En una forma de existencia polar, la vida se manifiesta como movimiento y cambio. Todo intento de aferrarse a un único polo conduce a la parálisis y la muerte. Lo inmutable, lo eterno, no lo encontraremos sino más allá de la polaridad. Para llegar allí, tenemos que someternos al cambio, porque sólo él nos llevará hasta lo inmutable.

XI

EL APARATO LOCOMOTOR Y LOS NERVIOS

Cuando hablamos de la postura de una persona, por esta sola palabra no está claro si nos referimos a lo corporal o a lo moral. De todos modos, esta ambivalencia semántica no da lugar a confusión, puesto que la postura exterior es reflejo de la interior. Lo interno siempre se refleja en lo externo. Así hablamos, por ejemplo, de una persona recta, casi siempre sin darnos cuenta de que la palabra rectitud describe una postura corporal que ha tenido importancia capital en la historia de la humanidad. Un animal no puede ser recto porque todavía no se ha erguido. En tiempos remotos, el ser humano dio el trascendental paso de erguirse y dirigió su mirada hacia arriba, al cielo: así consiguió la oportunidad de convertirse en Dios, y, al mismo tiempo, desafió el peligro de creerse Dios. El peligro y la oportunidad del acto de erguirse se reflejan también en el plano corporal. Las partes blandas del cuerpo, que los cuadrúpedos mantienen bien protegidas, en el hombre están expuestas. Esta falta de protección y mayor vulnerabilidad lleva aparejada la virtud polar de mayor apertura y receptividad. Es la columna vertebral lo que nos permite mantener la postura erguida. Da al ser humano verticalidad, movilidad, equilibrio y flexibilidad. Tiene forma de S doble y actúa por el principio del amortiguador. La polaridad de vértebras duras y discos blandos le da movilidad y flexibilidad.

Decíamos que la postura interna y la postura externa se corresponden y que esta analogía se expresa en muchas frases hechas: hay personas *rectas* y *derechas* y también las hay que *se doblegan* con facilidad; conocemos a gente *rígida* e *inflexible* y a los que *se arrastran* fácilmente; a más de uno le falta *rectitud*. Pero también se puede tratar de modificar artificialmente la firmeza externa a fin de simular una firmeza interna. Por eso el padre dice al hijo: «¡Ponte derecho!», o: «¿Es que no puedes erguir la espalda?» Y así se entra en el juego de la hipocresía.

Después, es el ejército el que ordena a sus soldados: «¡Firmes!» Aquí la situación se hace grotesca. El soldado tiene que erguir el cuerpo pero interiormente debe doblegarse. Desde siempre, el ejército se ha empeñado en cultivar la firmeza externa a pesar de que, desde el punto de vista estratégico es, sencillamente, una idiotez. Durante el combate, de nada sirve marcar el paso ni cuadrarse. Se necesita cultivar la firmeza externa únicamente para deshacer la correspondencia natural entre la firmeza interna y la externa. La inestabilidad interna de los soldados aflora en el tiempo libre, después de una victoria y en ocasiones parecidas. Los guerrilleros no tienen esa actitud marcial, pero poseen una identificación interna con su misión. La efectividad aumenta considerablemente con la firmeza interior y disminuye con la simulación de una firmeza artificial. Comparemos la rígida actitud de un soldado que permanece con todas sus articulaciones bien rígidas con la del vaquero, que nunca sacrificaría su libertad de movimientos bloqueándose las articulaciones. Esa actitud abierta, en la que el individuo se sitúa en su propio centro, la encontramos también en el Tai Chi.

Toda postura que no refleja la esencia interior de una persona nos parece forzada. Por otra parte, por su postura natural podemos reconocer a una persona. Si la enfermedad obliga al individuo a adoptar una postura determinada que voluntariamente nunca asumiría, tal postura revela una actitud interna que no ha sido vivida, nos indica contra qué se rebela el individuo.

Al observar a una persona, hemos de distinguir si se identifica con su postura externa o si tiene que adoptar una postura forzada. En el primer caso, la postura refleja su identidad consciente. En el segundo, en la rigidez de la postura se manifiesta una zona de sombra que él no aceptaría voluntariamente. Así, la persona que va por el mundo erguida, con la frente alta, muestra cierta inabordabilidad, orgullo, altivez y rectitud. Esta persona podrá, pues, identificarse perfectamente con todas estas cualidades. Nunca las negaría.

Algo muy distinto ocurre, por ejemplo, con el mal de Bechterew, con la típica forma de tallo de bambú de la columna vertebral. Aquí se somatiza un egocentrismo no asumido conscientemente por el paciente y una inflexibilidad no reconocida. En el morbus Bechterew, con el tiempo, la columna vertebral se calcifica de arriba abajo, la espalda se pone rígida y la cabeza se inclina hacia adelante, ya que la sinuosidad de la columna vertebral en forma de S ha sido eliminada o invertida. El paciente no tendrá más remedio que admitir lo rígido e inflexible que es en realidad. Análoga problemática se expresa con la desviación de la columna: en la giba se manifiesta una humildad no asumida.

Lumbago y ciática

Con la presión, los discos de cartílagos situados entre las vértebras, especialmente los de la zona lumbar, son desplazados lateralmente y comprimen nervios, provocando distintos dolores, como ciática, lumbago, etc. El problema que revela este síntoma es la sobrecarga. Quien toma mucho sobre sus hombros y no se da cuenta de este exceso, siente esta presión en el cuerpo en forma de dolor de espalda. El dolor obliga al individuo a descansar, ya que todo movimiento, toda actividad, causa dolor. Muchos tratan de eliminar esta justa regulación con analgésicos, a fin de proseguir sus habituales actividades sin obstáculos. Pero lo que habría que hacer es aprovechar la oportunidad para reflexionar con calma sobre por qué se ha sobrecargado uno tanto para que la presión se haya hecho tan grande. Cargar demasiado revela afán de aparentar grandeza y laboriosidad, a fin de compensar con los hechos un sentimiento de inferioridad.

Detrás de las grandes hazañas, siempre hay inseguridad y complejo de inferioridad. La persona que se ha encontrado a sí misma no tiene que demostrar nada sino que puede limitarse a *ser*. Pero, detrás de todos los grandes (y pequeños) hechos y gestas de la historia, siempre hay personas que fueron impulsadas a la grandeza externa por un sentimiento de inferioridad. Con sus actos, estas personas quieren demostrar algo al mundo, aunque en realidad nadie les exige ni espere de ellas tal demostración, excepto el propio sujeto. Siempre se quiere demostrar algo, pero la pregunta es: ¿el qué? Quien se esfuerza mucho debería preguntarse lo antes posible por qué lo hace, a fin de que el desengaño no sea muy grande. La persona que es sincera consigo misma hallará siempre la misma respuesta: para que me lo reconozcan, para que me quieran. Desde luego, el deseo de amor es la única motivación del esfuerzo que se conoce, pero este intento siempre fracasa, ya que éste no es el camino para alcanzar el objetivo. Porque el amor es gratuito, el amor no se compra. «Te querré si me das un millón», o «Te querré si eres el mejor futbolista del mundo», son frases absurdas. El secreto del amor precisamente es no imponer condiciones. El prototipo del amor lo encontramos, pues, en el amor materno. Objetivamente, un bebé sólo representa para la madre molestias e incomodidades. Pero a la madre no le parece así, porque ella quiere a su bebé. ¿Por qué? No tiene respuesta. Si la tuviera no tendría amor. Todos los seres humanos —consciente o inconscientemente— anhelan este amor puro e incondicional que es sólo mío y que no depende de cosas externas ni grandes hazañas.

Es complejo de inferioridad creer que la propia persona no pueda ser admitida tal como es. Entonces el individuo trata de hacerse querer, con su destreza, su laboriosidad, su riqueza, su fama, etc. Utiliza estas trivialidades del mundo exterior para congraciarse, pero aunque ahora le quieran, siempre le quedará la duda de si se le quiere «sólo» por su trabajo, su fama, su riqueza, etc. Se ha cerrado a sí mismo el camino del verdadero amor. El reconocimiento de unos méritos no satisface el afán que indujo al individuo a esforzarse por adquirirlos. Por ello es conveniente afrontar conscientemente, a su debido tiempo, el sentimiento de inferioridad: el que no quiera reconocerlo y siga imponiéndose grandes esfuerzos sólo conseguirá empequeñecerse físicamente. El aplastamiento de los discos le hace más pequeño y los dolores le obligan a encorvarse. El cuerpo siempre dice la verdad.

La misión del disco es dar movilidad y elasticidad. Si un disco es pellizcado por una vértebra que ha sido castigada, nuestro cuerpo se agarrota y adoptamos una postura forzada. Análogas manifestaciones observamos en el plano psíquico. Una persona «agarrotada» no tiene flexibilidad: está rígida, paralizada en una actitud forzada. Se libera a los discos aprisionados por medio de la quiropráctica, se extrae a la vértebra de su posición forzada y, por medio de una brusca sacudida o tirón, se le da la posibilidad de recuperar una posición natural (*solve et coagula*).

También las almas pueden desbloquearse como una articulación o una vértebra. Hay que darles una sacudida fuerte y brusca para darles la posibilidad de reorientarse y centrarse. Y los que sufren el bloqueo mental temen esta sacudida tanto como los pacientes la mano del quiropráctico. En ambos casos, un fuerte crujido indica el éxito.

Articulaciones

Las articulaciones dan movilidad al ser humano. En las articulaciones se manifiestan síntomas de inflamación y dolor con los movimientos y pueden llegar a producir la parálisis. Cuando una articulación se paraliza, es señal de que el paciente *se ha bloqueado*. Una articulación paralizada pierde su función: si una persona se bloquea en un tema o sistema, éste pierde también su función. Una nuca rígida indica la inflexibilidad de su dueño. En la mayoría de casos, basta oír hablar a una persona para descubrir la información de un síntoma. En las articulaciones, además de inflamación y rigidez, se producen torceduras, distensiones, rebotaduras y rotura de ligamentos. También el lenguaje de estos síntomas es revelador, a saber: se puede *dislocar un tema, botar a una persona, retorcer a otra, estar tenso* o *un poco descentrado*. No sólo se puede *reducir* o *enderezar* una articulación sino también una situación o una relación.

En general, para enderezar una articulación, hay que dar un fuerte tirón situándola en una posición límite o acentuar la posición forzada que pueda tener, a fin de que, una vez rebasado el límite, pueda encontrar su justo medio. Esta técnica tiene su paralelo en la psicoterapia. Si alguien se encuentra paralizado en una situación límite, se le puede empujar en el mismo sentido, hasta alcanzar el extremo del movimiento pendular, desde el que pueda volver al centro. Es más fácil salir de una situación forzada sumiéndose por completo en ese polo. Pero la cobardía coarta al ser humano y la mayoría se encallan a la mitad de un polo. Las personas se quedan atascadas en sus opiniones y formas de conducta y por eso hay tan poca transformación. Pero cada polo tiene un valor límite, desde el que se convierte en el polo opuesto. Por ello, de una fuerte tensión puede pasarse fácilmente a la distensión (sistema Jakobson), también por ello la física fue la primera de las ciencias exactas que descubrió la metafísica y también por ello los movimientos pacifistas son militantes. El ser humano tiene que encontrar el justo medio, pero el afán de conseguirlo inmediatamente le hace quedarse en la mediocridad.

Pero también, de tanto exasperar la movilidad, se expone uno a quedarse inmóvil. Las alteraciones mecánicas de las articulaciones nos indican que hemos abusado tanto de un polo, que hemos forzado tanto el movimiento en una dirección, que se impone rectificar. Uno ha ido demasiado lejos, ha rebasado el límite y, por lo tanto, tiene que volverse hacia el otro polo.

La medicina moderna permite sustituir por prótesis determinadas articulaciones, especialmente las de la cadera. Como ya dijimos al hablar de los dientes, una prótesis siempre es una mentira, ya que simula lo que no es. A la persona que, estando interiormente anquilosada, finge agilidad, la afección de la cadera le obliga a rectificar imponiéndole sinceridad. Esta corrección es neutralizada por medio de una articulación artificial, otra mentira, y el cuerpo seguirá simulando agilidad.

Para hacerse una idea de la falta de sinceridad que permite la medicina, imaginemos la siguiente situación: supongamos que, con un sortilegio, pudiéramos hacer desaparecer todas las prótesis y las modificaciones que el ser humano ha introducido en su cuerpo: todas las gafas y lentes de contacto, audífonos, articulaciones, dentaduras, las operaciones de cirugía estética, los tornillos de los huesos, los marcapasos y demás hierros y plásticos. El espectáculo sería dantesco.

Si después, con otro sortilegio, anuláramos todos los triunfos de la medicina, nos encontraríamos rodeados de cadáveres, tullidos, cojos, medio ciegos y medio sordos. Sería un cuadro horrible, pero verdadero. Sería la expresión visible del alma de las personas. Las artes médicas nos han ahorrado esta visión horrenda, restaurando y completando el cuerpo humano con toda suerte de prótesis, de modo que da la impresión de estar completo. Pero ¿y el alma? Aquí no ha cambiado nada; aunque no la veamos, sigue estando muerta, ciega, sorda, rígida, agarrotada, tullida. Por eso es tan grande el temor a la verdad. Es el caso del retrato de Dorian Gray. Con manipulaciones externas, es posible conservar artificialmente la hermosura y la juventud durante un tiempo, pero, cuando uno descubre su verdadera faz interior, se asusta. Mejor sería cuidar constantemente nuestra alma que limitarnos a atender el cuerpo, porque el cuerpo es mortal y el espíritu, no.

Las afecciones reumáticas

Reúma es una denominación genérica un tanto difusa que abarca una serie de alteraciones dolorosas de los tejidos que se manifiestan principalmente en las articulaciones y en la musculatura. El reúma siempre va unido a la inflamación, la cual puede ser aguda o crónica. El reúma produce hinchazón de los tejidos y los músculos y deformación y anquilosis de las articulaciones. El dolor afecta la capacidad de movimientos y puede llegar a producir la invalidez. Los dolores musculares y de las articulaciones se manifiestan con mayor fuerza cuando el cuerpo ha estado en reposo y disminuyen a medida que el paciente se mueve. Con el tiempo, la inactividad produce atrofia de la musculatura y da un aspecto fusiforme a la articulación.

La enfermedad suele empezar por rigidez matinal y dolor en las articulaciones, que aparecen hinchadas y rojas. Generalmente, las articulaciones son afectadas simétricamente y el dolor pasa de las periféricas a las mayores. El proceso es crónico y las anquilosis se acentúan gradualmente.

La enfermedad, por medio de una anquilosis progresiva, produce una incapacidad que se acentúa gradualmente. No obstante, el poliartrítico, en lugar de quejarse, muestra gran paciencia y una sorprendente indiferencia hacia su mal.

El cuadro de la poliartritis nos conduce al tema central de todas las enfermedades del aparato locomotor: movimiento/reposo, respectivamente, agilidad y rigidez. En los antecedentes de casi todos los pacientes reumáticos encontramos una actividad y una movilidad extraordinarias. Practicaban deportes de esfuerzo y competición, trabajaban mucho en la casa y el jardín, desplegaban una actividad incansable y se sacrificaban por los demás. Se trata, pues, de personas activas, ágiles e inquietas a las que la poliartritis obliga a descansar por el procedimiento de la atrofia. Da la impresión de que un exceso de movimiento y actividad es corregido por medio de la rigidez.

A primera vista, esto puede desconcertar, después de que hasta ahora no nos hemos cansado de insistir en la necesidad de la modificación y el movimiento. La aparente contradicción no se aclara hasta que recordamos que la enfermedad física da sinceridad. Esto, en el caso de la poliartritis, significa que en realidad estas personas estaban rígidas. La hiperactividad y movilidad que mostraban antes de la enfermedad se limitaban a lo corporal, ámbito en el que trataban de compensar la verdadera inmovilidad de la mente. La misma palabra *rigidez* sugiere la idea de rigor y hasta de muerte.

Este concepto encaja en el tipo del paciente poliartrítico cuyo perfil psicológico es bien conocido, ya que la medicina psicosomática estudia a este tipo de pacientes desde hace medio siglo. Hasta ahora, todos los investigadores coinciden en que «los pacientes poliartríticos suelen ser muy meticulosos y perfeccionistas y presentan un rasgo masoquista-depresivo con gran espíritu de sacrificio y deseo de ayudar, unido a una actitud ultramoralista y una propensión a la melancolía» (Bräutigam). Estas características denotan rigidez y terquedad, indican que se trata de personas inflexibles e inmovilistas. Esta inmovilidad interior se compensa con la práctica del deporte y una gran actividad corporal que, en realidad, sólo pretende disimular (mecanismo de defensa) la instintiva rigidez.

La frecuente práctica de los deportes de competición por estos pacientes nos lleva a considerar otra gran problemática: la agresividad. El reumático limita su agresividad al plano motor, es decir, bloquea la energía de la musculatura. Las mediciones experimentales de la electricidad muscular del reumático indican claramente que cualquier clase de estímulos provoca un aumento de la tensión muscular, especialmente de la musculatura de las articulaciones. Estas mediciones ratifican la sospecha de que el reumático se esfuerza por dominar los impulsos agresivos que buscan expansión corporal. La energía no descargada se queda en la musculatura de las articulaciones y produce inflamación y dolor. Todo el dolor que el ser humano experimenta en la enfermedad, en un principio, estaba destinado a otro. El dolor siempre es resultado de un acto agresivo. Si yo descargo mi agresividad dando un puñetazo a otro, mi víctima sentirá dolor. Pero si reprimo el impulso agresivo, éste se vuelve contra mí y el dolor lo experimento yo (autoagresión). El que sufre dolores debería preguntarse a quién estaban destinados en realidad.

Entre las manifestaciones reumáticas hay un síntoma muy concreto en el que, a causa de la inflamación de los tendones de los músculos del antebrazo debajo del codo, la mano se cierra formando un puño (epicondilitis crónica). La forma del «puño apretado» denota la agresividad reprimida y el deseo de «descargar un buen puñetazo sobre la mesa». Análoga tendencia a apretar el puño se observa en la contractura de Dupuytren, que impide abrir la mano. La mano abierta es símbolo de paz. El ademán de agitar la mano en señal de saludo se deriva de la costumbre de enseñar la mano vacía en los encuentros, para demostrar que uno no llevaba armas y se acercaba en son de paz. El mismo símbolo tiene el acto de «tender la mano». Si la mano abierta expresa intenciones pacíficas y conciliadoras, el puño cerrado indica hostilidad y agresividad.

El reumático no puede realizar sus agresiones, o no las reprimiría y bloquearía; pero, puesto que existen, producen en él un fuerte sentimiento de culpabilidad que se traduce en generosidad y abnegación. Se produce una peculiar combinación de altruismo y deseo de dominio del otro que ya Alejandro Magno definió acertadamente como «benévola tiranía». Habitualmente, la enfermedad se manifiesta cuando, en virtud de un cambio de vida, se pierde la posibilidad de compensar los sentimientos de culpabilidad por medio del servicio. También el abanico de los más frecuentes síntomas secundarios muestra la importancia capital de la hostilidad reprimida; son ante todo dolencias de estómago e intestinos, síntomas cardíacos, frigidez e impotencia, acompañadas de angustia y depresión. La poliartritis afecta casi al doble de mujeres que de hombres, y es que las mujeres tienen más dificultades para asumir conscientemente sus impulsos agresivos.

La medicina naturista atribuye el reúma a la acumulación de toxinas en los tejidos conjuntivos. Las toxinas acumuladas simbolizan para nosotros problemas no planteados, es decir, temas no digeridos que el individuo no ha resuelto sino que ha *almacenado* en el subconsciente. Esto justifica el ayuno como medida terapéutica.[1] Con la total supresión de la alimentación externa, el organismo es obligado a practicar la autofagia y quemar y procesar los «desechos corporales». Trasladado al plano psíquico, este proceso es el planteamiento y reconocimiento de temas que hasta el momento habían sido postergados y reprimidos. Pero el reumático no quiere abordar sus problemas. Es muy rígido y muy testarudo, está bloqueado. Tiene miedo de analizar su altruismo, su espíritu de sacrificio, su abnegación, sus normas morales y su ductilidad. Por lo tanto, su egoísmo, su inflexibilidad, su inadaptación, su afán de dominio y su agresividad permanecen en la zona de sombra y se infiltran en el cuerpo en forma de anquilosis y atrofia, que pondrán fin a la falsa generosidad.

1. Véase R. Dahlke, *Bewusst Fasten,* Urania Waakirchen, 1980.

Trastornos motores: tortícolis, calambres del escribiente

La característica común a estos trastornos es que el paciente pierde parcialmente el control de las funciones motrices que normalmente pueden regirse por la voluntad. Determinadas funciones se escapan al control de su voluntad y se desmandan, especialmente cuando el paciente se siente observado o se encuentra en situaciones en las que quiere causar una determinada impresión en los demás. Por ejemplo, en los casos de tortícolis espasmódica, la cabeza se mueve lateralmente, con lentitud o brusquedad. Generalmente, al cabo de unos segundos, puede volver a la posición normal. Generalmente, y por extraño que parezca, basta la simple presión de los dedos en la barbilla o un collarín para que el paciente pueda mantener erguida la cabeza. Pero también el lugar que ocupa la persona en la habitación influye en la posibilidad de controlar el cuello. Si está de espaldas a la pared y puede apoyar en ella la cabeza, no tendrá dificultad para prevenir el espasmo.

Esta particularidad, así como la influencia en el síntoma de diversas circunstancias (otras personas), nos indican que el problema básico de todos estos trastornos gravita en torno a los polos seguridad/inseguridad. A diferencia de los movimientos voluntarios, los trastornos motores, entre los que figuran también los tics, desmienten la ostensible seguridad en sí mismo que exhibe el individuo e indican que esta persona no sólo no posee seguridad sino que carece incluso de control sobre sus propios movimientos. Siempre fue muestra de decisión y valentía mirar a una persona a la cara y sostener su mirada. Pero en esta situación al paciente aquejado de tortícolis espasmódica se le ladea la cabeza sin que él pueda evitarlo. Ello hace que tema más y más relacionarse con personas importantes o ser observado en sociedad. El síntoma hace, pues, que se rehúyan ciertas situaciones. Uno da la espalda a sus conflictos y deja de lado un aspecto del mundo.

Un cuerpo erguido obliga al ser humano a mirar de frente las exigencias y los desafíos del mundo. Pero si ladeamos la cabeza rehuimos esta confrontación. El individuo se hace «parcial» y vuelve la cara para no ver lo que no quiere. Uno empieza a ver las cosas «sesgadas», de «soslayo». A esta visión sesgada y oblicua alude la expresión alemana de *girar a alguien la cabeza* (hinchar la cabeza, manipular a una persona). Este atentado mental tiene la finalidad de hacer perder a la víctima el dominio sobre la dirección de su mirada y obligarla a seguirnos con los ojos y el pensamiento.

Idénticos condicionantes encontramos en el calambre del escribiente y en los calambres que agarrotan los dedos de pianistas y violinistas. En la personalidad de estos pacientes encontramos siempre una extrema ambición y un altísimo nivel de exigencia. El individuo persigue escalar una posición social, pero muestra una gran modestia. Sólo quiere impresionar por su trabajo (buena caligrafía, esmerada interpretación musical). El síntoma del calambre tónico de la mano nos hace sinceros: muestra el «agarrotamiento» de nuestros esfuerzos y alardes y demuestra que en realidad «no tenemos nada que decir (escribir)».

Morderse las uñas

Morderse las uñas no es un trastorno motor, desde luego, pero por su similitud puramente externa con estas afecciones lo hemos incluido en este grupo. También el deseo de morderse las uñas se experimenta como un imperativo que afecta al control puramente voluntario de la mano. El morderse las uñas no sólo se presenta habitualmente como un síntoma transitorio en niños y adolescentes sino también en adultos, y puede prolongarse durante décadas. Este síntoma tiene difícil tratamiento. El carácter psíquico del impulso de morderse las uñas está bien claro, y el reconocimiento de esta motivación tendría que servir de ayuda a muchos padres cuando este síntoma aparece en un niño. Porque las prohibiciones, amenazas y castigos son las reacciones menos adecuadas.

Lo que en los seres humanos llamamos uñas son en los animales las zarpas. Las zarpas sirven ante todo para la defensa y el ataque, son instrumentos de agresión. *Sacar las uñas* es una expresión que utilizamos en el mismo sentido que *enseñar los dientes*. Las zarpas muestran la disposición para la lucha. La mayoría de los animales de presa más evolucionados utilizan las zarpas y los dientes como armas. ¡El acto de morderse las uñas es castración de la propia agresividad! La persona que se muerde las uñas tiene miedo de su propia agresividad y por ello, simbólicamente, destruye sus armas. Mordiendo se descarga parte de la agresividad, pero no la dirige exclusivamente contra sí mismo: uno se muerde su propia agresividad.

Muchas mujeres adolecen del síntoma de morderse las uñas, sobre todo porque admiran a las mujeres que tienen las uñas largas y rojas. Las uñas largas, pintadas del marcial color rojo, son un símbolo de agresividad especialmente bello y luminoso: estas mujeres exhiben abiertamente su agresividad. Es natural que sean envidiadas por las que no se atreven a reconocer su agresividad ni mostrar sus armas. También querer tener uñas largas y rojas es sólo la formulación externa del deseo de poder ser un día francamente agresiva.

Cuando un niño se muerde las uñas, ello indica que el niño pasa por una etapa en la que no se atreve a proyectar hacia fuera su agresividad. En este caso, los padres deberían preguntarse en qué medida, en su manera de educarlo o en su propia conducta, reprimen ellos o valoran negativamente el comportamiento agresivo. Habrá que procurar dar al niño la ocasión de manifestar su agresividad sin sentirse culpable. Generalmente, este comportamiento desencadenará ansiedad en los padres, ya que, si ellos no hubieran tenido problemas de agresividad, ahora no tendrían un hijo que se muerde las uñas. Por lo tanto, sería muy saludable para toda la familia que los padres empezaran por reconocer su falta de sinceridad y trataran de ver lo que se esconde tras la fachada de este comportamiento. Cuando el niño, en lugar de respetar los temores de los padres, aprenda a defenderse, ya habrá vencido prácticamente este hábito. Pero los padres, mientras no estén dispuestos a rectificar, por lo menos que no se lamenten de los trastornos y los síntomas de sus hijos. Desde luego, los padres no tienen la culpa de los trastornos de los hijos, pero los trastornos de los hijos reflejan los problemas de los padres.

El tartamudeo

El don de la palabra es fluido; hablamos de *fluidez en el lenguaje,* de estilo fluido. En el tartamudeo el lenguaje no fluye sino que es machacado, triturado, castrado. Lo que tiene que correr necesita espacio: si tratáramos de hacer pasar un río por un tubo provocaríamos estancamiento y presión, y el agua, en el mejor de los casos, saldría a presión pero no fluiría. El tartamudo impide el flujo de la palabra estrangulándola en la garganta. Ya hemos visto que lo angosto tiene relación con la angustia. En el tartamudo la angustia está en la garganta. El cuello es unión (en sí angosta) y puerta de comunicación entre el tronco y la cabeza, entre abajo y arriba.

En este punto debemos recordar todo lo que dijimos acerca de la jaqueca, del simbolismo entre abajo y arriba. El tartamudo trata de estrechar todo lo posible el paso del cuello, a fin de controlar mejor lo que pasa de abajo arriba o, análogamente, lo que trata de pasar del subconsciente a la conciencia. Es el mismo principio de defensa que encontramos en las viejas fortificaciones, que sólo poseen pasos muy pequeños y bien controlables. Estos accesos y puertas (pasos fronterizos, portillos, etc.) siempre provocan la congestión e impiden la fluidez. El tartamudo se pone un control en la garganta porque tiene miedo de lo que viene de abajo y pretende pasar a la conciencia, y lo estrangula en el cuello.

La expresión *de cintura para abajo* señala la región «problemática e impura» del sexo. La *cintura* es la línea divisoria entre la peligrosa zona baja y la limpia parte superior. Esta divisoria se le ha subido al tartamudo al cuello, porque para él todo el cuerpo es zona peligrosa y sólo la cabeza es clara y limpia. Al igual que el propenso a las jaquecas, el tartamudo traslada su sexualidad a la cabeza, y se convulsiona tanto arriba como abajo. La persona no quiere soltarse, no quiere abrirse a las exigencias y los instintos del cuerpo cuya presión se hace más fuerte y más angustiosa cuanto más se reprime. Luego, a su vez, el síntoma del tartamudeo se aduce como causa de dificultades de contacto y comunicación, y aquí se cierra el círculo vicioso.

Por efecto de la misma confusión, en los niños tartamudos se interpreta la timidez como consecuencia del tartamudeo. Pero el tartamudeo es únicamente manifestación de retraimiento: el niño se retrae y ello se muestra en el tartamudeo. El niño tartamudo se siente cohibido por algo y teme soltarlo, darle libre curso. Y, para mejor controlar lo que dice, estrecha el paso. Si uno quiere atribuir esta inhibición a la agresividad o la sexualidad reprimidas o, por tratarse de un niño, prefiere otras expresiones, es indiferente. El tartamudo no suelta las cosas tal como le vienen. La palabra es un medio de expresión. Pero, cuando se trata de reprimir lo que sale de dentro, se demuestra que se tiene miedo a lo que pretende manifestarse. El individuo no es franco. El tartamudo que consigue abrirse se derrama en un torrente de sexualidad, agresividad y palabras. Cuando todo lo inexpresado es expresado, ya no hay motivo para tartamudear.

XII
LOS ACCIDENTES

Muchas personas se sorprenden de que se catalogue los accidentes como cualquier otra enfermedad. Piensan que los accidentes son algo completamente distinto: al fin y al cabo, vienen de fuera, por lo que mal puede uno tener la culpa. Esta argumentación denota la confusión de nuestro pensamiento en general, y en qué medida nuestra manera de pensar y nuestras teorías se amoldan a nuestros deseos inconscientes. A todos nos resulta extraordinariamente desagradable asumir la plena responsabilidad de nuestra existencia y de todo lo que nos ocurre. Constantemente buscamos la manera de proyectar la culpa hacia el exterior. Y nos irrita que se nos desenmascaren estas proyecciones. La mayoría de los esfuerzos científicos están dirigidos a consolidar y legalizar con teorías estas proyecciones. «Humanamente» hablando, ello es perfectamente comprensible. Pero dado que este libro ha sido escrito para personas que buscan la verdad y que saben que este objetivo sólo puede alcanzarse por la vía de la sinceridad con uno mismo, no podemos pasar por alto cobardemente un tema como el de los «accidentes».

Tenemos que comprender que *siempre* hay algo que aparentemente nos viene de fuera y que nosotros siempre podemos interpretar como *causa*. Ahora bien, esta interpretación causal no es sino una posibilidad de ver las cosas y en este libro nos hemos propuesto sustituir o, en su caso, completar esta visión habitual. Cuando nos miramos al espejo, nuestro reflejo, aparentemente, también nos mira desde fuera y, no obstante, no es la causa de nuestro aspecto. En el resfriado, son miasmas que nos vienen de fuera y en ellos vemos la causa. En el accidente de circulación es el automovilista borracho que nos ha arrebatado la preferencia de paso la causa del accidente. En el plano funcional siempre hay una explicación. Pero ello no nos impide interpretar lo sucedido con una óptica trascendente.

La ley de la resonancia determina que nosotros nunca podamos entrar en contacto con algo con lo que no tenemos nada que ver. Las relaciones funcionales son el medio material necesario para que se produzca una manifestación en el plano corporal. Para pintar un cuadro necesitamos un lienzo y colores; pero ellos no son la causa del cuadro sino únicamente los medios materiales con ayuda de los cuales el pintor plasma su cuadro interior. Sería una tontería refutar el mensaje del cuadro con el argumento de que el color, el lienzo y los pinceles son sus causas verdaderas.

Nosotros no buscamos los accidentes, del mismo modo que no buscamos las «enfermedades» y nada nos hace desistir de utilizar cualquier cosa como «causa». Sin embargo, de todo lo que nos pasa en la vida los responsables somos nosotros. No hay excepciones, por lo que vale más dejar de buscarlas. Cuando una persona sufre, sufre sólo a sus propias manos (¡lo cual no presupone que no sea grande el sufrimiento!). Cada cual es agente y paciente en una sola persona. Mientras el ser humano no descubra en sí a ambos no estará sano. Por la intensidad con que las personas denostan al «agente externo», podemos ver en qué medida se desconocen. Les falta esa visión que permite ver la unidad de las cosas.

La idea de que los accidentes son provocados inconscientemente no es nueva. Freud, en su *Psicopatología de la vida diaria*, además de fallos como defectos de pronunciación, olvidos, extravío de objetos, etc., cita también los accidentes como fruto de un propósito inconsciente. Posteriormente, la investigación psicosomática ha demostrado estadísticamente la existencia de la llamada «propensión al accidente». Se trata de una personalidad que se inclina a afrontar sus conflictos en forma de accidente. Ya en 1926 el psicólogo alemán K. Marbe, en *su Psicología práctica de los accidentes y siniestros industriales*, observa que el individuo que ya ha sufrido un accidente tiene más probabilidades de sufrir otros accidentes que el que nunca los tuvo.

En la obra fundamental de Alexander sobre la medicina psicosomática, publicada en 1950, encontramos las siguientes observaciones sobre el tema: «En la investigación de los accidentes de automóvil en Connecticut se descubrió que, en un período de seis años, un pequeño grupo de sólo 3,9% de todos los automovilistas implicados en accidente habían sufrido el 36,4% de todos los accidentes. Una gran empresa que emplea a numerosos conductores de camiones, alarmada por los altos costes de los accidentes, mandó investigar las causas. Entre otros posibles factores, se examinó el historial de cada conductor y aquellos que habían sufrido mayor número de accidentes fueron destinados a otros trabajos. Con esta sencilla medida pudo reducirse en una quinta parte la cifra de los siniestros. Es interesante observar que los conductores apartados de la carretera siguieron mostrando su propensión en el nuevo puesto de trabajo. Ello indica irrefutablemente que la propensión al accidente existe y que estas personas conservan esta propiedad en todas las actividades de la vida diaria» (Alexander, *Medicina psicosomática)*.

Alexander deduce que «en la mayoría de los accidentes, existe un elemento de deliberación, si bien casi siempre es inconsciente. En otras palabras, la mayoría de los accidentes están provocados inconscientemente». Esta mirada a la vieja literatura psicoanalítica nos indica, entre otras cosas, que nuestra forma de contemplar los accidentes no tiene nada de nueva y lo mucho que se tarda en conseguir que cierta evidencia (desagradable) llegue a penetrar (si es que llega) en la conciencia colectiva.

En nuestro examen nos interesa no tanto la descripción de una determinada personalidad propensa al accidente como, ante todo, el significado de un accidente que ocurre en nuestra vida. Aunque una persona no posea una personalidad propensa al accidente, éste siempre tiene un mensaje para ella, y deseamos aprender a descifrarlo. Si en la vida de un individuo abundan los accidentes, ello sólo quiere decir que esta persona no ha resuelto conscientemente sus problemas y, por lo tanto, está escalando las etapas del aprendizaje forzoso. Que una persona determinada realice sus rectificaciones de un modo primario por los accidentes obedece al llamado *locus minoris resistentiae* de las otras personas. Un accidente cuestiona violentamente una manera de actuar o el camino emprendido por una persona. Es una pausa en la vida que hay que investigar. Para ello hay que contemplar todo el proceso del accidente como una obra teatral y tratar de comprender la estructura exacta de la acción y referirla a la propia situación. Un accidente es la caricatura de la propia problemática, y es tan certero y tan doloroso como toda caricatura.

Accidentes de tráfico

«Accidente de tráfico» es un término difícil de interpretar, por lo abstracto. Hay que saber qué ocurre exactamente en un accidente determinado, para poder decir qué mensaje encierra. Pero si, en general, la interpretación es difícil y hasta imposible, en el caso concreto resulta muy difícil. No hay más que escuchar atentamente la exposición de los hechos. La ambivalencia del lenguaje lo delata todo. Lamentablemente, una y otra vez se comprueba que muchas personas carecen de oído para captar estas connotaciones verbales. Nosotros acostumbramos a hacer que un paciente repita una frase determinada de su descripción hasta que se da cuenta de lo que representa. En estos casos, se advierte la inconsciencia con que las personas manejan el lenguaje o lo bien que actúan los filtros cuando de los propios problemas se trata.

Por lo tanto, en la vida y en la circulación, una persona puede, por ejemplo, *desviarse de su camino, pisar el acelerador, perder el norte, perder el control o el dominio, atropellar a uno,* etc. ¿Qué queda por explicar? Basta con escuchar. Uno acelera de tal manera que *no puede frenar* y no sólo *se acerca demasiado* al (¿o a la?) que va delante sino que *lo embiste,* con lo que se produce una *colisión* (o *un porrazo,* como dicen otros). Este *choque* supone una contrariedad, por lo que los automovilistas suelen chocar no sólo con los coches sino también con las palabras.

Con frecuencia, la pregunta «¿Quién tuvo la culpa del accidente?», nos da la respuesta clave: «No pude frenar a tiempo» indica que una persona, en algún aspecto de su vida, ha acelerado de tal manera (por ejemplo, en el trabajo) que ha llegado a poner en peligro tal aspecto. Esta persona debe interpretar el accidente como una llamada a examinar todas las aceleraciones de su vida y aminorar la marcha. La respuesta «No lo vi» indica que esta persona deja de ver algo muy importante de su vida. Si un intento de adelantamiento acaba en accidente, uno debería pasar revista a todas las «maniobras de adelantamiento» de su vida. El que se duerme al volante debería despertar cuanto antes también su vida para no estrellarse. El que se queda tirado de noche en la carretera debe examinar atentamente cuáles son las cosas de la zona nocturna del alma que pueden impedirle el avance. Éste *corta* a alguien, el otro *sobrepasa* la raya o *se salta* el bordillo, otro más se queda *atascado en el barro.* De pronto, uno deja de ver claro, no ve la señal de alto, confunde la dirección, choca con resistencias. Casi siempre, los accidentes de tráfico acarrean un intenso contacto con otras personas; en la mayoría de los casos, la aproximación es excesiva y, desde luego, violenta.

Vamos a examinar juntos un accidente concreto para ilustrar mejor con un ejemplo práctico nuestro enfoque. Se trata de un accidente real que, al mismo tiempo, representa un tipo de accidente de tráfico muy corriente. En un cruce con preferencia a la derecha chocan dos turismos con tanta violencia que uno de ellos es lanzado a la acera donde queda volcado, con las ruedas hacia arriba. En el interior han quedado atrapadas varias personas que gritan pidiendo auxilio. La radio del coche funciona a todo volumen. Los transeúntes van sacando a los encerrados de su prisión de hierro, los cuales, con heridas de mediana gravedad, son trasladados al hospital.

Este suceso puede explicarse así: todas las personas involucradas en este accidente se encontraban en una situación en la que deseaban continuar en línea recta por la dirección que habían tomado en su vida. Esto corresponde al deseo y al intento de seguir adelante sin detenerse. Pero tanto en la carretera como en la vida hay cruces. La vía recta es la norma en la vida, es la que se sigue por inercia. El hecho de que la trayectoria rectilínea de todas estas personas fuera interrumpida bruscamente por el accidente indica que todos habían pasado por alto la necesidad de rectificar la dirección. Llega un momento en la vida en que se impone rectificar. Por buena que sea una norma o una dirección, con el tiempo puede llegar a ser inadecuada. Casi siempre, las personas defienden sus normas invocando su observancia en el pasado. Esto no es un argumento. En un lactante lo normal es mojar los pañales, y no hay nada mejor que objetar. Pero el niño que a los cinco años aún moja la cama no tiene justificación.

Una de las dificultades de la vida humana es reconocer a tiempo la necesidad de cambio. Seguramente, los involucrados en el accidente no la habían reconocido. Trataban de continuar en línea recta por el camino que hasta entonces se había acreditado como bueno y reprimían la invitación a abandonar la norma, a variar el rumbo, a apearse de la situación. Este impulso es inconsciente. Inconscientemente, sentimos que el camino no es el indicado. Pero falta valor para cuestionarlo conscientemente y abandonarlo. Los cambios generan miedo. Uno querría, pero no se atreve. Esto puede ser una relación humana que se ha superado, o un trabajo, o una idea. Lo común a todos es que todos reprimen el deseo de liberarse de la costumbre con un salto. Este deseo no vivido busca su realización por medio del deseo inconsciente, una realización que la mente experimenta como procedente «de fuera»: uno es apartado de su camino, en nuestro ejemplo, por medio de un accidente de circulación.

El que sea sincero consigo mismo, después del suceso puede comprobar que, en el fondo, hacía tiempo que no estaba satisfecho de su camino y deseaba abandonarlo, pero le faltaba el valor. A una persona, en realidad, sólo le ocurre aquello que ella quiere. Las soluciones inconscientes son eficaces, desde luego, pero tienen el inconveniente de que, en definitiva, no resuelven el problema del todo. Ello se debe, sencillamente, a que a fin de cuentas un problema sólo puede resolverse con una decisión deliberada, mientras que la solución inconsciente representa siempre sólo una realización material. La realización puede dar un impulso, puede informar, pero no resolver totalmente el problema.

Así, en nuestro ejemplo, el accidente provoca la liberación del camino habitual pero impone una nueva y aún mayor falta de libertad: el encierro en el coche. Esta situación nueva e insospechada es resultado de la inconsciencia del proceso, pero también puede interpretarse como un aviso de que el abandono de la vía vieja puede llevar no a la ansiada libertad sino a una falta de libertad aún mayor. Los gritos de socorro de los heridos y encerrados casi estaban ahogados por la estrepitosa música de la radio del coche. Para el que en todo ve un símbolo, este detalle es expresión del intento de desviarse del conflicto por medios externos. La música de la radio ahoga la voz interior que pide socorro y que la conciencia desea oír. Pero el pensamiento se desentiende y este conflicto y el deseo de libertad del alma quedan encerrados en el inconsciente. No pueden liberarse por sí mismos sino que tienen que esperar a que los hechos externos los liberen. El accidente es aquí el «hecho externo» que abrió a los problemas inconscientes un canal para que se articularan. Los gritos de socorro del alma se hicieron audibles. El individuo aprendió a ser sincero.

Los accidentes en el hogar y en el trabajo

Análogamente a los accidentes de tráfico, la diversidad de posibilidades y su simbolismo en los demás accidentes en casa y en el trabajo es casi ilimitada, por lo cual cada caso debe examinarse con atención.

En las quemaduras encontramos un rico simbolismo. Muchas frases hechas utilizan la quemadura y el fuego como símbolo de procesos psíquicos: *quemarse los labios, quemarse las manos, agarrar un hierro candente, jugar con fuego, poner las manos en el fuego por una persona*, etc.

El fuego es aquí sinónimo de peligro. Por lo tanto, las quemaduras indican que uno no supo ver o medir el peligro oportunamente. Tal vez uno no acierte a ver lo *candente* que es en realidad un tema determinado. Las quemaduras nos hacen comprender que estamos jugando con el peligro. Además, el fuego tiene una clara relación con el tema del amor y la sexualidad. Se dice del amor que es *ardiente*, uno se *inflama* de amor, un enamorado es *fogoso*. El simbolismo sexual del fuego es, pues, evidente.

Las quemaduras afectan primeramente la piel, es decir, la envoltura o frontera del individuo. Esta violación de la frontera significa siempre el cuestionamiento del Yo. Con el Yo nos aislamos y el aislamiento impide el amor. Para poder amar tenemos que abrir la frontera del Yo, tenemos que inflamarnos con la brasa del amor, derribar obstáculos. Al que se resista al fuego interior, quizá un fuego exterior le queme la frontera de la piel, dejándolo abierto y vulnerable.

Un simbolismo parecido encontramos en casi todas las heridas que, desde luego, empiezan por perforar la frontera exterior de la piel. Por ello se habla también de heridas *psíquicas y* se dice que uno se siente *herido* por una determinada palabra. Pero uno puede herir no sólo a los demás sino también *lacerarse la propia carne.* También el simbolismo de la «caída» y el «tropezón» es fácil de descifrar. Los hay que *dan un resbalón* en el parquet o que *ruedan escaleras abajo.* Si el resultado es conmoción cerebral, el pensamiento del individuo queda afectado. Todo intento de incorporarse en la cama produce dolor de cabeza, por lo que uno vuelve a echarse enseguida. Por consiguiente, se arrebata a la cabeza y al pensamiento el predominio que tuviera hasta el momento y el paciente experimenta en su propio cuerpo que el pensar duele.

Fracturas

Los huesos se rompen, casi sin excepción, en circunstancias de hiperdinamismo (automóvil, moto, deportes), por intervención de un factor mecánico externo. La fractura impone inmediatamente la inmovilización (reposo, escayola). Toda fractura provoca una interrupción del movimiento y la actividad y exige descanso. De esta pasividad forzosa debería surgir una reorientación. La fractura indica claramente que se ha olvidado el imperativo de la finalidad de una evolución, por lo que el cuerpo tiene que *romper* con lo viejo para permitir la irrupción de lo nuevo. La *fractura* rompe con el camino anterior que estaba caracterizado por la hiperactividad y el movimiento. El individuo exagera el movimiento y la sobrecarga o hiperactividad se acumula hasta que el punto más débil cede.

El hueso representa en el cuerpo el principio de la solidez, de las normas que dan un punto de apoyo, y también al de la anquilosis. El hueso anquilosado es frágil y no puede cumplir su función. Algo parecido ocurre con las normas: tienen que proporcionar una base, pero una rigidez excesiva las hace inoperantes. Una fractura nos señala en el plano físico que se ha pasado por alto un exceso de rigidez de la norma en el sistema psíquico. El individuo se había hecho excesivamente rígido e inflexible. La persona, con la edad, suele aferrarse a sus principios con mayor rigidez y pierde su capacidad de adaptación, la anquilosis de los huesos aumenta a su vez y el peligro de fractura crece. Todo lo contrario de lo que ocurre al niño pequeño, que tiene unos huesos tan flexibles que prácticamente no pueden romperse. El niño pequeño no conoce normas ni medidas en las que petrificarse. Cuando una persona se hace excesivamente inflexible, una fractura de vértebras corrige la anomalía: se le parte el espinazo. ¡Esto puede evitarse doblegándolo voluntariamente!

XIII
SÍNTOMAS PSÍQUICOS

Bajo este epígrafe queremos referirnos a ciertos trastornos frecuentes que habitualmente se califican de «psíquicos». De todos modos, deseamos hacer constar que, desde nuestro punto de vista, tal denominación tiene poco sentido. En realidad, no es posible trazar una línea divisoria clara entre los síntomas somáticos y psíquicos. Todo síntoma tiene un contenido psíquico y se manifiesta a través del cuerpo. También la ansiedad y las depresiones utilizan el cuerpo para manifestarse. Estas correlaciones somáticas, sin embargo, proporcionan también a la psiquiatría académica la base para sus tratamientos farmacológicos. Las lágrimas de un paciente depresivo no son «más psíquicas» que el pus o la diarrea. La diferencia, en el mejor de los casos, está justificada en los puntos finales del continuo, en los que compara una degeneración orgánica con una alteración psicótica de la personalidad. Pero cuanto más nos alejamos de los extremos hacia el centro, más difícil es encontrar la divisoria, aunque tampoco el examen de los extremos justifica la diferenciación entre lo «somático» y lo «psíquico» ya que la diferencia sólo reside en la forma de manifestación del símbolo. El cuadro del asma se diferencia de la amputación de una pierna tanto como de la esquizofrenia. La distinción entre «somático» y «psíquico» provoca más confusión que claridad.

Nosotros no vemos necesidad para esta diferenciación, ya que nuestra teoría es aplicable a todos los síntomas sin excepción. Los síntomas pueden servirse de las más diversas formas de expresión, desde luego, pero todos necesitan del cuerpo, a través del cual el factor psíquico se hace visible y experimentable. De todos modos, el síntoma, ya sea pena o el dolor de una herida, se experimenta en la mente. En la primera parte, hemos señalado ya que *todo* lo individual es síntoma y que el término *enfermo* o *sano* responde a una valoración subjetiva. El llamado aspecto psíquico no es excepción.

También aquí tenemos que librarnos de la idea de que existe el comportamiento *normal* y el *anormal.* La normalidad es expresión de una frecuencia estadística, por lo que no puede entenderse ni como concepto clasificador ni como medida de valor. La normalidad, desde luego, hace disminuir la ansiedad pero es contraria a la individualización. La defensa de una normalidad es una pesada hipoteca de la psiquiatría tradicional. Una alucinación no es ni más real ni más irreal que cualquier otra percepción. Sólo le falta ser reconocida por la colectividad. El «enfermo psíquico» funciona según las mismas leyes psicológicas que todas las personas. El enfermo que se siente perseguido o amenazado por asesinos proyecta su propia sombra agresiva al entorno lo mismo que el ciudadano que reclama penas más severas para los delincuentes o que tiene miedo de los terroristas. Toda proyección es ilusión, por lo que huelga preguntar hasta dónde es normal una ilusión y a partir de dónde es enfermiza.

El enfermo psíquico y el sano psíquico son puntos terminales teóricos de un continuo que resulta de la interrelación entre el conocimiento y la sombra. En el llamado psicótico tenemos la forma extrema de una represión bien lograda. Cuando todas las vías y campos posibles para vivir la sombra están totalmente cerrados, en un momento dado cambia el predominio y la sombra pasa a gobernar por completo la personalidad. Para ello anula la parte de la conciencia que ha dominado hasta ahora, y se resarce con gran energía de la represión sufrida, viviendo intensamente todo lo que la otra parte del individuo no se había atrevido a asumir. Así, los moralistas rigurosos se convierten en exhibicionistas obscenos, los pusilánimes dulces en bestias furiosas, y los perdedores resignados en megalómanos exaltados.

También la psicosis da sinceridad, ya que recupera todo lo perdido hasta el momento de una forma tan intensa y absoluta que infunde temor en el entorno. Es el desesperado intento por devolver el equilibrio a la unilateralidad; intento, desde luego, que se expone a reducirse a una alternancia pendular entre uno y otro extremo. Esta dificultad por encontrar el punto medio, el equilibrio, se aprecia claramente en el síndrome maniacodepresivo. En la psicosis, el ser humano vive su propia sombra. El loco nos abre una puerta al infierno de la mente que está en todos nosotros. Las frenéticas tentativas por combatir y ahogar este síntoma, provocadas por el miedo, son comprensibles pero poco aptas para resolver el problema. El principio de represión de la sombra provoca precisamente la violenta explosión de la sombra; tratar de reprimirla aplaza el problema, pero no lo resuelve.

El primer paso en la dirección correcta será también aquí el reconocimiento de que el síntoma tiene su sentido y su justificación. Partiendo de esta base, uno puede plantearse la manera de atender con eficacia la sana indicación que nos hace el síntoma.

Por lo que respecta al tema de los síntomas psicóticos, deben bastarnos estas observaciones. Las interpretaciones profundas son escasamente provechosas, ya que el psicótico no aporta ninguna base para una interpretación. Su miedo a la sombra es tan grande que casi siempre la proyecta enteramente hacia fuera. El observador interesado no tendrá dificultad para hallar la explicación si no pierde de vista las dos reglas que se comentan repetidamente en este libro:

1. Todo lo que el paciente experimenta en el mundo exterior son proyecciones de su sombra (voces, ataques, persecuciones, hipnosis, ansias asesinas, etc.).
2. El comportamiento psíquico en sí es la realización de una de las sombras no asumida.

Los síntomas psíquicos, a fin de cuentas, no se prestan a una interpretación, ya que expresan directamente el problema y no necesitan otro plano en el que plasmarse. Por ello, todo lo que uno pueda decir sobre la problemática de los síntomas psíquicos enseguida suena trivial, ya que falta el paso de la traducción. De todos modos, en este capítulo nos referiremos, por vía de ejemplo, a tres síntomas muy difundidos y relacionados con el campo psíquico: la depresión, el insomnio y la adicción.

La depresión

La depresión es un concepto compuesto por un cuadro de síntomas que abarcan desde el abatimiento y la inhibición hasta la llamada depresión endógena con apatía total. La depresión va acompañada de la total paralización de la actividad, la melancolía y una serie de síntomas corporales como cansancio, trastornos del sueño, inapetencia, estreñimiento, dolor de cabeza, taquicardia, dolor de espalda, trastornos menstruales en la mujer y baja del tono corporal. El depresivo sufre sentimiento de culpabilidad y continuamente se hace reproches, trata de hacerse perdonar. Cabe preguntar qué es lo que en realidad deprime al depresivo. En respuesta hallamos tres temas:

1. *Agresividad.* Antes hemos dicho que la agresividad que no es conducida hacia el exterior se convierte en dolor corporal. Esta afirmación puede completarse diciendo que la agresividad reprimida en el aspecto psíquico conduce a la depresión. La agresividad bloqueada y no exteriorizada se dirige hacia dentro y convierte al emisor en receptor. En la cuenta de la agresividad reprimida se cargan no sólo los sentimientos de culpabilidad sino también los numerosos síntomas somáticos que la acompañan, con sus dolores difusos. En otro lugar decimos que la agresividad sólo es una forma especial de energía vital y actividad. Por lo tanto, el que reprime con miedo su agresividad reprime también su energía y su actividad. La psiquiatría trata de inducir al depresivo a alguna actividad, pero esto el depresivo lo vive como una amenaza. El depresivo evita todo lo que no tiene el reconocimiento público y trata de disimular los impulsos agresivos y destructivos con una vida irreprochable. La agresividad dirigida contra uno mismo encuentra su expresión más clara en el suicidio. En el deseo de suicidio siempre hay que preguntar a quién se dirige en realidad el propósito.
2. *Responsabilidad.* La depresión es —dejando aparte el suicidio— la forma extrema de rehuir la responsabilidad. El depresivo no actúa sino que vegeta, más muerto que vivo. Pero a pesar de su negativa a encarar activamente la vida, el depresivo, a través de la puerta trasera de los sentimientos de culpabilidad, sigue teniendo que afrontar el tema de la «responsabilidad». El miedo a asumir responsabilidad está en primer término en todas las depresiones que se producen precisamente cuando el paciente tiene que entrar en otra fase de la vida, por ejemplo, claramente en la depresión posparto.
3. *Renuncia, soledad, vejez, muerte.* Estos cuatro conceptos íntimamente relacionados entre sí abarcan el último y, a nuestro entender, más importante conjunto de te-

mas. El paciente que sufre depresión es obligado violentamente a afrontar el polo de la muerte. Todo lo vivo, como movimiento, cambio, relación social y comunicación, es arrebatado al depresivo y se le ofrece el polo opuesto a lo vivo: apatía, inmovilidad, soledad, pensamientos sobre la muerte. El polo de la muerte que con tanta fuerza se manifiesta en la depresión, es la sombra de este paciente.

El conflicto radica en que se teme tanto a la vida como a la muerte. La vida activa trae consigo culpabilidad y responsabilidad y esto es lo que uno quiere evitar. Asumir responsabilidad significa también renunciar a la proyección y aceptar la propia soledad. La personalidad depresiva tiene miedo de esto y, por lo tanto, necesita personas a las que aferrarse. La separación o la muerte de una de estas personas suele ser desencadenante de una depresión. Uno se ha quedado solo, y uno no quiere vivir solo ni asumir responsabilidades. Uno tiene miedo a la muerte y, por lo tanto, no reconoce las condiciones de la vida. La depresión nos da sinceridad: hace visible la incapacidad de vivir y de morir.

Insomnio

El número de personas que, durante un período más o menos largo, padece trastornos del sueño, es muy grande. No menos grande es el consumo de somníferos. Al igual que la comida y el sexo, el sueño es una necesidad instintiva del ser humano. Pasamos en este estado una tercera parte de la vida. Un lugar seguro, abrigado y cómodo donde dormir es de capital importancia para el hombre y para el animal. Por cansado que esté un animal o una persona, recorrerá un buen trecho con tal de encontrar una buena cama. Las perturbaciones del sueño las combatimos con gran inquietud y la falta de sueño la siente el individuo como una de las mayores amenazas. Un buen descanso suele estar asociado a muchas costumbres: una cama determinada, una postura determinada, una hora determinada, etc. La ruptura de esa costumbre puede perturbarnos el sueño.

El sueño es un fenómeno curioso. Todos podemos dormir sin haber aprendido, pero no sabemos cómo. Pasamos una tercera parte de nuestra vida en este estado, pero no sabemos nada de él. Deseamos dormir y, sin embargo, con frecuencia percibimos una amenaza que nos llega del mundo del sueño. Tratamos de desechar estos temores restando importancia al tema, por ejemplo: «Sólo ha sido un sueño», o: «Vano como un sueño», pero, si hemos de ser sinceros, reconocemos que en el sueño experimentamos y vivimos con la misma sensación de realidad que en la vigilia. Quien medite sobre este tema tal vez saque la conclusión de que el mundo de la vigilia es también ilusión, sueño como el sueño nocturno, y que ambos mundos sólo existen en nuestra mente.

¿De dónde sale la idea de que nuestra vida, la que hacemos durante el día, es más real o más auténtica que la de los sueños? ¿Quién nos autoriza a poner un *sólo* delante de la palabra sueño? Cada experiencia de la mente es igual de verdadera, no importa que la llamemos realidad, sueño o fantasía. Puede ser un buen ejercicio mental invertir la óptica habitual de la vida y el sueño e imaginar que el sueño es nuestra verdadera vida, interrumpida a intervalos regulares por períodos de vigilia.

«Wang soñó que era una mariposa. Estaba entre hierbas y flores. Revoloteaba de un lado a otro. Luego despertó y no sabía si era Wang que soñaba que era una mariposa o era una mariposa que soñaba que era Wang.»

Esta inversión es un buen ejercicio para descubrir que, desde luego, conciencia de día y conciencia de noche son polos que se compensan mutuamente. Por analogía, corresponde al día la luz, la vigilia, la vida y la actividad, y a la noche, la oscuridad, el reposo, el inconsciente y la muerte.

ANALOGÍAS

Yang	Yin
elemento masculino	elemento femenino
lóbulo izquierdo del cerebro	lóbulo derecho del cerebro
fuego	agua
día	noche
vigilia	sueño
vida	muerte
bien	mal
conciencia	inconsciente
intelecto	sentimiento
racional	irracional

De acuerdo con estas analogías de arquetipos, la voz popular llama al sueño el hermano menor de la muerte. Cada vez que nos dormimos, ensayamos la muerte. El sueño nos exige soltar todos los controles, toda meditación, toda actividad. El sueño nos exige entrega y confianza, abandonarnos a lo desconocido. No se puede conciliar el sueño a la fuerza, con un acto de voluntad. No hay como querer dormir a toda costa para no poder pegar ojo. Nosotros no podemos sino crear las condiciones favorables, pero a partir de ahí tenemos que aguardar con paciencia y confianza que el sueño venga. Apenas nos está permitido observar el proceso: la observación nos impediría dormir.

Todo lo que el sueño (y la muerte) exige de nosotros no pertenece precisamente a los puntos fuertes del ser humano. Todos estamos muy anclados en el polo de la actividad, estamos muy orgullosos de nuestras obras, dependemos mucho de nuestro intelecto y de nuestro rígido control como para que el abandono, la confianza y la pasividad sean formas de comportamiento familiares. Por lo tanto, a nadie debe asombrar que el insomnio (¡junto al dolor de cabeza!) sea uno de los trastornos más frecuentes de nuestra civilización.

Nuestra cultura, a causa de su unilateralidad, tiene dificultades con todos los campos antipolares, como puede apreciarse rápidamente por la lista de analogías que exponemos. Tenemos miedo del sentimiento, de lo irracional, de la sombra, del inconsciente, del mal, de la oscuridad y de la muerte. Nos aferramos a nuestro intelecto y a nuestra conciencia de día con la que creemos poder entenderlo todo. Cuando llega la invitación a «abandonarse» se produce el miedo, porque la pérdida nos parece excesiva. Y, no obstante, todos ansiamos dormir y experimentamos la necesidad. Como la noche pertenece al día, así la sombra nos pertenece a nosotros y la muerte, a la vida. El sueño nos lleva todos los días a ese umbral entre el Aquí y Allá, nos acompaña a la zona oscura de nuestra alma, nos hace vivir en el sueño lo no vivido y nos sitúa otra vez en equilibrio.

El que sufre de insomnio —mejor dicho: de dificultad para conciliar el sueño— tiene dificultades y miedo de soltar el control consciente y abandonarse a su inconsciente. El individuo actual apenas hace una pausa entre el día y la noche, sino que lleva consigo a la zona del sueño todos sus pensamientos y actividades. Prolongamos el día durante la noche y pretendemos analizar el lado nocturno de nuestra alma con los métodos de la conciencia diurna. Falta la pausa de la conmutación consciente.

El insomne debe aprender ante todo a terminar el día conscientemente para poder entregarse por completo a la noche y a sus leyes. También debe aprender a preocuparse de las zonas de su inconsciente, para averiguar de dónde procede la ansiedad. La mortalidad es un tema importante para él. El insomne carece de confianza y de capacidad de entrega. Él se considera «activo» y no puede abandonarse. Los temas son casi idénticos a los que consideramos al tratar del orgasmo. El sueño y el orgasmo son pequeñas muertes que las personas con un Yo muy desarrollado experimentan como peligro. Por lo tanto, la conciliación con el lado nocturno de la vida es un somnífero infalible.

Los viejos sistemas, tales como contar, dan resultado sólo en la medida en que permiten distraer el intelecto. La monotonía aburre la mitad izquierda del cerebro y la induce a cejar en su afán de predominio. Todas las técnicas de meditación utilizan este recurso: concentración en un punto o en la respiración, en la repetición de un mantra o un koan inducen a pasar del hemisferio izquierdo al derecho, del lado del día al lado de la noche, de la actividad a la pasividad. Quien experimente dificultades en esta rítmica alternancia natural debe dedicar atención al polo que rehúye. Esto es lo que pretende el síntoma. Proporciona al individuo tiempo para dilucidar sus conflictos con las alarmas y los temores de la noche. También en este caso el síntoma da sinceridad: todos los que padecen de insomnio tienen miedo a la noche. Cierto.

La excesiva somnolencia denota el problema contrario. El que, a pesar de haber dormido lo necesario, tiene problemas para despertar y levantarse, debe analizar su temor a las exigencias del día, a la actividad y el esfuerzo. Despertar y empezar el día significa actuar y asumir responsabilidades. La persona que tiene dificultad para pasar a la conciencia del día pretende huir al mundo de los sueños y a la inconsciencia de la niñez y evitar los desafíos y responsabilidades de la vida. En este caso, el tema se llama huida a la inconsciencia. Si el dormirse guarda relación con la muerte, el despertar es un pequeño nacimiento. El nacimiento y el despertar a la conciencia pueden resultar tan angustiosos como la noche y la muerte. El problema está en la unilateralidad; la solución está en el medio, en el equilibrio, en la conjunción. Sólo aquí se descubre que nacimiento y muerte son uno.

> **TRASTORNOS DEL SUEÑO**
>
> El insomnio debe hacer que nos planteemos las siguientes preguntas:
>
> 1. ¿En qué medida dependo del poder, el control, el intelecto y la observación?
> 2. ¿Soy capaz de desasirme?
> 3. ¿Están desarrolladas en mí la capacidad de entrega y la confianza?
> 4. ¿Me preocupo del lado nocturno de mi alma?
> 5. ¿Cuánto temo a la muerte? ¿He meditado sobre ella lo suficiente?
>
> La excesiva somnolencia sugiere estas preguntas:
>
> 1. ¿Rehúyo la actividad, la responsabilidad y la toma de conciencia?
> 2. ¿Vivo en un mundo de sueños y tengo miedo de despertar a la realidad?

La adicción

El tema de la somnolencia nos lleva directamente a los estupefacientes y la adicción en general, problema cuyo tema central es también la huida. Huida y búsqueda a la vez. Todos los drogadictos buscaban algo pero dejaron la búsqueda muy pronto conformándose con un sucedáneo. La búsqueda no debe acabar sino con el hallazgo. Jesús dijo: «El que busca no debe dejar de buscar hasta que encuentre; y cuando encuentre estará conmovido; y cuando esté conmovido se admirará y reinará sobre el Todo.» (Tomás. Evangelios Apócrifos, 2.)

Todos los grandes héroes de la mitología y la literatura

buscan algo —Ulises, don Quijote, Parsifal, Fausto— pero no dejan de buscar hasta que lo encuentran. La búsqueda lleva al héroe por peligros, perplejidad, desesperación y oscuridad. Pero cuando encuentra, lo encontrado hace que todos los esfuerzos parezcan insignificantes. El ser humano va a la deriva y en su deambular es arrojado a las más extrañas playas del alma, pero en ninguna debe demorarse ni encallar, no debe dejar de buscar hasta haber encontrado.

«Buscad y encontraréis...», dice el Evangelio. Pero el que se asusta de las pruebas y peligros, de las penalidades y extravíos del camino, se queda en la adicción. Proyecta su afán de búsqueda en algo que ya ha encontrado en el camino y ahí termina la búsqueda. Asimila el sucedáneo a su objetivo y no se ve harto. Trata de saciar el hambre con más y más del «mismo» sucedáneo y no advierte que cuanto más come más hambre tiene. Se intoxica y no advierte que se ha equivocado de objetivo y que debería seguir buscando. El miedo, la comodidad y la ofuscación le aprisionan. Todo alto en el camino puede intoxicar. En todas partes acechan las sirenas que tratan de retener al caminante y hacerlo prisionero.

Cualquier cosa puede provocar adicción cuando no la limitamos: dinero, poder, fama, influencia, saber, diversión, comida, bebida, ascetismo, ideas religiosas, drogas. Sea lo que fuere, todo tiene justificación en tanto que experiencia y todo puede convertirse en manía cuando no sabemos decir basta. Cae en la adicción el que se acobarda ante nuevas experiencias. El que considera su vida como un viaje y siempre va de camino es un buscador, no un adicto. Para sentirse buscar hay que reconocer la propia calidad de apátrida. El que cree en ataduras ya es adicto. Todos tenemos nuestras adicciones, con las que nuestra alma se embriaga una y otra vez. El problema no es lo que nos provoca la adicción sino nuestra pereza para seguir buscando. El examen de las adicciones nos indica, en el mejor de los casos, el objeto de las ansias de cada cual. Y nuestra perspectiva queda sesgada si absolvemos las adicciones aceptadas por la sociedad (riqueza, trabajo, éxito, saber, etc.). De todos modos aquí mencionaremos brevemente sólo las adicciones que en general son consideradas patológicas.

Bulimia

Vivir es aprender. Aprender es asimilar principios que hasta el momento sentíamos ajenos al Yo. La constante asimilación de lo nuevo ensancha el conocimiento. Se puede sustituir el «alimento espiritual» por «alimento material», el cual sólo provoca el «ensanchamiento del cuerpo». Si el hambre de vida no se sacia con experiencias, pasa al cuerpo y se manifiesta como hambre de comida. Y es un hambre que no puede saciarse, ya que el vacío interior no puede llenarse con comida.

En un capítulo anterior dijimos que el amor es apertura y aceptación: el bulímico sólo vive el amor en el cuerpo, ya que en el espíritu no puede. Ansía amor, pero no abre su interior sino sólo la boca y *se lo traga todo*. El resultado se llama obesidad. El bulímico busca amor, afirmación, recompensa, pero por desgracia en el plano equivocado.

Alcohol

El alcohólico ansía un mundo sin penas ni conflictos. El objetivo en sí no es malo, lo malo es que él trata de conseguirlo rehuyendo los conflictos y problemas. Él no está dispuesto a encararse con la conflictividad de la vida y resolverla con el esfuerzo. Con el alcohol adormece sus conflictos y problemas y se pinta un mundo sano. Generalmente, el alcohólico busca también el calor humano. El alcohol produce una especie de caricatura de humanidad al destruir las barreras y las inhibiciones, borra las diferencias sociales y provoca una rápida camaradería, a la que, desde luego, falta profundidad y solidez. El alcohol es la tentativa de apaciguar el deseo de búsqueda de un mundo sano, feliz y hermanado. Todo lo que se oponga al ideal hay que ahogarlo en vino.

Tabaco

El hábito de fumar está relacionado con las vías respiratorias y los pulmones. Recordemos que la respiración tiene que ver sobre todo con la comunicación, el contacto y la libertad. Fumar es el intento de estimular y satisfacer este afán. El cigarrillo es el sucedáneo de la auténtica comunicación y la auténtica libertad. La publicidad de los cigarrillos apunta deliberadamente a estos deseos de las personas: la libertad del vaquero, la superación de alegre compañía: todos estos deseos relacionados con el Yo se satisfacen con un cigarrillo. Uno hace kilómetros, ¿para qué? Quizá por una mujer, por un amigo, por la libertad..., o uno sustituye todos estos nobles fines por un cigarrillo, y el humo del tabaco borra los verdaderos objetivos.

Drogas

El hachís (marihuana) tiene una temática similar a la del alcohol. El individuo huye de sus problemas y conflictos a un estado agradable. El hachís le quita las aristas duras a la vida y suaviza el contorno. Todo es más suave y los desafíos desaparecen.

La cocaína (y estimulantes similares como Captagon) tiene el efecto contrario. Mejora enormemente el rendimiento y, por lo tanto, puede proporcionar un mayor éxito. Aquí hay que examinar detenidamente el tema «éxito, rendimiento y reconocimiento», ya que la droga no es más que el medio de aumentar artificialmente la fuerza creadora. La búsqueda del éxito es siempre búsqueda de amor.

Por ejemplo, en el mundo del espectáculo y del cine está muy extendido el consumo de la cocaína. El ansia de amor es el problema específico de esta profesión. El artista que se exhibe busca el amor y espera calmar estas ansias con el favor del público. (¡La circunstancia de que esto no sea posible hace que, por un lado, constantemente se «supere» y, por el otro, se sienta cada vez más desgraciado!) Con o sin estimulante, aquí la adicción se llama éxito, con el que se pretende calmar el hambre de amor.

La heroína permite dejar atrás definitivamente los problemas de este mundo.

Las drogas psicodélicas (LSD, mescalina, hongos, etc.) son distintas de las citadas hasta ahora. El que consume estas drogas tiene el propósito (más o menos consciente) de realizar experiencias mentales y trascendentales. Las drogas psicodélicas tampoco crean hábito en el sentido estricto. No es fácil determinar si son medios legítimos para abrir nuevas perspectivas a la conciencia, ya que el problema no se halla en la droga propiamente dicha sino en la mente del individuo que la utiliza. El ser humano sólo tiene derecho legítimo a aquello que conquista con su esfuerzo. Por lo tanto, suele ser muy difícil controlar el nuevo espacio mental que nos abren las drogas y no ser invadido por él. Cuanto más se adentra uno en el camino de la verdadera búsqueda, menos necesita de las drogas, desde luego. Todo lo que pueda conseguirse por medio de las drogas se consigue también sin ellas, sólo que más despacio. ¡Y la prisa es mal compañero de viaje!

XIV
CÁNCER (tumoración maligna)

Para comprender el cáncer hay que dominar el pensamiento analógico. Tenemos que tomar conciencia de la circunstancia de que todo lo que nosotros percibimos o definimos como unidad (una unidad entre unidades) es, por un lado, parte de una unidad mayor y, por otro lado, está compuesta por otras muchas unidades. Por ejemplo, un bosque (como unidad definida) es, por un lado, parte de una unidad mayor, «paisaje», y, por otro, está compuesto por muchos «árboles» (unidades menores). Lo mismo puede decirse de «un árbol». Es parte del bosque y, a su vez, se compone de tronco, raíces y copas. El tronco es al árbol lo que el árbol es al bosque o el bosque al paisaje.

Un ser humano es parte de la humanidad y está compuesto de órganos que, a su vez, se componen de muchas células. La humanidad espera del individuo que se comporte de la manera más adecuada para el desarrollo y supervivencia de la especie. El ser humano espera de sus órganos que funcionen de la mejor manera para asegurar su supervivencia. El órgano espera de sus células que cumplan con su cometido tal como exige la supervivencia del órgano.

En esa jerarquía que aún podría prolongarse hacia uno y otro lado, cada unidad individual (célula, órgano, individuo) está siempre en conflicto entre la vida propia personal y la supeditación a los intereses de la unidad superior. Cada organización compleja (humanidad, estado, órgano) se basa para su buen funcionamiento en que la mayoría de las partes se sometan a la idea común y la sirvan. Normalmente, todo sistema soporta la separación de algunos de sus miembros sin peligro para la totalidad. Pero existe un límite y, si éste es superado, el conjunto corre peligro.

Un estado puede apartar a unos cuantos ciudadanos que no trabajen, que tengan un comportamiento antisocial o que combatan al estado. Pero, cuando este grupo que no se identifica con los objetivos del estado crece y alcanza una magnitud determinada, constituye un peligro para el todo y, si llega a conseguir la superioridad, puede poner en peligro la existencia del todo. Desde luego, el estado tratará durante mucho tiempo de protegerse contra este crecimiento y de defender su propia existencia, pero cuando estos intentos fracasen su caída es segura. La mejor política consiste en atraer a los grupitos de ciudadanos disidentes a los objetivos del bien común, proporcionándoles buenos incentivos. A la larga, la represión violenta o la expulsión casi nunca tienen éxito sino que favorecen el caos. Desde el punto de vista del estado, las fuerzas opositoras son enemigos peligrosos que no tienen más objetivo que destruir el orden y propagar el caos.

Esta visión es correcta, pero sólo desde este punto de vista. Si preguntáramos a los insurgentes oiríamos otros argumentos no menos correctos, desde su punto de vista. Lo cierto es que ellos no se identifican con los objetivos y conceptos de su estado sino que propugnan sus propias ideas e intereses que quieren ver realizados. El estado quiere obediencia y los grupos quieren libertad para realizar sus propias ideas. Se puede comprender a unos y otros, pero no es fácil dar gusto a ambos al mismo tiempo sin hacer sacrificios.

Cáncer (tumoración maligna) 285

No se trata aquí de desarrollar teorías ni de exponer creencias sociopolíticas sino de describir el proceso del cáncer en otro plano, a fin de ensanchar un poco el ángulo desde el que suele contemplarse. El cáncer no es un hecho aislado que se presenta únicamente bajo las formas así denominadas sino un proceso muy diferenciado e inteligente que debería ocupar a los seres humanos en todos los planos. En casi todas las demás enfermedades sentimos cómo el cuerpo combate, con las medidas adecuadas, una anomalía que amenaza una función. Si lo consigue, hablamos de curación (que puede ser completa o no). Si no lo consigue y sucumbe en el intento, es la muerte.

Pero con el cáncer experimentamos algo totalmente distinto: el cuerpo ve cómo sus células, cada vez en mayor número, alteran su comportamiento y, mediante una activa división, inician un proceso que en sí no conduce a ningún fin y que únicamente encuentra sus límites en el agotamiento del huésped (terreno nutricio). La célula cancerosa no es, como por ejemplo los bacilos, los virus o las toxinas, algo que viene de fuera a atacar el organismo sino que es una célula que hasta ahora realizaba su actividad al servicio de su órgano y, por consiguiente, al servicio del organismo en su conjunto, a fin de que éste tuviera las mejores posibilidades de supervivencia. Pero, de pronto, la célula cambia de opinión y deja de identificarse con la comunidad. Empieza a desarrollar objetivos propios y a perseguirlos con ahínco. Da por terminada la actividad al servicio de un órgano determinado y pone por encima de todo la propia multiplicación. Ya no se comporta como miembro de un ser multicelular sino que retrocede a una etapa anterior de vida unicelular. Se da de baja de su asociación celular y, con una multiplicación caótica, se extiende rápida e implacablemente, cruzando todas las fronteras morfológicas (infiltración) y estableciendo puestos estratégicos (metástasis). Utiliza la comunidad celular de la que se ha desprendido para su propia alimentación. El crecimiento y multiplicación de las células cancerosas es tan rápido que a veces los vasos sanguíneos no dan abasto para alimentarlas. En tal caso, las células cancerosas prescinden de la oxigenación y pasan a la forma de vida más primitiva de la fermentación. La respiración depende de la comunidad (intercambio) mientras que la fermentación puede realizarla cada célula por sí sola.

Esta triunfal proliferación de las células cancerosas termina cuando ha consumido literalmente a la persona a la que ha convertido en su suelo nutricio. Llega un momento en el que la célula cancerosa sucumbe a los problemas de abastecimiento. Hasta este momento, prospera.

Queda la pregunta de por qué la que fuera excelente célula hace todas estas cosas. Su motivación debería ser fácil de explicar. En su calidad de miembro obediente del individuo multicelular sólo tenía que realizar una actividad prescrita que era útil al multicelular para su supervivencia. Era una de tantas células que tenía que realizar un trabajo poco atractivo «por cuenta ajena». Y lo hizo durante mucho tiempo. Pero, en un momento dado, el organismo perdió su atractivo como marco para el propio desarrollo de la célula. Un unicelular es libre e independiente, puede hacer lo que quiera, y con su facultad de multiplicación puede hacerse inmortal. En su calidad de miembro de un organismo multicelular, la célula era mortal y esclava. ¿Tan raro es que la célula recuerde su libertad de antaño y regrese a la existencia unicelular, a fin de conquistar por sí misma la inmortalidad? Somete a la comunidad a sus propios intereses y, con implacable perseverancia, empieza a labrarse un futuro de libertad.

Es un proceso próspero cuyo defecto no se descubre hasta que ya es tarde, es decir, cuando la célula se da cuenta de que el sacrificio del otro y su utilización como tierra nutricia acarrean también la propia muerte. El comportamiento de la célula cancerosa es satisfactorio únicamente mientras vive el casero; su final significa también el fin del desarrollo del cáncer.

Aquí reside el pequeño pero trascendental error en el

concepto de la realización de la libertad y la inmortalidad. Uno se retira de la antigua comunidad y no se da cuenta de que la necesita hasta que ya es tarde. Al ser humano no le hace gracia dar su vida por la vida de la célula cancerosa, pero la célula del cuerpo tampoco daba su vida con gusto por el ser humano. La célula cancerosa tiene argumentos tan buenos como los del ser humano, sólo que su punto de vista es otro. Ambos quieren vivir y hacer realidad sus ansias de libertad. Ambos están dispuestos a sacrificar al otro para conseguirlo. En el ejemplo del estado ocurría algo parecido. El estado quiere vivir y hacer realidad su ideología, un par de disidentes también quieren vivir y hacer realidad sus ideas. En un principio, el estado trata de eliminar a los disidentes. Si no lo consigue, los revolucionarios sacrifican al estado. Ninguna de las partes tiene piedad. El individuo extirpa, irradia y envenena las células cancerosas mientras puede, pero si ganan ellas aniquilan al cuerpo. Es el eterno conflicto de la naturaleza: comer o ser comido. Sí, el ser humano se da cuenta de la implacabilidad y la miopía de las células cancerosas, pero ¿ve también que él se comporta del mismo modo, que nosotros, los humanos, tratamos de asegurar nuestra supervivencia por el mismo procedimiento que utiliza el cáncer?

Aquí está la clave del cáncer. No es casualidad que prolifere tanto en nuestra época ni que se le combata con tanto empeño y tan poco éxito. (¡Las investigaciones del oncólogo norteamericano Hardin B. Jones indican que la esperanza de vida de los pacientes no tratados parece mayor que la de los pacientes tratados!) La enfermedad del cáncer es expresión de nuestra época y de nuestra ideología colectiva. Experimentamos en nosotros como cáncer sólo aquello que nosotros mismos vivimos. Nuestra época está caracterizada por la expansión implacable y la persecución de los propios intereses. En la vida política, económica, «religiosa» y privada, el ser humano trata de extender sus propios objetivos e intereses sin miramientos sobre las fronteras (morfología), establecer puestos estratégicos para favorecer sus intereses (metástasis) y hacer prevalecer exclusivamente sus ideas y objetivos utilizando a todos los demás en beneficio propio (parasitismo).

Todos argumentamos como la célula cancerosa. Nuestro crecimiento es tan rápido que también nosotros tenemos problemas de abastecimiento. Nuestros sistemas de comunicación se extienden por todo el mundo, pero a veces falla la comunicación con nuestro vecino o con nuestra pareja. El ser humano tiene tiempo libre, pero no sabe qué hacer con él. Producimos alimentos y luego los destruimos para manipular los precios. Podemos dar la vuelta al mundo cómodamente, pero no nos conocemos a nosotros mismos. La filosofía de nuestro tiempo no conoce otro objetivo que el crecimiento y el progreso. El ser humano trabaja, experimenta, investiga, ¿para qué? ¡Por el progreso! ¿Qué objetivo tiene el progreso? ¡Más progreso! La humanidad avanza en un viaje sin destino. Constantemente se fija cada vez nuevos objetivos, para no desesperar. La ceguera del hombre de nuestro tiempo no tiene nada que envidiar a la ceguera de la célula del cáncer. A fin de favorecer la expansión económica, durante décadas el hombre utilizó el medio ambiente como un suelo nutricio y hoy comprueba «consternado» que la muerte del huésped significa también la muerte propia. Los seres humanos consideran todo el mundo su suelo nutricio: plantas, animales, minerales. Todo está ahí únicamente para que nosotros podamos extendernos sobre toda la Tierra.

¿De dónde sacan los hombres que así se comportan el valor y la desfachatez para quejarse del cáncer? ¡Si no es más que nuestro espejo! Él nos muestra nuestra conducta, nuestros argumentos y también el final del camino.

No hay que vencer el cáncer, sólo hay que comprenderlo para poder comprendernos a nosotros mismos. ¡Pero los seres humanos siempre tratan de romper el espejo cuando no les gusta su cara! Los seres humanos tienen cáncer porque son cáncer.

El cáncer es nuestra gran oportunidad para ver en él

nuestros vicios mentales y equivocaciones. Por lo tanto, intentemos descubrir los puntos débiles de ese concepto que tanto el cáncer como nosotros utilizamos como ideología. En última instancia, el cáncer naufraga por la polarización «Yo o la comunidad». Él sólo ve esta disyuntiva y se decide por la propia supervivencia, independiente del entorno para comprender demasiado tarde que él depende del entorno. Le falta la conciencia de una unidad mayor y más completa. Él sólo ve la unidad en su propia limitación. Esta falta de comprensión de la unidad es algo que las personas tienen en común con el cáncer. También el individuo se limita en su propia mente, marcando ante todo la división entre Yo y Tú. Se piensa en «unidades» sin advertir que es un concepto aberrante. La unidad es la suma de todo lo que es y no conoce nada fuera de sí. Si se divide la unidad, se forma la multiplicidad, pero esta multiplicidad sigue siendo, a fin de cuentas, parte integrante de la unidad.

Cuanto más se aísla un ego más pierde la conciencia del todo del que él sólo es una parte. El Ego concibe la ilusión de poder hacer algo «por sí solo». Pero el verdadero aislamiento del resto del universo no existe. Es algo que sólo puede imaginar nuestro Yo. En la medida en que el Yo se aísla, el ser humano pierde la «religio», la trabazón con el principio del Ser. Después el Ego trata de satisfacer sus necesidades y nos traza el camino a seguir. Al Yo le resulta grato todo aquello que favorece la separación, que sirve a la diferenciación, porque con cada acentuación de los límites se percibe más claramente a sí mismo. El Ego sólo tiene miedo de la unión con el todo, porque eso presupone su muerte. El Ego defiende su existencia con ahínco, con inteligencia y buenos argumentos, utilizando las teorías más sacrosantas y los propósitos más nobles, cualquier cosa con tal de sobrevivir.

Y así se crean objetivos que no son tales objetivos. El progreso como objetivo es absurdo, ya que no tiene punto final. Un objetivo auténtico sólo puede consistir en una transformación del estado anterior, pero no en la simple continuación de algo que ya existe. Nosotros, los humanos, estamos en la polaridad: ¿de qué nos sirve un objetivo que sólo sea polar? Ahora bien, si el objetivo es la «unidad», ello significa una cualidad del Ser totalmente diferente de la que experimentamos en la polaridad. Al individuo que está en la cárcel no se le motiva proponiéndole otra cárcel, aunque ésta sea un poco más cómoda; pero la libertad es un paso cualitativamente mucho más importante. Ahora bien, el objetivo de la «unidad» sólo puede alcanzarse sacrificando el Yo, porque mientras haya un Yo habrá un Tú y seguiremos en la polaridad. Para «renacer en espíritu» antes hay que morir y esta muerte afecta al Yo. Rumi, el místico islámico, condensa graciosamente el tema en este cuento:

«Un hombre llamó a la puerta de la amada. Una voz preguntó: "¿Quién es?" "Soy yo", respondió él. Y la voz dijo: "Aquí no hay sitio suficiente para mí y para ti." Y la puerta siguió cerrada. Al cabo de un año de soledad y añoranza, el hombre volvió a llamar a la puerta. Una voz preguntó desde dentro: "¿Quién es?" "Eres tú", respondió el hombre. Y la puerta se abrió.»

Mientras nuestro Yo luche por la vida eterna, seguiremos fracasando como la célula del cáncer. La célula del cáncer se diferencia de la célula corporal por la sobrevaloración de su Ego. En la célula, el núcleo hace las veces de cerebro. En la célula cancerosa, el núcleo adquiere más y más importancia y, por lo tanto, aumenta de tamaño (el cáncer se diagnostica también por la alteración morfológica del núcleo de la célula). Esta alteración del núcleo equivale a la hiperacentuación del pensamiento cerebral egocéntrico que marca nuestra época. La célula cancerosa busca su vida eterna en la proliferación y expansión material. Ni el cáncer ni el ser humano han comprendido todavía que buscan en la materia algo que no está ahí, la vida. Se confunde el contenido con la forma y con la multiplicación de la forma, se trata de conseguir el codiciado

Cáncer (tumoración maligna)   291

contenido. Pero ya Jesús advirtió: «El que quiera conservar la vida la perderá.»

Por lo tanto, todas las escuelas iniciáticas enseñan desde tiempo inmemorial el camino opuesto: sacrificar la forma para recibir el contenido o, en otras palabras: el Yo debe morir para que podamos volver a nacer en el Ser. Desde luego el Ser no es mi ser, sino el Ser. Es el punto central que está en todo. El Ser no posee un ser diferenciado, puesto que abarca todo lo que es. Y por fin aquí huelga la pregunta: «¿Yo o los otros?» El Ser no reconoce a otro, porque es todo uno. Este objetivo, naturalmente, resulta peligroso para el Ego y poco atractivo. Por ello no debemos admirarnos de que el Ego haga todo lo que puede por cambiar este objetivo de la unión con el todo por el objetivo de un Ego grande, fuerte, sabio e iluminado. La mayoría de los peregrinos, tanto los que siguen el camino esotérico como los que eligen el religioso, fracasan porque tratan de alcanzar con su Yo el objetivo de la salvación o la iluminación. Muy pocos son los que comprenden que su Yo, con el que aún se identifican, nunca puede ser iluminado ni redimido.

El objetivo supremo exige siempre sacrificio del Yo, la muerte del Ego. Nosotros no podemos redimir nuestro Yo, sólo podemos desprendernos de él y entonces estamos salvados. El miedo que en este momento suele sentirse a no ser en adelante, sólo confirma lo mucho que nos identificamos con nuestro Yo y lo poco que sabemos de nuestro Ser. Y precisamente aquí está la posibilidad de solución de nuestro problema con el cáncer. Cuando al fin, lenta y gradualmente, aprendemos a cuestionarnos nuestra obsesión por el Yo y nuestro afán de diferenciarnos, y nos decidimos a abrirnos, empezamos a vivir como parte del todo y también a asumir responsabilidad por el todo. Entonces comprendemos que el bien del todo y nuestro bien son el mismo porque nosotros somos uno con todo (*pars pro toto*). También cada célula recibe toda la información genética del organismo. ¡Ella sólo debe comprender que, en realidad, ella es el Todo! «Microcosmos = macrocosmos», nos enseña la filosofía hermética.

El vicio mental reside en la diferenciación entre Yo y Tú. Así se crea la ilusión de que uno puede sobrevivir como Yo sacrificando al Tú y utilizándolo como suelo nutricio. En realidad, la suerte del Yo y del Tú, de la Parte y el Todo, no puede separarse. La muerte que la célula cancerosa produce en el organismo es también su propia muerte, del mismo modo que, por ejemplo, la muerte del medio ambiente trae consigo nuestra propia muerte. Pero la célula del cáncer cree en un Exterior separado de ella, lo mismo que los seres humanos creen en un Exterior. Esta creencia es mortal. El remedio se llama amor. El amor cura porque suprime las barreras y deja entrar al otro para formar la unidad. El que ama no coloca su Yo en primer lugar sino que experimenta una unidad mayor. El que ama siente con el amado como si fuera él mismo. Esto no sólo vale para el amor humano. El que ama a un animal no puede contemplarlo desde el punto de vista del ganadero. No nos referimos a un seudoamor sentimental sino a ese estado que realmente hace sentir algo de la unión de todo lo que es y no esa actuación con la que con frecuencia uno trata de neutralizar sus inconscientes sentimientos de culpabilidad por las propias agresiones reprimidas, por medio de «buenas obras» y de un exagerado «amor a los animales». El cáncer no muestra amor vivido, el cáncer es amor pervertido:

El amor salva todas las fronteras y barreras.

En el amor se unen y funden los opuestos.

El amor es la unión con todo, se hace extensivo a todo y no se detiene ante nada.

El amor no teme la muerte, porque el amor es vida.

El que no vive este amor en su conciencia corre peligro de que su amor pase a lo corporal y trate de imponer ahí sus leyes en forma de cáncer.

También la célula cancerosa salva todas las fronteras y barreras. El cáncer pasa por alto la individualidad de los órganos.

También el cáncer se extiende por todas partes y no se detiene ante nada (metástasis).

Tampoco las células cancerosas temen a la muerte.

El cáncer es amor en el plano equivocado. La perfección y la unión sólo pueden realizarse en el espíritu y no en la materia, porque la materia es la sombra del espíritu. Dentro del mundo transitorio de las formas, el ser humano no puede realizar lo que pertenece a un plano imperecedero. A pesar de todos los esfuerzos de los que aspiran a mejorar el mundo, nunca existirá un mundo perfectamente sano, sin conflictos ni problemas, sin fricciones ni disputas. Nunca existirá el ser humano completamente sano, sin enfermedad ni muerte, nunca existirá el amor que todo lo abarca, porque el mundo de las formas vive de las fronteras. Pero todos los objetivos pueden realizarse —por todos y en todo momento— por el que descubre la falsedad de las formas y en su conciencia es libre. En el mundo polar, el amor conduce a la esclavitud: en la unidad, es libertad. El cáncer es el síntoma de un amor mal entendido. El cáncer sólo respeta el símbolo del amor verdadero. El símbolo del amor verdadero es el corazón. ¡El corazón es el único órgano que no es atacado por el cáncer!

XV
EL SIDA

Desde la publicación de este libro, en el año 1983, un nuevo síntoma ha surgido con ímpetu situándose en el centro del interés público y probablemente —a juzgar por los indicios— permanecerá de actualidad durante mucho tiempo. Cuatro iniciales simbolizan la nueva plaga: SIDA, síndrome de inmunodeficiencia adquirida. El causante material es el virus HTLV.III/LAV, un agente minúsculo muy sensible que sólo puede vivir en un medio muy específico, por lo cual, para la transmisión de este virus, tienen que pasar al sistema circulatorio de otra persona células de sangre fresca o esperma. Fuera del organismo humano, el agente muere.

Son reserva natural del virus del SIDA ciertas especies de monos del África Central (especialmente el macaco verde). Fue descubierto a finales de los años setenta en un drogadicto de Nueva York. Por la utilización común de agujas hipodérmicas, el virus se extendió primeramente entre los toxicómanos y pasó después a los homosexuales, entre los que siguió extendiéndose por contacto sexual. Actualmente, entre los grupos de riesgo, los homosexuales ocupan el primer lugar, debido a que la relación anal practicada preferentemente suele producir pequeñas heridas de la sensible mucosa del intestino recto. Ello permite a los espermas que contengan el virus pasar a la sangre (la mucosa vaginal es más resistente a las heridas).

El SIDA apareció en el momento en que los homosexuales habían mejorado y legitimado considerablemente su estatus en América. Después se ha sabido que en el África Central el SIDA no está menos extendido entre los heterosexuales, pero en Europa y América los homosexuales son la tierra de cultivo de la epidemia. Actualmente, la libertad sexual está seriamente amenazada por el SIDA: unos lo lamentan y otros ven en ello el justo castigo de Dios. Lo cierto es que el SIDA se ha convertido en un problema de la colectividad: el SIDA no es cosa de unos cuantos sino de todos. Por consiguiente, tanto a nosotros como a la editorial nos pareció oportuno agregar al libro este capítulo sobre el SIDA, en el que tratamos de esclarecer el fondo de la sintomatología del SIDA.

Al examinar los síntomas del SIDA llaman la atención cuatro puntos:

1. El SIDA provoca la destrucción de las defensas del cuerpo, es decir, que ataca la capacidad del cuerpo de aislarse y defenderse de los agentes del exterior. Este daño irreparable causado a las defensas inmunológicas expone a los enfermos del SIDA a las infecciones (y a ciertos tipos de SIDA) que no son una amenaza para las personas con las defensas intactas.

2. Dado que el virus HTLV-III-LAV tiene un período de incubación larguísimo (entre el momento de la infección y el de la manifestación de los síntomas pueden transcurrir varios años), el SIDA tiene un carácter inquietante. Si descontamos la posibilidad del test (el test Elisa) uno no puede saber cuántas personas puede haber infectadas por el SIDA, ni si lo está uno. Por lo tanto, el SIDA es un adversario invisible, muy difícil de combatir.

3. Puesto que el SIDA sólo puede contraerse por contagio a través de la sangre y el semen, no se trata de un problema personal y particular, sino que revela con elocuencia nuestra dependencia de los demás.
4. Finalmente, en el SIDA la sexualidad es factor primordial ya que es prácticamente la única vía de contagio, aparte de las otras dos posibilidades —utilización de agujas de inyección usadas y transfusión de sangre afectada—relativamente fáciles de eliminar. Con ello, el SIDA ha alcanzado categoría de «enfermedad de transmisión sexual» y la sexualidad tiene connotaciones angustiosas.

Hemos llegado al convencimiento de que el SIDA como peligro colectivo es la continuación lógica del problema que se manifiesta en el cáncer. El cáncer y el SIDA tienen mucho en común, por lo que cabe reunirlos bajo el epígrafe común de «el amor enfermo». Para entender lo que queremos decir con ello será necesario referirnos brevemente al tema «amor» y a lo dicho en capítulos anteriores (pág. 54). En el capítulo IV de la primera parte de este libro (Bien y mal) vemos que el amor es la única instancia que está en condiciones de superar la polaridad y unir los contrarios. Pero, como sea que los contrarios siempre están definidos por fronteras —bueno/malo, dentro/fuera, yo/tú—, la función del amor consiste en superar —o, mejor dicho, derribar— fronteras. Por lo tanto, nosotros definimos el amor, entre otras cosas, como capacidad de apertura, de «aceptar» al otro, de sacrificar la frontera del Yo.

El sacrificio que impone el amor tiene una larga y rica tradición en la poesía, la mitología y la religión; nuestra cultura lo conoce en la figura de Jesús que, por amor a la humanidad, aceptó el sacrificio de la muerte y con ello siguió el mismo camino que todos los hijos de Dios. Cuando hablamos de «amor» nos referimos a un proceso espiritual, no a un acto corporal; cuando nos referimos al «amor corporal» decimos sexualidad.

Hecha esta distinción, enseguida comprenderemos que en nuestro tiempo y en nuestra cultura tenemos un gran problema con el «amor». El amor apunta, en primer lugar, al alma del otro, no a su cuerpo; la sexualidad desea el cuerpo del otro. Ambos tienen su justificación; lo peligroso —en esto como en todo— es la unilateralidad. La vida es equilibrio, es compensación entre Yin y Yang, abajo y arriba, izquierda y derecha.

Referido a nuestro tema, esto significa que la sexualidad tiene que equilibrarse con el amor ya que, de lo contrario, nos quedamos en la unilateralidad, y toda unilateralidad es «mala», es decir, insana, enfermiza. Ya casi no nos damos cuenta de la fuerza con la que en nuestro tiempo se subraya el Ego y se marcan los límites de la personalidad, ya que este tipo de individualización ha llegado a hacerse perfectamente natural. Si nos paramos a pensar en el valor que hoy en día tiene el nombre en la industria, la publicidad y el arte, y lo comparamos con tiempos pasados en los que la mayoría de los artistas quedaron en el anonimato, comprenderemos con claridad lo que queremos decir con la acentuación del Ego. Esta evolución se muestra también en otros campos de la vida, por ejemplo en la transformación de la gran familia en pequeña familia y en la más moderna forma de vida, la del «soltero». Hoy día, el apartamento de una habitación es expresión de nuestro creciente aislamiento y soledad.

El individuo moderno trata de contrarrestar esta tendencia por dos medios: la comunicación y la sexualidad. El desarrollo de los medios de comunicación se ha disparado: prensa, radio, televisión, teléfono, ordenador, télex, etc., todos estamos conectados electrónicamente. En primer lugar, la comunicación electrónica no resuelve el problema de la soledad y el aislamiento; en segundo lugar, el desarrollo de los modernos sistemas electrónicos muestra claramente a los seres humanos la futilidad y la imposibilidad de aislarse realmente, de guardar algo en secreto para sí o reivindicar un ego. (¡Cuanto más avanza la electrónica, más difíciles e inútiles se hacen el secreto, la protección de datos y los *copyrights!*)

La otra fórmula mágica es libertad sexual: cualquiera puede «establecer contacto» con quien le apetezca y, no obstante, permanecer espiritualmente intacto. No es, pues, de extrañar que se pongan los nuevos medios de comunicación al servicio de la sexualidad: desde los anuncios en la prensa hasta el *telefonsex* y el *computersex*, el último juego norteamericano. La sexualidad sirve, pues, para el placer, concretamente y en primer lugar el propio —la «pareja» suele ser un simple accesorio—. Pero, a fin de cuentas tampoco se necesita al otro, ya que el placer se experimenta también por teléfono o a solas (masturbación).

El amor, por el contrario, significa el verdadero encuentro con otra persona; pero el encuentro «con el otro» es siempre un proceso que genera ansiedad, porque exige que uno se cuestione la propia manera de ser. El encuentro con otra persona es siempre encuentro con la propia sombra. Por esto es tan difícil la convivencia. El amor tiene más de trabajo que de placer. El amor pone en peligro la frontera del ego y exige apertura. La sexualidad es un estupendo complemento del amor para abrir fronteras y experimentar la unión en lo corporal. Pero si se excluye el amor, la sexualidad por sí sola no puede cumplir esta función.

Nuestra época, ya lo hemos dicho, es egocéntrica en grado superlativo y tiene aversión a todo lo que apunta a la superación de la polaridad. Y nosotros, forzando el énfasis en la sexualidad, tratamos de ocultar y compensar la incapacidad para el amor: nuestro tiempo está sexualizado pero falto de amor. El amor pasa a la sombra. Es un problema de nuestro tiempo y de toda nuestra cultura occidental, un problema colectivo.

Desde luego, el problema incide especialmente en los homosexuales. Aquí no se trata de discutir las diferencias que existen entre homosexualidad y heterosexualidad sino de resaltar la clara tendencia observada entre los homosexuales hacia una disminución de las relaciones estables con una pareja única y un aumento de la promiscuidad: no es excepcional que, en un solo fin de semana, se establezca contacto sexual con diez y hasta con veinte personas. Cierto, la tendencia y la problemática que acarrea es la misma para homosexuales y para heterosexuales, pero entre éstos está menos acentuada y generalizada. Cuanto más se disocia el amor de la sexualidad y se busca sólo el placer propio, más se disipan los estímulos sexuales. Ello exige una escalada del estímulo, que tiene que ser cada vez más original y refinado, y el recurso a prácticas sexuales extremas que denotan claramente lo poco que cuenta la pareja, que es degradada a la condición de simple estímulo.

Suponemos que estas esquemáticas observaciones pueden servir de punto de partida para comprender el cuadro del SIDA.

Si el amor ya no es vivido interiormente como encuentro e intercambio espiritual entre dos personas, pasa a la sombra y, en última instancia, al cuerpo. El amor es enemigo de fronteras e insta a la apertura y la unión con lo que viene de fuera. La destrucción de las defensas que provoca el SIDA refleja claramente este principio. Las defensas del organismo protegen la necesaria frontera corporal, pues toda forma exige un límite y, por consiguiente, un ego. El enfermo de SIDA vive en el plano corporal el amor, la apertura, la accesibilidad y la vulnerabilidad que rehuyó por miedo en el plano espiritual.

La temática del SIDA es muy parecida a la del cáncer, por lo que catalogamos ambos síntomas con el mismo epígrafe de «amor enfermo». Pero existe una diferencia: el cáncer es más «personal» que el SIDA, es decir, que el cáncer afecta al paciente individualmente, no se contagia. El SIDA, por el contrario, nos hace comprender que no estamos solos en el mundo, que cada individualización es una ilusión y que el ego es, a fin de cuentas, una aberración. El SIDA nos hace sentir que somos parte de una comunidad, parte de un gran todo y que, como parte, somos responsables del todo. El paciente del SIDA siente de modo fulminante el peso de esta responsabilidad y debe decidir lo que va a hacer en adelante. El SIDA impone responsabilidad, precaución y consideración hacia los demás, cualidades de las que hasta el momento anduvo escaso el paciente del SIDA.

Por otra parte, el SIDA exige la total renuncia a la agresividad en la sexualidad, ya que, si hay sangre, la pareja se contagia. El uso del condón (y guantes de goma) reconstruye artificialmente la «frontera» que el SIDA había derribado en el plano corporal. Con el abandono de la sexualidad agresiva, el paciente tiene la posibilidad de adquirir ternura y delicadeza como forma de relación y, además, el SIDA lo pone en contacto con los temas soslayados de debilidad, indefensión, pasividad, en suma, con el mundo del sentimiento.

Es evidente que los aspectos que el SIDA obliga a replegar (agresividad, sangre, desconsideración...) se hallan situados en la polaridad masculina (Yang) mientras que los que obliga a cultivar corresponden a la polaridad femenina (Yin) (debilidad, indefensión, delicadeza, ternura, consideración). No es de extrañar, pues, que el SIDA tenga tanta incidencia entre los homosexuales, puesto que el *homosexual* rehúye el debate con lo femenino (¡por más que el homosexual asuma tan ostensiblemente la feminidad en su manera de actuar, ya que este comportamiento en sí es síntoma!).

Los mayores grupos de riesgo del SIDA son los formados por drogadictos y homosexuales. Son, en general, grupos automarginados que suelen rechazar e, incluso, odiar al resto de la sociedad y que, a su vez, suscitan repulsa y aversión. El SIDA enseña al cuerpo a renunciar al odio: al destruir las defensas, implanta el amor indiscriminado.

El SIDA enfrenta a la humanidad con una zona de la sombra muy profunda. El SIDA es un emisario del «submundo», y en más de un sentido, ya que la puerta de entrada del agente se encuentra en el «submundo» del ser humano. El agente propiamente dicho permanece mucho tiempo en «la oscuridad», ignorado, hasta que, poco a poco, se manifiesta a través de la vulnerabilidad y el debilitamiento del paciente. Entonces el SIDA conmina a la conversión, a la metamorfosis. El SIDA nos resulta inquietante porque actúa desde lo oculto, lo invisible, lo inconsciente: el SIDA es el «enemigo invisible» que hirió de muerte a Anfortas, el rey del Grial.

El SIDA tiene una relación simbólica (y, por consiguiente, temporal) con el peligro de la radiactividad. Después de que «el hombre moderno», a costa de tantos esfuerzos, se liberara de todos «los mundos invisibles, intangibles, de números y desconocidos», ahora los mundos declarados «inexistentes» contraatacan; devuelven al hombre al miedo primitivo, tarea que en los viejos tiempos incumbía a demonios, espíritus, dioses coléricos y monstruos del reino de lo invisible.

Es sabido que la fuerza sexual es una fuerza misteriosa e inquietante que tiene la facultad de separar y de unir, según el plano en el que actúe. Desde luego, no se trata de condenar y reprimir nuevamente la sexualidad, pero sí de dotar a una sexualidad entendida de forma puramente física de una «apertura espiritual» llamada, sencillamente, «amor».

En resumen:

Sexualidad y amor son los dos polos de un tema llamado «unión de contrarios».

La sexualidad se refiere al cuerpo y el amor al alma del otro.

La sexualidad y el amor deben estar en equilibrio.

El encuentro psíquico (amor) se considera peligroso y angustioso, ya que atenta contra las fronteras del Yo. El énfasis en la sexualidad corporal hace que el amor pase a la sombra. En estos casos, la sexualidad tiende a hacerse agresiva e hiriente (en lugar de atacar la frontera psíquica del Yo se atacan las fronteras corporales y corre la sangre).

El SIDA es la fase terminal de un amor que ha descendido a la sombra. El SIDA derriba en el cuerpo las fronteras del Yo y hace experimentar al cuerpo el miedo al amor que fuera rehuido en el plano psíquico.

Por lo tanto, en definitiva, también la muerte no es sino la forma de expresión corporal del amor, ya que realiza la entrega total y la renuncia al aislamiento del Yo (véase el cristianismo). Ahora bien, la muerte no es más que el principio de una transformación, el comienzo de una metamorfosis.

XVI
¿QUÉ SE PUEDE HACER?

Después de tantas reflexiones y consideraciones dirigidas a comprender el mensaje de los síntomas, el enfermo se pregunta: «Y ahora que ya sé todas estas cosas, ¿qué tengo que hacer para curarme?» Nuestra respuesta es siempre la misma: «¡Abrir los ojos!» Esta invitación, en un principio, suele considerarse trivial, simplista e inoperante. Y es que uno quiere hacer algo, quiere cambiar, actuar de otro modo. ¿Y qué se cambia con «abrir los ojos»? Nuestro constante afán de «cambio» es uno de los mayores peligros que acechan en el camino. En realidad, no hay nada que cambiar, excepto nuestra visión. Por eso nuestro consejo se reduce a «abrir los ojos».

En este mundo, el ser humano no puede hacer más que aprender a ver, aunque, desde luego, es lo más difícil. La evolución se funda únicamente en la modificación de la visión: todas las funciones externas son mera expresión de la nueva visión. Comparemos, por ejemplo, el actual estado de desarrollo de la técnica con el de la Edad Media y la única diferencia es que desde entonces hemos aprendido a ver determinadas leyes y posibilidades. Son leyes y posibilidades que ya existían hace diez mil años, sólo que entonces nadie las había visto. El ser humano gusta de imaginar que él crea algo nuevo, y habla con orgullo de sus inventos. Pero no se da cuenta de que más que inventar, lo que hace es encontrar una posibilidad ya existente. Todos los pensamientos y las ideas están ahí en potencia, pero el ser humano necesita tiempo para integrárselos.

Por mucho que les duela a los que se empeñan en mejorar el mundo, en este mundo no hay nada que mejorar ni que cambiar, más que la propia visión. Los más complicados problemas se reducen, en última instancia, a la vieja fórmula de ¡conócete a ti mismo! Esto, en realidad, es tan difícil y tan arduo que continuamente tratamos de desarrollar complicadas teorías y sistemas a fin de conocer y cambiar a nuestros semejantes, nuestras circunstancias y nuestro entorno. Después de tantos afanes, es irritante que las ampulosas teorías, sistemas y elucubraciones, sean barridos de la mesa y sustituidos por un simple «conócete a ti mismo». Ahora bien, el concepto puede parecer simple pero su puesta en práctica no lo es.

Jean Gebser escribe: «El necesario cambio del mundo y de la humanidad no será operado por los intentos de reformar el mundo; los reformadores, en su lucha por un mundo mejor como ellos dicen, rehúyen la tarea de mejorarse a sí mismos; practican la vieja táctica, humana pero lamentable, de exigir a los demás lo que ellos no hacen por pereza; pero los éxitos aparentes que consiguen no les disculpan de haber traicionado no sólo al mundo sino a sí mismos»(*Decadencia y participación*).

Pero mejorarse a sí mismo no es sino aprender a verse tal como uno es. Reconocerse a sí mismo no significa conocer su Yo. El Yo es al Ser lo que un vaso de agua es al océano. Nuestro Yo nos enferma, el Ser está sano. El camino de la salud es el camino que va del Yo al Ser, de la cárcel a la libertad, de la polaridad a la unidad. Cuando un síntoma determinado me indica lo que (entre otras cosas) me falta para alcanzar la unidad, tengo que aprender a ver esta carencia y asumirla conscientemente. Con nuestras interpretaciones pretendemos conducir la mirada hacia aquello que siempre pasamos por alto. Cada uno lo ve, bastará con que no lo pierda de vista y lo mire con más y más atención. Sólo una observación constante y atenta vence las resistencias y hace crecer ese amor que es necesario para asumir lo observado. Para ver la sombra hay que iluminarla.

Errónea —pero frecuente— es la reacción de querer librarse lo antes posible del principio que el síntoma revela. Así el que al fin descubre su agresividad subconsciente se pregunta con horror: «¿Y qué hago yo ahora para librarme de esta terrible agresividad?» La respuesta es: «Nada. ¡Disfrútala!» Es precisamente este «no querer tener» lo que provoca la formación de la sombra y nos pone enfermos: ver la agresividad nos sana. Quien lo considere peligroso olvida que no por mirar hacia otro lado vamos a hacer desaparecer un principio.

El principio peligroso no existe, sólo es peligrosa la fuerza desequilibrada. Cada principio es neutralizado por su polo opuesto. Aislado, todo principio es peligroso. El calor solo es tan malo para la vida como el frío solo. La mansedumbre aislada no es más noble que la intemperancia aislada. Sólo en el equilibrio de las fuerzas está la paz. La gran diferencia entre «el mundo» y «los sabios» consiste en que el mundo siempre trata de hacer realidad *un* polo, mientras que los sabios prefieren el justo medio entre los dos polos. El que llega a comprender que el ser humano es un microcosmos, poco a poco pierde el miedo a ver en sí *todos* los principios.

Si en un síntoma descubrimos un principio que nos falta, basta con aprender a querer el síntoma ya que él hace realidad lo que nos falta. El que espera con impaciencia la desaparición del síntoma no ha comprendido el concepto. El síntoma expresa el principio que está en la sombra: si nosotros aceptamos el principio, mal podemos rechazar el síntoma. Aquí está la clave. La aceptación del síntoma lo hace superfluo. La resistencia provoca mayor presión. El síntoma desaparece rápidamente cuando al paciente se le ha hecho indiferente. La indiferencia indica que el paciente acepta la validez del principio manifestado en el síntoma. Y esto se consigue sólo con «abrir los ojos».

Para evitar malas interpretaciones, repetiremos una vez más que nosotros hablamos del plano esencial de la enfermedad y en ningún caso pretendemos prescribir el comportamiento a observar en el plano funcional. El examen de la esencia del síntoma no tiene por qué excluir determinadas medidas funcionales. Nuestra explicación de la polaridad ya debe de haber dejado claro que nosotros, en cada caso, evitamos las disyuntivas y no excluimos ninguna opción. Por ejemplo, ante una perforación de estómago, nuestro planteamiento no será: «¿Operamos o explicamos?» Lo uno no excluye lo otro sino que le da sentido. Pero la simple operación pronto perderá todo sentido si el paciente no lo capta, como la explicación pierde también todo sentido si el paciente se muere. Por otra parte, no hay que olvidar que la gran mayoría de los síntomas no presentan peligro de muerte y, por lo tanto, la cuestión de las medidas funcionales a adoptar no se plantea con tanta urgencia.

Las medidas funcionales, sean eficaces o no, nunca afectan al tema de la «curación». La curación sólo puede realizarse en la mente. En cada caso queda en el aire la duda de si un paciente llega a conseguir ser sincero consigo mismo. La experiencia nos ha hecho escépticos. Incluso personas que han dedicado la vida al trabajo intelectual suelen tener una sorprendente ceguera ante sí mismos. Ésta es, pues, la medida en que cada cual podrá beneficiarse de las interpretaciones de este libro. En muchos casos, será necesario someterse a procesos más enérgicos e incisivos para descubrir lo que uno no quiso ver. Estos procesos para vencer la propia ceguera se llaman hoy psicoterapia.

Nos parece necesario desterrar el viejo prejuicio de que la psicoterapia es un método para tratar síntomas psíquicos o a las personas que sufren trastornos mentales. Quizá esta idea pueda aplicarse a los métodos orientados a los síntomas (como el conductismo o terapia del comportamiento) pero no a la psicoterapia profunda ni a los sistemas transpersonales. Desde que empezó a practicarse el psicoanálisis, la psicoterapia está orientada al autoconocimiento y toma de conciencia de elementos inconscientes. Para la psicoterapia, no existe el individuo «tan sano» que no necesite urgentemente tratamiento psíquico. El terapeuta de la forma Erving Polster escribió: «La terapia es muy valiosa como para reservarla sólo a los enfermos.» La misma opinión la formulamos nosotros, tal vez con un poco más de contundencia al decir: «El ser humano en sí está enfermo.»

El único sentido comprensible de nuestra encarnación es la toma de conciencia. Asombra lo poco que la gente se preocupa del único tema importante de su vida. No carece de ironía que se derrochen tantos cuidados y atenciones en el cuerpo, a pesar de que es sabido que un día ha de ser pasto de los gusanos. Y también está bastante claro que un día uno tiene que dejarlo todo (familia, dinero, casa, nombre). Lo único que perdura más allá de la tumba es la conciencia y es lo que menos preocupa. Tomar conciencia es el objetivo de nuestra existencia y sólo a este objetivo sirve todo el universo.

En todas las épocas, los seres humanos han tratado de desarrollar los medios para recorrer el arduo camino de tomar conciencia y encontrarse a sí mismos. Llámese yoga, zen, sufismo, cábala, magia o como quiera, el método y las prácticas son diferentes, pero el objetivo es el mismo: el perfeccionamiento y liberación del ser humano. Los últimos de la serie, la psicología y la psicoterapia, han nacido de la filosofía occidental y cientifista. En un principio, cegada por la arrogancia y el atolondramiento de la juventud, la psicología no supo ver que estaba empezando a estudiar algo que, con otro nombre, ya se conocía desde hacía tiempo. Pero, puesto que toda criatura tiene que aprender por sí misma, también la psicología hubo de acumular experiencia hasta que, lentamente, enderezó sus pasos por la vía común de todas las grandes doctrinas del alma humana.

Los pioneros del movimiento de integración son los propios psicoterapeutas, pues la consulta diaria corrige los prejuicios teóricos mucho más deprisa que la estadística y los ensayos. Así hoy, en la aplicación de la psicoterapia, observamos la confluencia de ideas y métodos de todas las culturas, signos y épocas. En todas partes se busca una nueva síntesis de las antiguas experiencias en el camino de la toma de conciencia. Que en procesos tan entusiastas se produzca también mucho material de desecho no debe desanimarnos.

La psicoterapia es el medio por el que hoy en día más y más personas ensanchan la mente y aprenden a conocerse a sí mismas. La psicoterapia no produce iluminados, pero esto es algo que ninguna técnica pretende. El verdadero camino es largo y arduo y sólo accesible a unos pocos. Pero cada paso que se da en la dirección de ampliar la conciencia es un progreso y sirve al desarrollo. Por lo tanto, por un lado, no hay que poner en la psicoterapia unas esperanzas exageradas, pero por otro lado hay que ver que hoy en día es uno de los mejores medios a los que recurrir para hacernos más conscientes y más sinceros.

Al hablar de psicoterapia, es inevitable que, en primer lugar, nos refiramos al método que nosotros aplicamos desde hace años y que llamamos «terapia de la reencarnación». Desde la primera exposición de este concepto, hecha en 1976 en mi libro *Das Erlebnis der Wiedergeburt,* esta definición ha sido utilizada para describir todos los ensayos terapéuticos imaginables, con la consiguiente desvirtuación del concepto, así como las más diversas asociaciones. Por lo tanto, creemos conveniente decir unas palabras sobre la terapia de la reencarnación, a pesar de que no tenemos el propósito de explicar detalles concretos de esta terapia.

Toda idea preconcebida que un cliente traiga de esta terapia será un obstáculo. Las ideas preconcebidas distorsionan la visión de la realidad. La terapia es una empresa aventurada y así debe entenderse. La terapia quiere librar al hombre de su encogimiento y de su pusilánime afán de seguridad por medio de un proceso de transformación. Además, una terapia no debe basarse en un esquema rígido, que podría impedirle ajustarse a la personalidad del cliente. Por todos estos motivos, poca información concreta daremos sobre la terapia de la reencarnación: nosotros no hablamos de ella, nosotros la aplicamos. Pero es lamentable que este vacío sea llenado por las ideas, teorías y opiniones de quienes no tienen ni remota idea de nuestra terapia.

La parte teórica de nuestro libro indica ya, entre otras cosas, lo que *no* es la terapia de la reencarnación: nosotros no buscamos las causas de un síntoma en una vida anterior. La terapia de la reencarnación no es un psicoanálisis prolongado en el tiempo ni una terapia del grito primitivo. De ello no se desprende que en la terapia de la reencarnación no se utilice ni una sola técnica que no se aplique ya en otras terapias. Al contrario, la terapia de la reencarnación es un concepto claramente diferenciado que, en el aspecto práctico, acoge muchas técnicas acreditadas. Pero la diversidad de técnicas es sólo el instrumental de todo buen terapeuta y no constituye la terapia en sí. La psicoterapia es algo más que técnica aplicada; por ello la psicoterapia casi no puede enseñarse. Lo esencial de una psicoterapia se sustrae a la explicación teórica. Es un gran error creer que basta imitar con exactitud un proceso externo para conseguir los mismos resultados. Las formas son el vehículo del contenido, pero también hay formas vacías. La psicoterapia —como cualquier técnica esotérica— se convierte en farsa cuando las formas carecen de contenido.

La terapia de la reencarnación debe su nombre a que en ella ocupan lugar preponderante la toma de conciencia y el reconocimiento de la existencia de encarnaciones anteriores. Dado que para muchas personas el trabajar con encarnaciones tiene todavía algo de espectacular, muchos pasan por alto que la toma de conciencia de encarnaciones es un método de trabajo y no un fin en sí mismo. La sola vivencia de encarnaciones no es terapia, como tampoco es terapia el dar alaridos; pero lo uno y lo otro pueden aplicarse con fines terapéuticos. Nosotros no tomamos conciencia de encarnaciones anteriores porque consideremos importante o emocionante saber qué hemos sido antes, sino que utilizamos las encarnaciones porque actualmente no conocemos otro medio para alcanzar el objetivo de nuestra terapia.

En este libro hemos expuesto detenidamente que el problema de una persona está siempre en su sombra. El encarar la sombra y asimilarla progresivamente es, pues, el tema central de la terapia de la reencarnación. Desde luego, nuestra técnica permite el encuentro con la gran sombra kármica que supera en mucho la sombra biográfica de esta vida. Afrontar la sombra no es fácil, desde luego, pero es la única vía que conduce a la curación en el verdadero sentido de la palabra. De nada serviría decir más acerca del encuentro con la sombra y su asimilación, ya que la experiencia de realidades espirituales profundas no puede transmitirse por medio de palabras. Las encarnaciones ofrecen aquí la posibilidad, difícilmente asequible por otras técnicas, de vivir e integrar la sombra con plena identificación.

No trabajamos con recuerdos: las encarnaciones se hacen presente al vivirlas. Esto es posible porque, fuera de nuestra mente, el tiempo no existe. El tiempo es *una* posibilidad de contemplar procesos. Por la física sabemos que el tiempo puede convertirse en espacio porque el espacio es la *otra* manera de contemplar una serie de circunstancias. Si aplicamos esta transformación al problema de las encarnaciones sucesivas, la sucesión se hace simultaneidad o, en otras palabras: de la cadena de vidas situadas en el tiempo se forman vidas en paralelo. Por supuesto, la disposición espacial de las encarnaciones no es ni más correcta ni más equivocada que el modelo temporal: ambas apreciaciones representan puntos de vista subjetivos de la mente humana legítimos (compárense las teorías onda-corpúsculo de la luz). Todo intento de vivir lo simultáneo en el espacio convierte otra vez el espacio en tiempo. Ejemplo: en una habitación hay varios programas de radio a la vez. Si queremos oír estos programas que están en la habitación simultáneamente, tendremos que establecer un orden. Para ello sintonizaremos con el receptor las distintas frecuencias sucesivamente, y el aparato nos pondrá en contacto con diferentes programas, según el modelo de resonancia. Sustituyamos en este ejemplo el receptor de radio por nuestra mente, en la que se manifiestan las encarnaciones correspondientes a cada modelo de resonancia.

En la terapia de la reencarnación instamos al cliente a abandonar momentáneamente su frecuencia (su identificación) actual para dejar lugar a otras resonancias. En el mismo momento, se manifiestan otras encarnaciones que son vividas con la misma sensación de realidad que la vida con la que hasta el momento se identificaba el cliente. Dado que «las otras vidas» o identificaciones existen paralela y simultáneamente, pueden ser experimentadas con todos los sentidos. El «tercer programa» no está más lejos que el «primero» o que el «segundo programa»; desde luego, nosotros sólo los captamos uno a uno, pero podemos sintonizarlos a voluntad. Es decir, variamos la «frecuencia mental» para cambiar el ángulo de incidencia y la resonancia.

En la terapia de la reencarnación jugamos deliberadamente con el tiempo. Bombeamos tiempo en las diferentes estructuras de la mente que se hinchan y se hacen visibles y abandonamos otra vez el tiempo para que se vea que todo sigue estando en el Aquí y Ahora. A veces, se oyen críticas de que la terapia de la reencarnación es bucear inútilmente en vidas anteriores, cuando los problemas tienen que ser resueltos aquí y ahora. En realidad, lo que nosotros hacemos es diluir la ilusión del tiempo y causalidad y confrontar al paciente con el eterno Aquí y Ahora. No sabemos de otra terapia que elimine tan completamente todas las superficies de proyección y transfiera al individuo la plena responsabilidad.

La terapia de la reencarnación trata de poner en marcha un proceso psíquico: el proceso en sí es lo importante, no su orden intelectual ni la interpretación de los hechos. Por ello, al final de este libro hemos vuelto a hablar de psicoterapia, ya que está muy extendida la opinión de que con la psicoterapia se curan trastornos y síntomas psíquicos. Ante los síntomas puramente somáticos, todavía se piensa poco en las posibilidades de la psicoterapia. Desde nuestro punto de vista y experiencia, podemos afirmar que precisamente la psicoterapia es el nuevo y prometedor método para curar verdaderamente los síntomas corporales.

Al final de este libro, huelgan estas explicaciones. El que haya desarrollado la visión para observar cómo en cada proceso y cada síntoma corporales se manifiesta un factor psíquico, ése sabrá también que sólo los procesos de la conciencia pueden resolver los problemas que se han exteriorizado en el cuerpo. Por lo tanto, nosotros no dictaminamos sobre indicaciones ni contraindicaciones de la psicoterapia. Sólo vemos a unos seres humanos que están enfermos y a los que los síntomas empujan a la curación. Ayudar al ser humano en este proceso de evolución y transformación es misión de la psicoterapia. Por ello, en el tratamiento, nos aliamos con los síntomas del paciente y les ayudamos a conseguir su objetivo, porque el cuerpo siempre tiene razón. La medicina académica hace todo lo contrario: se alía con el paciente en contra del síntoma. Nosotros nos situamos siempre en el lado de la sombra y la ayudamos a salir a la luz. Nosotros no peleamos contra la enfermedad y sus síntomas sino que tratamos de utilizarlos como eje de la curación.

La enfermedad es la gran oportunidad del ser humano, su mayor bien. La enfermedad es la maestra de cada cual, que guía en el camino de la curación. Existen varios caminos que conducen a este objetivo, la mayoría duros y complicados, pero el más próximo e individualizado suele pasarse por alto: la enfermedad. Es el camino menos propicio para hacer que nos engañemos a nosotros mismos o alimentemos ilusiones. Por ello es tan poco grato. Tanto en la terapia como en este libro queremos sacar a la enfermedad del habitual y estrecho marco en el que siempre se la contempla y exponerla en su verdadera relación con la existencia humana. El que no esté dispuesto a guiarse por este otro sistema de valores es que ha entendido mal nuestras explicaciones. Pero al que entienda la enfermedad como un camino se le abrirá un mundo de perspectivas nuevas. Nuestra manera de tratar la enfermedad no hace la vida ni más fácil ni más sana; lo que nosotros pretendemos es dar al ser humano el valor que necesita para mirar cara a cara los conflictos y problemas de este mundo polar. Nosotros queremos disipar las ilusiones de este mundo enemigo de conflictos, que piensa que sobre la falta de sinceridad puede levantarse un paraíso terrenal.

Hermann Hesse dijo: «Los problemas no existen para ser resueltos, son únicamente los polos entre los que se genera la tensión necesaria para la vida.» La solución está más allá de la polaridad; pero para llegar a ella hay que unificar los polos, reconciliar los contrarios. Este difícil arte de la unión de los contrarios sólo lo domina el que ha conocido los dos polos. Para ello hay que estar dispuesto a encarar e integrar con valentía todos los polos. *Solve et coagula*, dicen los viejos textos: disuelve y coagula. Primeramente tenemos que ver las diferencias y sentir la separación y la división antes de poder aventurarnos a la gran obra de las bodas químicas, la unión de los contrarios. Por ello el hombre tiene que descender primero a la polaridad del mundo material, en materia, enfermedad, pecado y culpa, para encontrar, en la noche más negra del alma y en la más profunda zozobra, la luz del conocimiento que le permita ver su camino a través del sufrimiento y el dolor como un acto significativo que le ayudará a encontrarse allá donde siempre estuvo: en la unidad.

*Conocí el bien y el mal
pecado y virtud, justicia e infamia;
juzgué y fui juzgado
pasé por el nacimiento y por la muerte,
por la alegría y el dolor, el cielo y el infierno;
y al fin reconocí
que yo estoy en todo
y todo está en mí.*

HAZRAT INAYAT KHAN

RELACIÓN ALFABÉTICA DE LOS ÓRGANOS Y PARTES DEL CUERPO CON SUS RESPECTIVOS ATRIBUTOS PSÍQUICOS

Aparato genital	Sexualidad
Boca	Apertura
Cabello	Libertad, poder
Corazón	Capacidad afectiva, emotividad
Dientes	Agresividad, vitalidad
Encías	Confianza
Espalda	Rectitud
Estómago	Sensibilidad, aceptación
Extremidades	Agilidad, flexibilidad, actividad
Garganta	Angustia
Hígado	Valores morales, ideología, vinculación
Huesos	Firmeza, disciplina
Intestino delgado	Reflexión, análisis
Intestino grueso	Inconsciente, avaricia
Manos	Aprehensión, capacidad de manejo
Matriz	Entrega
Músculos	Movilidad, flexibilidad, actividad
Nariz	Energía, orgullo, sexualidad
Oídos	Obediencia
Ojos	Entendimiento
Pene	Energía

Piel	Aislamiento, normas, contacto, delicadeza
Pies	Comprensión, firmeza, arraigo, modestia
Pulmones	Contacto, comunicación, libertad
Riñones	Compañerismo
Rodilla	Modestia
Sangre	Vitalidad
Uñas	Agresividad
Vejiga	Distensión
Vesícula	Agresividad